KB120902

시사평론

알베르 카뮈 전집 **20**

시사평론

알베르 카뮈 지음 / 김화영 옮김

책세상

'알베르 카뮈 전집' 번역을 마치며

이제 여기서 근 23년에 걸친 한국어판 '알베르 카뮈 전집'의 대장정을 마무리한다.

전집의 첫째 권 《결혼·여름》의 첫머리에 "1960년대에 처음——얼마나 가슴 뛰며!——읽었던 카뮈의 《결혼》과 《여름》을 완역했다"라는 〈옮긴이의 말〉을 처음 쓴 것이 1987년 여름이었던 것으로 기억된다. 그때는 미처 이 책이 이렇게 긴 세월에 걸친 '전집'의 시작이라는 것을 알지 못했다. 그저 카뮈의 책 가운데서도 내가 유난히 좋아했던 산문, 그러나 우리나라에서 온전한 번역이 나와 있지 않은 책을 번역한다는 즐거움에서 시작한 일이었다. 초록색 한지를 콜라주한 나무 두 그루가 서 있는 《결혼·여름》의 번역 초판을 받아 들고 얼마나 기뻤던가. 그리고 나서 출판사 쪽의 적극적인 제안과 내 과도한 욕심이 만나 겁도 없이 전23권의 '카뮈 전집'을 기획한 것이었다. 그때의 의욕 같아서는 일 년에 서너 권씩 번역하면 넉넉잡아 7, 8년이면 마무리 지을 수 있을 것 같았다.

그러나 막상 일을 시작하고 나자 그건 지나친 낙관이었음을 깨달았다. 대학의 강의와 연구는 물론이려니와 다른 책을 쓰고 번역하는 일, 그리고 우리 문학을 위한 비평 활동 등 여러 가지 산적한 일들이 카뮈 전집의 번역 사이에 간단없이 끼어들어 속도를 늦추었다. 번역도 번역이지만 책 뒤에 소상한 해제를 붙이는 일은 고단한 작업의 끝에 새삼스레 시작되는 벅찬 고역이었다.

23년이 흐르는 사이에 많은 것이 변했다. 전화나 인터넷 메일의 저쪽에서 응답하는 출판사 담당자의 면면도 목소리도 여러 번 바뀌었다. 언제나 변함없이 성실하고 하나같이 열성적이었던 그 모든 편집자들의 모습이 눈에 선하다. 그분들에게 진심으로 감사한다. 초판에서 개정판을 거듭하는 사이에 책의 체재와 표지도 여러 차례 모습이 달라졌다. 원고지에서 타이프라이터로, 다시 개인용 컴퓨터로. 미련하고 거추장스럽던 데스크톱이 간편한 노트북으로 개선되었다. 원고와 책 보따리를 싸 들고 도고, 경주, 해운대, 양평, 파리 등을 떠돌아다니며 고전하는 사이에 의욕 넘치는 40대 교수였던 나는 대학에서 은퇴하여 지하철을 무료로 이용하는 나이가 되었다.

번역에 많은 도움을 주었던 프랑스 쪽의 귀중한 분들은 차례로 세상을 떠났다. 특히 카뮈의 지기들. 작가의 가장 가까웠던 친구인 소설가 에마뉘엘 로블레스 씨는 나에게도 귀중한 친구였다. 어느 해 가을 파리에서 헤어지고 봄에 다시 만나자고 했는데 이듬해 초 문득 세상을 떠나고 전화선 저 끝에 더 이상 나타나지 않았다. 1974년 내가 프로방스 대학교에서 학위 논문을 발표할 때 심사위원장이었고 후일 미테랑 대통령의 주택성 장관, 클레르몽페랑 시장이었던, 그리고 무엇보다 최초의 플레이아드판 전집을 편집한 권위자 로제 키요 씨는 《이방인》 출간 50주년 때 나의 초청을 기꺼이 수락, 한국을 방문하여 강연도 해주었지만 그 사이에 유명을 달리했다. 1984년 파리에서 카뮈학회를 함께 만들어 줄곧 회장직을 맡아 열정적으로 일했고 전체 4권에 걸친 새로운 '플레이아드판 카뮈 전집'이라는 방대한 작업을 떠맡아 왔던 자클린 레비 발렌시 교수 역시 전집의 완성을 보기도 전에 일손을 놓고 떠났다. 그러나 그의 뒤를 이어 노력한 사람들에 힘입어 새 전집은 최근에 완간되었다.

이제 남은 사람은 《콩바》 시절 카뮈의 동료였던 소설가 로제 그르니에 씨뿐이다. 올해 90세인 그분은 지금도 갈리마르 출판사에 출근하여 일하고 여전히 책을 써내는 한편 《NRF》지 창간 100주년과 카뮈 사후 50년 기념행사 준비에 여념이 없다면서도 최근에는 예일 대학에 강연을 간다고 메일을 보내왔다. 한편 그사이, 내가 젊은 시절을 보냈던 남불의 작은 도시 엑상프로방스에 카뮈의 모든 원고와 기록과 그에 대한 연구 업적들을 모은 '알베르 카뮈 연구센터'가 생겼다. 어떤 고마운 분은 그 연구센터에 내 번역본이 전시된 것을 발견했다면서 사진을 찍어 보내오기도 했다. 사람들은 늙고 사라져도 카뮈의 작품은 조금도 늙지 않았다. 《이방인》은 오늘날에 새로이 떠오르는 그 어느 소설 못

지않게 젊고《전락》은 그 어느 첨단 의식보다 신랄하다. 반세기
가 넘는 세월을 넘어 스탈린식 공산주의의 위험을 경고하고 오
늘의 세계화 시대를 예감했던 카뮈의 '시사적'인 목소리는 조금
도 낡지 않았다. 이 점이 무엇보다도 이 전집을 완간한 시점에서
느끼는 가장 큰 보람이다.

그사이에 나는 카뮈가 어린 시절과 젊은 시절을 보냈던 알제
리를 찾아갈 수 있는 기쁨도 맛보았다. 1974년 여름, 알제 대학
교의 초청장까지 받아놓고도 한국과 수교 관계가 없다는 정치적
사정 때문에 나의 방문은 좌절되었었다. 그 후 30년이 지나 양국
간의 수교도 이루어지고 알제리 쪽의 불안한 사회 분위기도 진
정되어 나는 마침내《이방인》의 무대였던 벨쿠르의 가난한 그의
옛집, 그가 다녔던 초등학교, 세상의 첫 아침 같은 오랑의 바닷
가를 찾아갈 수 있었다. 그리하여 나는 알제의 저 '초록빛 저녁'
을 담은 책《알제리 기행》을 내놓을 수 있었다.

카뮈는 1960년 1월 4일 교통사고로 사망했다. 46세가 갓 넘
은 나이였다. 내년이면 그의 사후 50년이다. 프랑스 대통령은 그
의 무덤을 남불의 한적하고 정다운 마을 루르마랭의 공동묘지에
서 '위인'들을 모시는 파리 한복판 팡테옹으로 옮기겠다고 제안
하여 지식인 사회에서 논란을 자아내고 있다는 소식이다. 작가
의 아들은 반대하고 딸은 그다지 싫지 않다는 반응이다. 나로서
는 어느 쪽이 더 합당한지 잘 판단이 서지 않는다. 뫼르소가 "비
둘기들과 컴컴한 안뜰이 있고 사람들은 모두 피부가 허옇다"고
말했던 파리, 그 써늘한 대리석 건물 안과 햇빛이 잘 비치는 프

로방스, 로즈메리 향기에 싸인 작은 무덤 돌을 비교하고 있자니 카뮈 자신의 글 〈수수께끼〉의 한 구절이 떠올라 마음이 착잡해질 뿐이다. "오늘날의 모든 공공 활동을 경조부박의 대양 속에 빠뜨려놓는 성급한 말과 판단의 홍수는 적어도 프랑스 작가에게는, 다른 한편으로 볼 때 그 작가라는 직업을 지나치게 중요시하는 이 나라에서, 그 작가가 끊임없이 필요로 하는 겸양을 가르쳐준다. 우리가 아는 몇몇 신문에 제 이름이 난 것을 보는 일은 너무나도 모진 시련이어서 그 시련은 마땅히 영혼에 좋은 약이 되기 때문이다. 그러므로 스스로 찬양해 마지않는 위대함이란 것이 실은 아무것도 아니라는 사실을 그렇듯 싼값으로, 제가 바치는 바로 그 경의를 통하여, 날마다 우리에게 가르쳐주는 사회는 찬양받을지어다. 그런 사회가 내는 평판의 소리는 떠들썩하게 울리면 울릴수록 쉬 소멸한다. 그것은 이 세상의 모든 영예란 지나가는 연기와 같은 것임을 잊지 않기 위하여 교황 알렉상드르 6세가 자주 자기 앞에 태우게 했던 검불 부스러기 불을 생각나게 한다." 그러나 세상에 없는 카뮈의 무덤을 어디에 두느냐와 상관없이, 나는 이 20권의 한국어판 전집이 우리 독자들에게 살아 있는 카뮈의 목소리를 들을 수 있는 마음속의 팡테옹이 되는…… 그런 몽상에 잠겨보기도 한다.

끝으로, 원래 기획했던 23권의 카뮈 전집 중에서 우리의 '시사적' 관심과 상대적으로 거리가 먼 《시사평론》의 2권과 3권은 역자에게나 독자에게나 과중한 부담이 될 것 같아서 뒤늦게 제외했다는 것을 밝힌다. 그리고 《알베르 카뮈—장 그르니에》 서한 집은 이 전집과 별도로 번역 소개할 기회가 있을 것으로 믿는다.

카뮈의 세계에서 모든 끝은 시작과 다시 만난다. 그것이 삶이라는 원(圓)을 이룬다. 그래서 나는 이제 독자들과 함께 내가 가장 좋아하는 카뮈의 이 말을 다시 한번 읽는 일부터 시작해보고 싶다.

"인생이라는 꿈속에, 여기 한 사나이가 있어, 죽음의 땅 위에서 자신의 진리를 발견했다가 다시 잃고 나서, 전쟁과 아우성, 정의와 사랑의 광란, 그리고 고통을 거쳐, 죽음마저 행복한 침묵이 되는 이 평온한 고향으로 마침내 돌아오고 있는 것이다. 그리고 또 여기……그렇다, 적어도 내 그것만은 확실히 알고 있나니, 바로 이 유적의 시간에일지라도, 인간에 의하여 이룩되는 작품이란, 예술이라는 긴 우회의 길들을 거쳐서, 처음으로 가슴을 열어 보였던 두세 개의 단순하고도 위대한 이미지들을 찾아가기 위한 기나긴 행로 이외에 아무것도 아니다 라고 꿈꾸어보지 못하게 막는 것은 아무것도 없다."

2009년 11월 29일
솔마에서 김화영

차례

르네 샤르에게[1]

　1) (옮긴이주) 시인 르네 샤르는 1946년부터 카뮈와 깊은 우정을 나누어온 사이다. 그는 파리의 해방을 출발점으로 하여 행동과 창조에 있어서 예술가가 누려야 할 자유를 강조하고 있는 이 《시사평론》의 역사적 도정을 상징하는 데 누구보다도 더 적합한 인물이다. 그는 레지스탕스에 열정적으로 가담했으나 해방 이후 그 시절에 대하여 웅변적인 침묵으로 일관한 인간 됨됨이나 시적 창조의 위대함에 있어서 누구보다도 이 책의 혼을 그대로 구현하고 있는 인물인 것이다.

미워하고 두려워하는 것보다는 죽는 것이 낫다.
미움과 두려움의 대상이 되는 것보다는
두 번 죽는 것이 낫다. 정치적으로 조직된 사회라면
이것을 언젠가 그 지상의 좌우명으로 삼아야 할 것이다.[2)]
— 니체

2) (옮긴이주) 프리드리히 니체,《인간적인 너무나 인간적인 II》제2장 〈방랑자와 그의 그림자〉의 아포리즘 284.

머리말

이 책은 4년 동안 자기 나라의 공적 생활에 가담했던 한 작가의 경험을 요약하고 있다. 여기서 독자들은 1946년까지 신문 《콩바*Combat*》지에 발표된 사설 모음과 1946년부터 1948년까지의 시사적 문제들과 관련된 논설과 증언들을 읽게 될 것이다. 그러니까 이것은 일종의 결산 보고서다.

이 경험은, 당연한 일이겠지만, 결국 몇 가지 환상의 상실과 보다 깊은 확신의 강화라는 결과를 가져왔다. 마땅히 그래야 했겠지만 나는 다만 글을 추릴 때, 나와는 무관해진 입장들 가운데서 그 어느 것 하나도 은폐하지 않도록 유의했다. 예를 들어서, 《콩바》의 몇몇 사설들은 대개 상대적일 뿐인 그 자체의 가치나 때로는 내가 더 이상 지지하지 않게 된 그 내용 때문이 아니라, 내가 보기에 그것이 나름대로 의미심장한 것이라고 여겨지기 때문에, 여기에 수록한 것이다. 실제로 그중 한두 가지 글들은, 오늘에 와서 다시 읽노라면 거북하고 슬픈 소회를 금할 수 없었기에 내가 그 글들을 여기에 다시 수록하기까지는 상당한 노력이 필요했다. 그러나 그 증언은 그 어떤 누락도 허락하지 않는 것이었다.

나는 이렇게 하여 나 자신의 부당한 면 또한 감추지 않고 보여주었다고 믿는다. 다만 그와 동시에 독자들은 내가, 적어도 이것만은 변하지 않았다고 할 수 있는 어떤 확신에 목소리를 부여했다는 사실을 알 수 있을 것이다. 그리고 끝으로, 나는 변함없는 마음과 희망의 몫 또한 보여주고자 했다. 오직 그 시기 동안 우리가 생각하고 겪었던 것들 가운데 그 어느 것 하나도 마다하지 않음으로써만, 오직 의혹과 믿음을 솔직히 고백함으로써만, 정치에서는 확신을 그림자처럼 따라다니게 마련인 오류를 기록해 둠으로써만, 이 책은 수많은 프랑스 사람들과 유럽 사람들이 겪은 경험을 정직하게 반영할 수 있을 것이다.

최근 어떤 재능 있는 작가[3]는 유럽 문화에 대한 강연회의 연사로 초대받자 그 문화는 두 거대 제국 사이에 끼여 질식한 나머지 사망했다고 천명하면서 참가를 거부했다. 내가 그 작가에게 동의하지 않는 까닭은 바로 앞에서 말한 이유들 때문이다. 적어도 그 문화의 한 부분은 그 작가가 그런 생각을 마음속에 품게 된 순간 사실상 사멸한 것이다. 그러나 비록 이미 오래전에 쓴 글들을 엮은 것이긴 하지만 이 책은 어떤 방식으로든 그와 같은 비관론에 대한 응답이라고 여겨진다. 진정한 절망은 집요한 대

---

[3] (옮긴이주) 아르튀르 쾨스틀레르.

립에 직면하거나 대등하지 않은 싸움에서 지쳐버렸을 때 생겨나는 것이 아니다. 그것은 바로 싸워야 할 때임에도 더 이상 싸울 이유를 발견하지 못하게 되는 데서 오는 것이다. 이제부터 독자들이 읽게 될 글들은 비록 싸움이 지난한 것이라 할지라도 적어도 싸워야 할 이유만은 언제나 분명하다는 사실을 말하고 있을 뿐이다.

파리의 해방⁴⁾

4) (옮긴이주) 파리 해방의 저 흥분된 며칠 동안 레지스탕스 언론은 위험한 환경 속에서 그 역할을 다하고 있었다. 《콩바*Combat*》지는 1944년 8월 19일부터 파리 레오뮈르가 100번지 건물에 《데팡스 드 라 프랑스*La Défense de la France*》, 《프랑티뢰르*Franc-Tireur*》지와 함께 들어 있었다. 자유프랑스 당국의 허가를 받은 레지스탕스 신문들은 21일 늦은 오후부터 발행되었고 《콩바》지 59호의 첫 몇 부는 아직 적에게 점령당해 있는 파리에서 창문들을 통해 살포되었다. 파리 해방과 직접 관련된 것으로 민중 봉기 중에 작성된 글들 중에서 카뮈는 3개의 사설만 골라서 여기에 실었다. 최초의 21일과 22일의 사설은 아마도 자연스러움이 부족하고 그 이전부터 준비된 것이기 때문이었는지, 여기서는 빠져 있고 그 뒤의 가장 아름답고 강력하고 생동감 넘치는 사설들이 선택되었다. 사설에는 서명이 되어 있지 않고 다만 'Combat'를 의미하는 약자 'C'만이 표시되어 있다. 눈으로 읽는 것보다 귀로 들어야 할 이 감격적인 글들은 한결같이 프랑스 사람들이 나치에 반대하여 자신의 생명과 자유를 바쳐 싸웠던 사람들의 뜻과 일치하는 초심을 버리지 말 것, 진정한 해방은 적이 이 나라를 떠나는 시점이 아니라 1940년의 패배를 가져온 그때의 사회와 반대되는, 정의롭고 형제애로 가득한 사회가 건설되는 시점임을 강조한다.

자유의 피
(《콩바》, 1944년 8월 24일[5])

파리는 8월의 어둠 속에서 그 모든 총탄들로 불을 뿜는 다. 돌과 물로 이루어진 이 거대한 무대 장치 속에서 무거운 역사의 물결을 싣고 흐르는 이 강 주변에 다시 한번 더 자유의 바리케이드가 세워졌다. 다시 한번 더 인간의 피를 대가로 정의를 사지 않으면 안 된다.

우리는 이 투쟁을 너무나 잘 알고 있고 몸과 마음을 다하여 이 투쟁에 너무나 깊이 가담하고 있기에 쓰라림 없이는 이 몸서리 치는 조건을 받아들일 수 없다. 그러나 우리는 또한 이 투쟁의 목적과 진실을 너무나도 잘 알고 있기에 오직 우리만이 짊어져 야 할 이 지난한 운명을 거부할 수 없다.

프랑스 사람들은 살인을 원하지 않았다는 것을, 그들은 자신 들이 선택하지 않은 전쟁에 더럽혀지지 않은 손으로 뛰어들었다

---

5) (옮긴이주) 1944년 8월 21일에서 25일 사이에 파리는 어렵게 해방되었다.

는 것을 흐르는 시간은 증언할 것이다. 그러할진대 그들이 돌연 두 손으로 총을 거머잡고 나서서, 지난 2년 동안[6] 전쟁이란 손쉬운 것이라고 믿었던 저 병사들을 향하여 어둠 속에서 쉬지 않고 사격을 해야 한다면 그 이유가 과연 엄청난 것이어야 했을 것이다.

그렇다, 그들의 이유는 엄청난 것이다. 그 이유는 희망의 크기와 반항의 깊이만큼 엄청난 것이다. 남들이 오랜 동안 그 과거의 음울한 반추 속에 한사코 가두어두고자 했던 한 나라로서는 그것은 미래를 향한 이유인 것이다. 오늘 파리는 프랑스가 내일을 말할 수 있도록 하기 위하여 싸운다. 내일을 위한 희망을 원하기 때문에 이 민족은 오늘 저녁 무장했다. 혹자는 그럴 필요가 없다고, 참고 기다리면 파리는 쉽게 해방된다고 말할 것이다. 그러나 그것은 이 봉기로 인하여 얼마나 많은 것들이 위협받고 있는지를, 사정이 이러하지 않았다면 변함없는 모습으로 남아 있게 되는 것이 누구인지를 그들이 어렴풋하게나마 감지하고 있기 때문이다.

오히려 여기서 분명히 해두어야 할 것이 있다. 그 어느 누구도 이 같은 몸부림 속에서 쟁취하는 자유가 어떤 사람들이 즐겨 상상하듯이 태연하고 길든 모습일 것이라고 기대할 수는 없다는 사실 말이다. 이 몸서리치는 출산은 어떤 혁명의 탄생이다.

4년 동안 침묵 속에서, 오랜 나날 동안 하늘과 총칼의 떠들썩

---

6) (옮긴이주) 1941~1943년 사이에 스탈린그라드에서 독일군이 항복하고 아프리카에서 패퇴하면서 전세가 바뀐다.

한 소란 속에서 싸워온 사람들이 직무 유기와 불의의 세력들이 그 어떤 형태로든 되돌아오는 것에 찬성하기를 바랄 수는 없는 일이다. 가장 뛰어나고 가장 순수한 사람들이 지난 25년 동안 해왔던 것, 즉 침묵 속에서 자기의 조국을 사랑하고 침묵 속에서 그 지도자들을 우습게 여기는 바로 그 짓을, 누구보다도 뛰어난 그들이 또다시 되풀이하기를 기대할 수는 없는 일이다.[7] 오늘 저녁 싸우고 있는 파리는 내일을 지배하고자 한다. 권력을 위해서가 아니라 정의를 위해서, 정치를 위해서가 아니라 윤리를 위해서, 자기 나라를 지배하기 위해서가 아니라 그 나라의 영광을 위해서.

우리가 굳게 믿는 것은 미래에 그것이 이루어질 것이라는 희망이 아니라 고통과 끈질긴 투쟁 속에서 그것이 오늘 당장 이루어진다는 확신이다. 바로 그 때문에 인간들의 고통을 넘어서, 피와 분노에도 불구하고, 그 무엇과도 바꿀 수 없는 이 죽음들, 부당한 이 상처들, 이 맹목의 총탄들에도 불구하고, 우리가 입 밖에 내뱉어야 할 것은 회한의 언어가 아니라 희망의 언어, 인간들의 몸서리쳐지는 희망의 언어인 것이다.

하늘과 거리 양쪽에서 퍼붓는 폭풍과 더불어 어둡고 뜨거운 이 엄청난 파리가 우리의 눈에는 결국 전 세계가 선망하는 저 계몽의 도시보다도 더 눈부신 것이다. 파리는 모든 희망과 고통의 불빛으로 폭발한다. 파리는 명증한 용기의 불꽃으로 가득 차서

---

7) (옮긴이주) 카뮈는 제3공화국과 그 체제에 복무했던 사람들에 대한 적대감을 누차에 걸쳐 표명해왔고 그 감정은 양차 대전 사이의 25년간에까지 확대되고 있다.

온통 해방의 광채일 뿐만 아니라 내일의 자유의 광채가 된다.[8]

진실의 밤
《콩바》, 1944년 8월 25일)

자유의 총탄이 아직도 도시 안에서 휘파람 소리를 내며 날아다니는가 하면 다른 한편에서는 해방의 포탄이 외침 소리와 꽃다발들 가운데서 파리의 시문(市門)을 넘나든다. 8월의 가장 아름답고 가장 뜨거운 밤들 속에서 파리의 하늘에는 언제나 변함없는 별들이 요란한 총탄과 방화의 연기와 민중의 기쁨이 쏟아내는 오색찬란한 불꽃들과 뒤섞인다. 그 무엇에도 견줄 수 없는 이 밤 속에서 프랑스가 치욕과 분노를 꺼안고 몸부림쳤던 4년간의 흉악한 역사와 형언할 수 없는 투쟁이 막을 내린다.

자신들과 자신들의 나라에 대하여 단 한 번도 절망해본 적이 없는 사람들이 이 하늘 아래서 마땅한 보상을 받는다. 오늘 밤은 한 세계만큼의 가치를 지닌다. 오늘 밤은 진실의 밤이다. 그토록 오랫동안 빈손에 맨가슴이었던 진실이었지만 이제는 무장하고 싸우는 전력투구의 진실, 민중과 대포가 동시에 노호하는 이 밤

---

8) (옮긴이주) 이 대목은 소설《페스트》의 마지막 장면(책세상 카뮈 전집, 408~409쪽)을 연상시킨다. "이제 그렇게 해방된 밤 속에서 욕망은 아무런 구속을 받지 않게 되었다. 리유의 발밑에까지 으르렁거리며 밀려오는 것은 바로 그 욕망의 소리였다. 어둠침침한 항구로부터 공식적인 축하의 첫 불꽃이 솟아올랐다. 온 도시는 길고 은은한 함성으로 그 불꽃들을 반기고 있었다."

의 도처에 그 진실이 있다. 이 민중, 이 대포의 목소리 자체인 그 진실은 거리에서 싸우는 전사들의 자신감 넘치면서도 지친 얼굴, 상처와 땀에 뒤덮인 얼굴을 하고 있다. 그렇다, 이 밤은 분명 진실의 밤, 오직 하나 값진, 투쟁하고 승리하기로 결심하는 진실의 밤이다.

지금부터 4년 전, 사람들은 파괴의 잔해와 절망의 한가운데서 일어나 아무것도 잃은 것은 없다고 태연히 주장했다. 그들은 말했다, 더 계속해야 한다고, 대가를 지불하기만 한다면 선의 힘은 언제나 악의 힘을 이긴다고 말했다. 그리고 그 대가는 과연 무거운 것이었다. 그것은 피의 무게를, 감옥의 끔찍한 무게를 가진 것이었다. 그들 중 많은 사람들이 죽었고 그때 이후 맹목의 벽들속에 갇혀서 여러 해를 살고 있다. 그것이 그들이 지불해야만 했던 대가였다. 그러나 그들도, 할 수만 있다면, 지금 밀물처럼 우리의 가슴을 가득 채우는 이 끔찍하고도 황홀한 기쁨을 나무라지 않을 것이다.

이 기쁨은 그들을 배반하는 것이 아니다. 오히려 이 기쁨은 그들을 정당화하고 그들이 옳았다고 말하고 있다. 4년 동안 같은 고통 속에 하나가 되었던 우리는 또다시 같은 도취 속에서 하나가 되어 우리의 연대성을 획득했다. 이 감격적인 밤 속에서 우리는 지난 4년 동안 우리가 한 번도 혼자인 적이 없었다는 사실을 놀라움과 함께 확인한다. 우리는 우정의 세월을 살아온 것이다.

아직 우리에게는 모진 투쟁들이 남아 있다. 그러나 이 갈라진 땅, 희망과 추억으로 고문당한 이 가슴속에 평화가 올 것이다. 언제까지나 살인과 폭력으로 지새울 수는 없다. 행복이, 올바른 다정함이 그 나름의 시절을 맞을 것이다. 그러나 이 평화에도 불구하고 우리는 잊지 않을 것이다. 그리하여 우리들 중 몇 사람들의 경우에는 총탄에 일그러진 형제들의 얼굴, 그 시절의 늠름하던 위대한 우정이 마음을 떠나지 않을 것이다.[9] 부디 죽은 우리의 동지들도 이 숨찬 밤 속에서 우리에게 약속된, 그리고 그들이 이미 획득한 이 평화를 그들의 것으로 간직하기를. 우리의 투쟁은 곧 그들의 투쟁일 것이니.

인간들에게 거저 주어지는 것은 없다. 그들이 얻은 얼마 되지 않는 것도 부당하게 죽은 자들이 그 대가를 치르고 얻은 것이다. 그러나 인간들의 위대함은 거기에 있는 것이 아니다. 인간의 위대함은 자신의 조건보다 더 강한 존재가 되겠다는 결의에 있다. 만약 그의 조건이 부당한 것이라면 그 조건을 극복하는 방법은 단 한 가지밖에 없으니 그것은 바로 스스로 정당해지는 것이다. 오늘 저녁 우리의 진실, 이 팔월의 하늘에 떠 있는 진실은 바로 인간의 위안이다. 그리고 그것은 죽은 우리 동지들의 평화인 동시에 우리 마음속의 평화, 되돌아온 승리 앞에서 보복하거나 요구하려는 마음도 없이 다만 '우리는 마땅히 해야 할 일을 했다'라고 말할 수 있는 평화다.

---

9) (옮긴이주) 이것은 앙드레 말로가 《모멸의 시대》에 붙인 서문에서 쓴 표현이다.

모멸의 시간[10]
(《콩바》, 1944년 8월 30일)

뱅센에서 프랑스인 34명 고문 끝에 피살[11], 이 말은 상상력으로 그 말을 보완하지 않으면 아무런 의미가 없다. 그렇다면 상상력의 눈에는 무엇이 보이는가? 두 사람이 마주 보고 있고 그중한 사람이 다른 사람의 손톱을 도려내는데 당하는 사람은 그냥 멍하니 바라보고만 있다.

이런 참을 수 없는 이미지가 우리 눈앞에 제시된 것은 처음이 아니다. 1933년에, 우리들 가운데 가장 위대한 한 사람이 바로 모멸의 시대라고 이름 붙인 한 시대가 시작되었다. 그리고 10년 동안, 벌거벗기고 무장해제된 사람들이 우리와 다름없는 얼굴을 가진 사람들에 의하여 차근차근 신체를 훼손당했다는 소식을 들을 때마다 우리는 어지러움을 느끼며 어떻게 이런 일이 있을 수 있는가 하고 자문하곤 했다.

그러나 그런 일은 있을 수 있었다. 10년 동안 그런 일은 있을 수 있었고 오늘에도, 마치 무력의 승리가 모든 것을 다 제압할

---

10) (옮긴이주) 말로의 소설 제목에서 빌려온 표현. 카뮈는 1936년에 이 소설을 각색했고 1939년 12월 14일 《수아르 레퓌블리캥*Soir républicain*》지에 쓴 기사의 결론도 이 말이었다. 카뮈와 말로는 1943년에야 처음으로 만났다. 1년 뒤인 1944년 9월 22일 말로가 《콩바》지 편집국을 방문했을 때 찍은 사진 한 장은 도처에 다시 소개되어 프랑스 문학사에 길이 남아 있다.

11) (옮긴이주) 이 정보는 그 전 날짜 《콩바》에 "순교자들의 증언"이라는 제목 하에 보도되었다.

수 있는 것은 아님을 우리에게 경고하려는 듯이 지금도 여전히 수많은 동지들은 배가 갈라지고 사지가 찢기고 구둣발에 차여 두 눈이 짓이겨지고 있다. 그런 짓을 저지른 사람들은 지하철 전동차 안에서 자리를 양보할 줄 아는 사람들이었다. 고문을 과학으로, 직업으로 개발한 힘러 또한 밤에 자기 집에 돌아갈 때는 애지중지하는 카나리아의 잠을 깨우지 않기 위하여 뒷문으로 들어가곤 했듯이 말이다.[12]

그렇다, 그런 일은 있을 수 있었고 우리는 그것을 똑똑히 보고 있다. 그러나 그토록 수많은 일들이 있을 수 있는 것일진대 무엇 때문에 저것보다 구태여 이것을 하기로 선택했던 것일까? 왜냐하면 사안이 인간의 정신을 죽이고 영혼을 더럽히는 일이기 때문이었다. 우리는 힘을 믿을 때 적이 누군지를 똑똑히 안다. 수천 개의 총부리를 겨누어도 한 인간이 자신의 마음속에서 어떤 대의의 정의로움을 믿는 것을 막을 수는 없다. 그리고 만약 그가 죽는다면 그 힘을 가진 자들이 지칠 때까지 또 다른 정의의 사람들이 '아니다'라고 말할 것이다. 정의로운 사람을 죽이는 것으로 다 끝나는 것이 아니다. 인간의 존엄을 포기하는 어느 정의로운 자의 사례가 모든 정의로운 사람들을 그리고 정의 그 자체를 절망하게 만들려면, 우선 그 정의로운 사람의 정신을 죽여야 한다.

10년 전부터 한 민족이 바로 그러한 영혼의 파괴에 몰두해왔

---

12) (옮긴이주) 뒤에 나오는 글 〈지성의 옹호〉에도 "증오와 고문의 관리들"인 나치의 범죄 행위와 그들의 사생활에서의 행동 사이의 이 건너뛸 수 없는 단층의 테마는 다시 한번 더 반복되어 나타난다.

다. 그 민족은 자신들의 힘을 너무나도 굳게 믿었기에 이제부터는 영혼이 유일한 장애물이라고, 그러니 그 영혼을 손봐야 한다고 생각했다. 그래서 그들은 영혼을 손보게 되었고, 그들에게는 불행한 일이지만, 그들은 때때로 그 일에 성공을 거두었다. 그들은 언제나 하루 중 낮 혹은 밤의 어떤 시간이면 인간들 중에서 가장 용기 있는 사람들도 문득 비겁해지는 때가 온다는 사실을 알고 있었다.[13]

그들은 언제나 그런 시간을 기다릴 줄 알았다. 그런 시간에 그들은 몸의 상처들을 통해서 그 영혼을 찾아냈고 그 영혼을 사납게 미쳐 날뛰게 만들었고 때로는 배반자나 거짓말쟁이로 만들었다.

여기서 누가 감히 용서를 말할 수 있겠는가? 인간 정신이 마침내 칼은 칼로만 이길 수 있다는 것을 깨달았을진대[14], 그리하여 무기를 들고서야 승리를 얻었을진대, 누가 그에게 잊어버릴 것을 요구하려 하겠는가? 내일, 입을 열고 말할 수 있는 것은 증오

---

13) (옮긴이주) 소설 《페스트》에서 타루는 이와 똑같은 말로 그의 〈수첩〉의 기록을 끝마치고 있다(《페스트》, 373쪽 참조).

14) (옮긴이주) 정신과 칼의 싸움이라는 주제는 1939년 《작가수첩 I》에 나폴레옹의 인용을 통해서 처음 등장했다. "세상에 힘 있는 것은 둘밖에 없습니다. 칼과 정신이 그것입니다. 결국에 가서 칼은 언제나 정신에게 패배하고 맙니다'라고 나폴레옹이 말했다."(책세상 카뮈 전집, 215쪽 참조). 그것은 《여름》의 산문 〈편도나무들〉(《결혼·여름》, 책세상 카뮈 전집, 109쪽)에서 다시 한번 더 반복되지만 《독일 친구에게 보내는 편지》 그 첫 번째 편지(《단두대에 대한 성찰·독일 친구에게 보내는 편지》, 책세상 카뮈 전집, 97쪽)에서는 여기서와 마찬가지로 나폴레옹이 한 말의 근거에 대한 회의(懷疑)로 나타난다. 뒤에 나오는 〈기념일〉 참조.

가 아니다. 내일 입을 열고 말할 수 있는 것은 바로 기억에 근거한 정의, 그것이다. 우리들 가운데서 결코 한 번도 남을 배반해본 적이 없는 가슴으로 고귀한 평화를 맛보며, 입을 열어 말해보지도 못한 채 죽은 사람들에게는 어쩌면 가장 영원하고 가장 성스러운 정의란 용서하는 것일지 모르지만, 우리들 가운데서 가장 용기 있는 사람들, 저들이 그 영혼을 더럽혀서 비겁자로 만들어버린, 그래서 돌이킬 수 없도록 황폐해진 가슴속에 타자들에 대한 증오와 그들 자신에 대한 모멸을 안고 절망하여 죽은 사람들에게는 무섭게 후려치는 것만이 가장 영원하고 가장 성스러운 정의다.

비판적 저널리즘[15)]

15) (옮긴이주) "비판적 저널리즘"이라는 제목 아래 모아놓은 이 글들은 언론의 직업윤리와 관련된 사설과 기사들이다. 정치적, 재정적 권력 앞에서 카뮈는 기자의 자유와 독립성을 옹호하고자 한다. 해방 직후 신문지난(難)과 재정적인 결핍으로 지극히 어려운 상황 속에서 레지스탕스로부터 생겨난 신생 언론의 길은 험난했다. 그러나 카뮈는 끊임없이 질문을 던졌고 그 올바른 해답을 구하고자 한다. 대중 앞에서 기자는 어떻게 책임을 져야 하는가? 자유 언론을 위하여 희생한 모든 사람들을 어떻게 하면 배반하지 않을 수 있는가? 언론의 실천을 통해서 어떻게 정의와 자유의 이념과 희망을 전할 수 있는가? 거기서 얻어내는 답은 지난날 알제리 시절의 《알제 레퓌블리캥Alger-Républicain》에 곧바로 통해 있다. 카뮈는 무엇보다도 말의 가치, 어조와 언어의 적절함을 강조했다. 끝으로 비판적 언론이 단순한 도덕주의로 끝나서는 안 된다는 것을 의식하면서 아이러니와 상대성의 센스를 그 해답으로 제시한다.

새로운 언론 비판

(《콩바》, 1944년 8월 31일)

폭동과 전쟁의 틈바구니에서 오늘 우리에게 잠시 동안 의 휴지가 주어졌으니 나는[16] 내가 잘 알고 있고 내게 매우 중요한 한 가지, 즉 언론에 대하여 이야기하고자 한다. 그리고 문제의 핵심이 파리의 전투에서 생겨난 이 새로운 언론[17] 이므로 나는 우정 어린 마음과 동시에 전투의 동지들 덕분에 얻

---

16) (옮긴이주) 사설의 집단적 주체인 '우리'가 여기서는 기자 알베르 카뮈 개인을 나타내는 단수 '나'로 바뀌고 있다. 이것은 카뮈가 자신의 이름을 서명하여 《콩바》지에 발표한 최초의 글이다.

17) (옮긴이주) 해방 후 발행이 허가된 신문들은 세 가지 범주로 구분된다. 레지스탕 스에 가담했던 신문들을 총칭하는 '새로운 언론'에는 《콩바》, 《데팡스 드 라 프랑스》, 《프랑티뢰르》, 《리베라시옹*Libération*》 등이 있고 다음으로 전쟁 전에 이미 발행되고 있었으나 전쟁 동안 발행을 중지한 신문들로 1939년부터 발행 금지된 공산당계 언론인 《뤼마니테*L'Humanité*》, 《스 수아르*Ce Soir*》와 그 밖에 《로브*L'Aube*》, 《르 포퓔레르*Le Populaire*》, 《르 피가로*Le Figaro*》가 있으며, 끝으로 새로 등장한 《레지스탕스*Résistance*》, 《로로르*L'Aurore*》, 특히 10월 19일부터 발행되기 시작한 《르 몽드*Le Monde*》가 있다. 가톨릭 신문 《라 크루아*La Croix*》는 1945년 2월에야 다시 발행할 수 있는 허가를 얻었다.

게 된 통찰력을 가지고 말하고 싶다.

　우리가 지하에서 신문 기사를 쓸 때는 자연히 아무 군소리 없이, 그 어떤 원칙의 천명도 없이 그냥 썼다. 그렇지만 우리 모든 신문의 모든 동지들에게 있어서 그것은 어떤 은밀하고도 커다란 희망을 품고 하는 일이었다는 것을 나는 알고 있다. 자신들에게 소중한 이념들을 위하여 목숨을 거는 위험도 마다하지 않았던 그들은 분명 자기 나라에 그 나라가 마땅히 갖추어야 할, 그러나 그 당시에는 미처 갖추지 못한 언론을 갖추어줄 수 있을 것이라고 우리는 기대하고 있었다. 우리는 전쟁 전의 언론이 그 원칙이나 윤리에 있어서 무용지물이 되었다는 것을 경험을 통해서 알고 있었다. 돈에 대한 욕심과 위대한 일들에 대한 무관심이 동시에 작용하다 보니 프랑스에는, 아주 드문 예외를 제외하고는, 몇 사람의 권력을 키우는 데만 목적이 있고 모든 사람의 도덕적 의식을 실추시키는 효과만 가져오는 그런 언론만이 존재했었다. 그러므로 그 언론이 1940년에서 1944년 사이의 모습, 다시 말해서 나라의 수치로 변하는 것은 어려운 일이 아니었다.

　우리의 욕심은——많은 경우 소리 없는 것이었기에 그만큼 더 내심 깊은——그 신문들을 돈으로부터 해방시키고, 대중을 그들이 내면에 지닌 최상의 것의 높이로 끌어올릴 만한 어떤 어조와 진실성을 그 신문들에 부여하자는 데 있었다. 한 나라는 흔히 그 나라가 가진 언론만큼의 가치를 지닌다는 것이 우리의 생각이었다. 한 나라의 신문이 그 나라의 목소리라면 우리는 우리의 자리에서, 그리고 보잘것없지만 우리의 몫을 다하여, 언어의 수준을 높임으로써 이 나라를 높이겠다는 각오가 되어 있었다. 옳건 그르건 간에, 바로 그런 이유 때문에 우리들 가운데 많은 사람들이 상상할 수도 없는 조건 속에서 죽었고 또 다른 사람들은 감옥의 고독과 위협 속에서 고통 받고 있다.

사실, 우리는 다만 전쟁이 한창 진행되고 있을 때 우리가 신문들을 발행하고 제작하던 장소들을 점령했을 뿐이다. 그것은 대단한 승리이며 이런 점에서 볼 때 레지스탕스의 기자들은 만인의 존경을 받을 만한 용기와 의지를 보여주었다고 할 수 있다. 그러나 모든 사람들이 다 흥분하고 열광하는 가운데 이런 말을 하는 것은 미안하지만, 그것은 별것이 아니다. 왜냐하면 앞으로 할 일이 산적해 있기 때문이다. 우리는 우리가 원했던 근원적 혁명을 이룩하기 위한 수단을 획득했다. 그러나 우리가 그 혁명을 진정으로 실천하는 일은 이제부터다. 한마디로 말해서, 십여 호를 발행하고 난 뒤 오늘날 파리에서 선보이고 있는 바의 해방된 언론은 별로 만족스럽지 못하다.

내가 이 글과 이 뒤에 이어질 글에서 제안하고자 하는 바에 대하여 오해가 없기 바란다. 나는 전장에서 함께 싸운 동지애의 이름으로 말하는 것이므로 여기서는 특정된 그 누구를 표적으로 삼아서 말하는 것이 아니다. 비판의 말을 하는 경우 그것은 우리 자신을 포함하여 예외 없는 모든 언론을 향한 것이다. 혹자는 아직 시기상조다, 이런 자기비판을 하기 전에 우리 신문들이 스스로의 조직을 갖출 때까지 시간을 주어야 한다고 말할 것이다. 대답은 그렇지 않다는 것이다.

우리는 우리 신문들이 얼마나 믿어지지 않는 조건 속에서 제작되었는지를 잘 알 만한 위치에 있다. 그러나 문제는 거기에 있는 것이 아니다. 문제는 애초부터 채택할 수 있었음에도 불구하고 그렇게 하지 않았던 어떤 논조에 있다. 자기반성을 하는 것이 중요한 시점은 반대로 그 언론이 형성되어가고 있는 시점, 그 언론이 결정적인 모습을 갖추려고 하는 시점이다.

우리는 무엇을 원했던가? 존중받을 수 있는 언어로 표현된 분명하고 당당한 언론을 원했다. 여러 해 동안, 기사를 쓰면서 그 기사로 인하여 투옥과 죽음의 대가를 치를 수도 있다는 사실을 잘 알고 있었던 사람들에게 말은 그 나름의 값을 가진 것이므로 심사숙고하여 말을 해야 한다는 것은 자명한 일이었다. 그들이 복원하고자 했던 것은 바로 대중 앞에서 기자가 져야 하는 책임이었다.

그런데 공세를 취한다는 흥분을 가누지 못한 채 서두르고 분노하다가 우리 신문들은 나태의 과오를 범했다. 날이면 날마다 종일토록 몸을 혹사하며 일하다 보니 정신이 그 경계심을 잃고 말았다. 나는 여기서 내가 계획하는 것의 총론을 먼저 말하고 그 다음에 각론을 제안하겠다. 즉 많은 우리 신문들은 이미 시효를 상실했다고 믿어지는 공식들을 재탕하여 사용했고, 전쟁 발발을 전후하여 우리 신문 대부분이 써먹었던 과도한 수사와 저 경박하고 감상적인 감성에의 호소를 두려워하지 않았던 것이다.

전자의 경우, 우리는 다만 점령 시대 언론을 정반대의 대칭점에서 그대로 모방하고 있다는 것을 분명히 깨닫지 않으면 안 된다. 두 번째 경우, 우리는 정신적 안이함 때문에 언론과 나라의 도덕성 그 자체를 위협하는 공식과 정신을 재탕하고 있는 것이다. 그 어떤 경우에도 그런 것은 있을 수 없는 일이다. 그럴 것이면 자리에서 물러나야 한다. 그리고 우리가 해야 할 일에 대하여 절망할 수밖에 없다.

우리의 뜻을 표현할 수단들이 이제는 확보되었으므로 이제 우리 자신과 나라에 대한 책임만 고스란히 남았다. 가장 중요한 것은, 이것이 바로 이 글의 목적이기도 하지만, 우리가 그 점을 분명히 의식하는 일이다. 우리들 각자의 맡은 바 책무는 자신이 하려고 하는 말을 신중하게 생각하고 자신이 제작하는 신문의 정신을 조금씩 다듬어 최대한 주의 깊게 글을 쓰고 한 나라에 그 심원한 목소리를 다시 부여한다는 이 엄청난 필요성을 한시도 잊지 않는 것이다. 만약 우리가 그 목소리를 증오가 아니라 에너지의 목소리, 수사가 아니라 긍지에 찬 객관성의 목소리, 범용함이 아니라 인간애의 목소리로 만들 수 있다면 많은 것들을 구해 낼 수 있을 것이고 우리는 비난을 면할 수 있을 것이다.

비판적 저널리즘
(《콩바》, 1944년 9월 8일)

우리는 사상의 저널리즘에 대해서도 관심을 가질 필요가 있다. 프랑스 언론이 뉴스에 대하여 지니고 있는 개념이 보다 나은 것이 될 수 있다는 것을 우리는 이미 지적한 바 있다. 사람들은 좋은 정보가 아니라 빠른 정보를 제공하고자 한다. 진실은 거기서 얻을 것이 없다.

그러므로 이성적인 판단을 내릴 줄 아는 사람이라면 뉴스가 제대로 차지하지 못하고 있는 얼마간의 지면을 주요 분석 기사가 차지한다고 해서 애석해할 까닭은 없는 것이다. 적어도 한 가지만은 확실하다. 오늘날 신문에 제공되고 있고 또 신문이 활용하고 있는 바와 같은 뉴스는 비판적 해설이 없이는 통하지 않는다. 이는 오늘날의 모든 언론이 지향할 만한 공식이다.

한편으로, 기자는 그 소스나 의도가 항상 확실하다고는 할 수 없는 정보들에 일련의 코멘트를 가하여 그 정확한 영향력의 정도를 알려줌으로써 뉴스의 이해에 도움을 줄 수 있다. 예를 들어서, 그는 지면을 작성할 때 서로 모순되는 긴급 뉴스들을 나란히 배치하여 양자가 서로의 진실성을 의심스럽게 보이도록 만들 수 있다. 기자는 어떤 정보가 외국의 어느 통신사, 혹은 어느 지사로부터 들어온 것인지 알고 있으므로 그 정보에 어느 정도의 개연성을 부여할 수 있는지를 독자에게 알려줄 수 있다. 보다 더 정확한 예를 들자면, 전쟁 전에 통신사들이 외국에 개설하고 있던 수많은 지사들 가운데 너덧 군데만이 제 역할을 하기로 작정한 언론으로서 마땅히 요구해야 할 진실성을 보증할 수 있었던 것이 사실이다. 대중들보다 더 많은 정보를 접하고 있는 기자는 지극히 불확실한 것임을 잘 알고 있는 터인 정보들은 최대한의 유보와 함께 그 대중에게 제시할 책임이 있는 것이다.

텍스트와 정보 소스에 있어서 이처럼 직접적인 비판을 가할 뿐만 아니라 기자는 거기에 최대한 분명하고 정확한 설명을 덧붙임으로써 독자들에게 정보 수집 기법을 잘 이해시킬 수 있다. 독자가 프티오 박사[18]와 보석 사기 사건 같은 것에 흥미를 느낀다면 어떤 국제적인 통신사와 신문사의 기능 또한 독자의 관심을 끌지 않아야 할 직접적인 이유는 없는 것이다. 더구나 이 경우는 독자의 안이한 호기심에 호소하는 대신 그의 비판 정신이 살아나게 한다는 장점이 있다. 다만 문제는 이 비판적 정보 제공이 기술적으로 가능하느냐 하는 데 있다. 이 점에 대한 나의 입장은 긍정적이다.

기자가 대중에게 기여할 수 있는 것이 한 가지 더 있다. 그것은 뉴스에 정치적, 윤리적 코멘트를 가하는 일이다. 뉴스란 혼란스럽게 소용돌이치는 역사의 힘들을 반영하는 것인데 그 힘들과 마주하여, 어떤 한 사람의 성찰이나 여러 사람의 공통된 소견을 기록하는 것도 좋을 것이다. 그러나 그럴 때도 언제나 일정한 조심성, 거리, 상대성의 시선으로 이를 다루지 않으면 안 된다. 물론 진실을 지향한다고 해서 어떤 쪽의 편을 들지 말라는 법은 없

---

18) (옮긴이주) 프티오 "박사"라는 인물은 1942년에서 1944년 사이에 수많은 사기 사건에 이어 여러 건의 살인 사건을 저지른 장본인이다. 그의 재판은 언론에 널리 보도되었지만 《콩바》지는 이를 최소한으로 줄이고 11월 3일자에 이렇게 밝혔다. "우리는 여러 가지 면에서 너무나도 추악한 이 사건을 확대 보도하는 것을 거부한다. 센세이션을 일으킨 이 뉴스를 시시콜콜 거론하기에는 너무나 많은 고통스럽거나 긴급한 문제들이 우리의 관심을 끌고 있다. 독자들이 이 점을 양해하여주기 바란다." 프티오는 사형 선고를 받았다.

다. 아니 한 걸음 더 나아가서, 만약 우리가 본지에서 해보려고 노력하는 바를 독자 여러분이 어느 정도 이해하기 시작했다면, 그 둘은 서로 불가분의 관계에 있다는 것을 알 수 있을 것이다. 그러나 여기서나 다른 데서나 다 마찬가지지만, 이 경우 일정한 톤을 찾아내지 않으면 안 된다. 그 톤이 유지되지 않는다면 모든 것이 다 평가 절하될 것이다.

오늘의 언론에서 예를 들어보자. 놀라울 정도로 서둘러대는 연합군과 국제적 뉴스들, 돌연 줄기찬 해방의 희망을 대신하는 승리의 확신, 마침내 다가오고 있는 평화는 모든 신문들이 이 나라가 지금 무엇을 원하며 현재 어떤 상태인가를 지체 없이 규명할 것을 강요한다. 그래서 신문 기사들에서는 프랑스가 그토록 문제가 되고 있는 것이다. 그러나 물론 이것은 말할 수 없을 만큼 조심스럽게, 말을 골라가며 다루지 않으면 안 되는 사안이다. 조국이라는 단어 그 자체만을 가지고도 프랑스 국민의 신경을 자극할 수 있었던 한 시대의 클리셰와 애국적인 구호를 다시 들먹여가지고는 기대했던 그 규명에 아무런 도움이 될 수 없다. 아니 그랬다가는 많은 것을 잃어버리게 된다. 새로운 시대에는 새로운 단어까지는 아니라 해도 적어도 그 단어들의 새로운 배열이 필요하다. 이러한 배열을 가능하게 하는 것은 오직 진정이 담긴 마음, 그리고 진정한 사랑이 주는 존중뿐이다. 이러한 대가를 지불했을 때 비로소 우리는 이 나라가 경청할 만한 언어를 갖추도록 하는 일에 얼마 되지 않는 몫으로나마 이바지할 수 있을 것이다.

그러니까 이 말은 곧 주요 기사는 주요한 알맹이가 있도록 해야 하고 거짓되거나 의심스러운 뉴스가 진실한 뉴스로 소개되어서는 안 된다는 말이 된다. 내가 비판적 언론이라고 부르는 것은 바로 이런 일련의 행동 방식을 가리킨다. 그리고 다시 한번 더 여기서 필요한 것은 일정한 톤이다. 그리고 또한 필요한 것은 많은 것들의 희생이다. 그러나 우리가 이 문제에 대하여 깊이 생각하기 시작하기만 한다면 그것만으로도 어쩌면 충분할지도 모른다.

자아비판
(《콩바》, 1944년 11월 22일)

약간의 자아비판을 해보자. 시사적인 문제들을 앞에 놓고, 양식과 단순한 정신적 정직성의 요청을 매일매일 규정해야 하는 직업이고 보면 거기에 위험이 따르지 않을 수 없다. 최선의 판단을 원한 나머지 최악의 판단을, 또 때로는 다만 차선일 뿐인 판단을 내릴 수밖에 없는 경우가 있다. 요컨대 재판관이나 교사나 윤리학 교수 같은 융통성 없는 태도를 취할 수 있는 것이다. 기자라는 직업과 거드름이나 어리석음 사이의 거리는 그리 멀지 않다.

우리는 그 거리를 건너뛰어버리지 않았기를 바랄 뿐이다. 그러나 우리는 절대로 오판을 하는 법이 없는 사람들만이 갖는 통찰력과 수월성이 특기인 체하는 위험에서 항상 자유로웠다고 자신하기는 어렵다. 아니, 그건 어림도 없는 일이다. 우리의 솔직한 욕심은 지금까지 정치에서는 별로 통용되어온 것 같지 않은 몇 가지 양심의 규칙들을 일정하게 실천함으로써 공동의 과업에 참가하고 싶다는 것이다.

그것이 바로 우리가 품고 있는 야망의 전부다. 그리고 어떤 정치적 사상이나 행동에는 한계가 있다는 것을 분명히 하면서도 우리는 우리 자신의 한계 또한 잘 알고 있으므로 다만 두세 가지의 세심한 주의를 통해서 그 한계를 보완하려고 노력할 뿐이다. 그러나 시사적 문제들의 요청은 까다롭고 모럴과 모럴리즘을 구별하는 경계선은 불확실하다. 피곤과 망각 때문에 우리가 그 경계선을 넘는 일도 없지 않다.

어떻게 하면 이 위험에서 벗어날 수 있을까? 아이러니를 통해서 벗어날 수 있다. 그러나 유감스럽게도 우리는 아이러니의 시대에 살고 있는 것이 아니다. 우리는 여전히 분격의 시대를 살고 있다. 다만 어떤 일이 있더라도 상대성의 센스를 잃지 않도록 하자. 그러면 모든 것이 잘되어갈 것이다.

물론 우리는 메스가 함락된 직후[19], 그 도시를 함락하는 데 얼마나 많은 희생을 치렀는지 알고 있는 터에, 마를렌 디트리히[20]가 메스에 입성했다는 르포르타주를 접하면서 짜증스러운 기분

---

19) (옮긴이주) 11월 9일에 시작된 포위 작전 끝에 미국군은 11월 19일에야 메스에 입성했다. 22일에 최후의 전투가 종식되었다. 메스가 공식적으로 해방된 것은 이날이다.

을 지울 수 없다. 그리고 그 점에 대하여 분노하는 것은 항상 옳다. 그러나 그와 동시에 그것이 신문에는 꼭 따분한 기사만 실려야 한다는 의미는 아니라는 점을 이해할 필요가 있다. 다만 우리는, 전시에 어떤 스타가 보여주는 변덕스러운 행태가 민중의 고통, 군대가 흘리는 피, 혹은 스스로의 진실을 찾기 위한 한 민족의 줄기찬 노력보다 반드시 더 흥미롭다고는 생각하지 않는다.

이런 모든 것은 다 어려운 문제들이다. 정의는 하나의 사상인 동시에 영혼의 온기다. 우리는 그 정의를 그토록 수많은 사람들에게 위해를 가했던 저 무시무시한 추상적 열정으로 탈바꿈시키는 대신 그것이 지닌 인간적인 면을 이해하도록 노력할 필요가 있다. 아이러니가 우리와 무관한 것은 아니다. 우리는 결코 정색하고 무게만 잡을 입장이 아니다. 다만 문제는 이 나라의 형언하기 어려운 시련이며 오늘 이 나라가 감당해야 할 기막힌 모험이다. 이와 같은 분별은 우리의 매일매일의 노력에 절도와 상대성을 부여하게 될 것이다.

오늘 우리가 우리 스스로 이 점을 명심해두는 것은 꼭 필요해 보였다. 그리고 동시에 우리가 매일같이 쓰는 모든 글 속에서 모든 기자들이 마땅히 지녀야 할 성찰과 조심성의 의무를 결코 망각하는 일이 없을 것임을 우리 독자들에게 알리기 위하여 이 점을 말해두는 것이 꼭 필요하다고 생각했다. 한마디로 말해서, 우

---

20) (옮긴이주) 독일 출신의 여배우로 반나치적인 입장으로 일관하며 영국에 주둔하고 있는 미군들을 위하여 노래했고 프랑스 해방 전쟁 동안 그들을 따라 프랑스로 왔다. 파리 해방 때 그녀는 전차부대장으로 싸우고 있던 애인 장 가뱅과 재회했다.

리는 이 시점에서 반드시 필요하다고 여겨지는 비판의 노력을
결코 게을리 하는 일이 없을 것이다.

모럴과 정치[21]

21) (옮긴이주) 카뮈는 1944년 9월 4일자 사설에 "모럴과 정치"라는 제목을 붙이고 혁명이란 '정치를 모럴로 교체하는 것'이라고 정의했다. 여기에 모아놓은 사설과 기사에서는 모럴과 정치의 '교체'가 아니라 그 두 가지 사이의 불가분의 관계와 덧없는 균형, 나아가서는 갈등의 문제를 다룬다. 전쟁의 종식은 독일에 대한 군사적 승리라기보다는 나치 이데올로기에 대한 도덕적 승리를 의미한다. 레지스탕스는 근원적으로, 즉 그 본질, 기원, 목적에 있어서 도덕적인 것이었다. 나치의 폭력에 대한 레지스탕스의 도덕적 반사 작용은 순전히 애국적 행동이라기보다 심정적 자질, '아니다'라고 말할 수 있는 능력, 그리고 혁명적 혹은 종교적 신념에 의하여 뒷받침된 반항의 실천이다. 따라서 책임감이 중시되는 이 윤리의 시대에는 지향하는 목적보다 거기에 도달하는 수단이 무엇이냐가 더 중요시된다. 〈모럴과 정치〉에서 카뮈는 실로 레지스탕스의 열정적이고 재능 있는 대변자가 된다. 따라서 그는 레지스탕스의 초심이었던 모럴로 무장한 채 전후의 세 가지 중요한 세력과 마주하여 입장을 정리할 필요가 있었다. 기독교와 공산당, 그리고 자칫하면 다시 복귀하려 할지도 모르는 전쟁 전의 제3공화국 세력(급진사회당)이 그것이다. 그는 기독교의 정신을 존중하면서도 그 제도와 서열 체계에 부정적이었고 기독교가 최종적으로는 불의를 용인한다고 보았다. 공산당에 대해서는 그들의 역사철학과 정치적 리얼리즘을 표방 실천하는 방식, 언제 도래할지도 알 수 없는 아득한 미래의 희망과 약속을 신뢰하지 못한다. 에두아르 에리오로 대표되는 제3공화국에 대해서 카뮈는 그들의 미온적인 도덕, 비열함, 나태, 불명예를 신랄하게 공격한다. 끝으로 이 장의 결론에 다가가면서 해방 후의 '숙청' 문제를 다루는 과정에서 카뮈는 기독교 측의 저명한 논객 프랑수아 모리아크와 논쟁을 벌인다. 이 두 작가는 진정한 레지스탕스 지성으로서 여러 가지 공통점을 가졌지만 기독교 신자와 신을 믿지 않는 자, 드골파와 반드골파, 《르 피가로》지와 《콩바》지 등 여러 가지 차이점이 있었다. 그러나 두 사람은 결국 "사기꾼들과 배신자들의 올바른 처벌"을 요청하는 1944년 9월 〈프랑스 작가 선언〉(《레 레트르 프랑세즈*Les Lettres françaises*》)에, 그리고 이듬해 1월 말에는 작가 로베르 브라지야크의 사면을 위한 청원서에 함께 서명한다. 〈모럴과 정치〉는 카뮈가 쓴 가장 유명한 사설 중의 하나인 히로시마 원폭의 비극에 대한 비판으로 마감된다. 카뮈는 여기서 고삐 풀린 사회적 리얼리즘이 통제 불능의 과학 발전과 결합되었을 때의 대재난을 예감한다. 정치와 모럴의 균형이 파괴되어 모럴이 실종된 극단적 경우인 히로시마는 어느 의미에서 보면 평화에 대한 간절한 호소의 상징이라고 하겠다.

I
(《콩바》, 1944년 9월 8일[22])

어제 날짜《르 피가로Le Figaro》지에 교황의 담화에 대한 도르메송 씨[23]의 논평이 실렸다. 그 담화[24]는 이미 많은 비판을 불러일으킬 만한 것이었다. 그러나 도르메송 씨의 논평은 적어도 오늘날 유럽에 제시되고 있는 문제를 명확하게 짚고 있다는 데 그 장점이 있다.

"문제는 그 어느 때보다도 더 필요하고 더 신성한 개인의 자유

---

22) (옮긴이주) "정의와 자유"라는 제목으로 실은 사설. 기사의 끝에는 '콩바Combat' 의 약자 'C'로 서명되어 있다.

23) (옮긴이주) 블라디미르 도르메송. 문인이며 외교관으로 전쟁 전에는《르 탕Le Temps》,《르 피가로》등 여러 신문에 기고했고 1940년에는 바티칸 주재 대사로 임명되었다. 해방 후 그는 프랑수아 모리아크와 교대로《르 피가로》의 사설을 썼다. 7월 9일자 사설은 〈교황과 사회 문제〉였다. 여기서 그는 기독교와 그 자비의 율법만이 조화롭고 행복한 사회를 만들 수 있다고 썼다는 점에서 카뮈와 뜻을 달리했다.

24) (옮긴이주) 교황 비오 12세는 2차대전 발발 5주년을 맞이하여 9월 1일에 담화를 발표했다. 그는 "사유재산권이 미래 사회 조직의 바탕"이 되어야 한다는 것과 "본래부터 교회는 강자의 압제에 맞서 억압당하는 사람들의 옹호자 역할을 해왔다"고 천명했다.

와 오늘의 삶의 조건들로 인하여 불가피해진 사회의 집단적 조직을 어떻게 조화시키느냐에 있다"고 그는 지적한다.

적절한 표현이다. 우리는 다만 우리 모두의 문제는 정의와 자유를 어떻게 타협시키느냐에 있다고 좀 더 짧게 줄여서 표현할 것을 도르메송 씨에게 제안하고 싶다. 삶이 저마다에게 자유롭고 우리 모두에게 정의로운 것이 되도록 한다는 것은 우리 모두가 추구해야 할 목표다. 여러 나라들은 그 목표를 위해 노력했지만, 자유를 정의에 앞세움으로써 혹은 정의를 자유에 앞세움으로써 그 목표를 균등하게 성공시키지 못했다. 그런 나라들 사이에서 프랑스는 보다 나은 균형의 추구를 위하여 어떤 역할을 할 수 있다.

숨길 것도 없이, 그 타협은 어렵다. 적어도 역사를 되돌아보면 마치 그 두 가지 개념 사이에 무슨 대립의 원칙이라도 존재한다는 듯 아직까지 그 타협은 가능해지지 못했다. 어찌 그렇지 않을 수 있겠는가? 저마다의 자유는 은행가나 야심가의 자유이기도 한 것이다. 그러니 불의가 되살아날 수밖에 없는 것이다. 만인을 위한 정의란 개성을 집단의 선에 종속시키는 것을 말한다. 그럴진대 어떻게 절대적 자유를 운위할 수 있겠는가?

그렇지만 도르메송 씨의 견해에 따르면 기독교가 그 해결책을 제공할 수 있다는 것이다. 종교의 문외한이긴 하지만 다른 사람의 신념을 존중할 줄 아는 이 사람이 그 점에 대하여 의혹을 제기하는 것을 씨는 허락해주시기 바란다. 기독교는 그 본질에 있어서 (그것이 역설적이게도 기독교의 위대함이기도 하지만) 불의의 독트린이다. 그 종교는 죄 없는 이의 희생과 그 희생의 받아들임에 바탕을 두고 있다. 그와 반대로, 파리가 이제 막 그 저항의 불꽃들로 어둠을 밝히면서 증명한 바 있듯이, 정의는 반항 없이는 성립되지 못한다.

그렇다면 얼른 보기에 별 힘이 없어 보이는 그런 노력을 포기해야 할 것인가? 아니다, 포기해서는 안 된다. 다만 거기에 따르는 엄청난 어려움을 헤아려야 하고 또 모든 것을 단순화해서 생각하려 드는 선의의 사람들에게 그 어려움을 알아차리게 해야 한다.

그 나머지에 있어서, 그것이 오늘의 세계 속에서 우리가 살아가고 투쟁할 가치가 있는 단 하나의 노력이라는 것을 명심해야 한다. 너무나도 절망적인 조건 속에서 이 세기가 져야 할 힘들고도 경탄할 만한 책무는 가장 부당한 세계 속에서 정의를 건설하고, 처음부터 종속의 운명을 타고난 영혼들의 자유를 지키는 데 있다. 만약 우리가 실패한다면 사람들은 어둠 속으로 되돌아가게 될 것이다. 그러나 적어도 우리로서는 일단 시도는 해본 셈이 될 것이다.

결국 그 노력은 우리가 사회적인 문제를 조정하려 할 때마다 개인을 생각하고 또 개인이 우리의 관심거리가 될 때마다 만인을 위한 선으로 되돌아오라고 깨우쳐줄 통찰과 기민한 경계심을 요구한다. 너무나도 어려운 항심(恒心)을 기독교가 이웃에 대한 사랑을 통해서 지탱해줄 수 있다고 생각하는 도르메송 씨의 말은 옳다. 그러나 신앙을 갖지 않고 살아가는 다른 사람들은 진실에 대한 단순한 배려, 자기 자신을 잊어버린 채 인간의 위대함을 증거해야 한다는 마음만으로 또한 그 목표를 이룩하기를 희망하고 있다.

II

(《콩바》, 1944년 10월 7일)

1944년 3월 26일, 알제에서 개최된 '콩바' 회의는 '콩바' 운동이 "반공은 독재의 시작이다"[25]라는 선언을 그 신조로 삼는다고 천명했다. 우리는 그 점을 재확인하면서, 현재 일고 있는 몇 가지 오해에 대하여 몇몇 공산당 동지들과 논의해보고자 하는 지금도 그 선언을 고쳐야 할 까닭은 전혀 없다는 사실을 덧붙여두는 것이 좋을 것 같다. 과연 밝은 빛의 세계를 벗어나서는 그 어떤 좋은 일도 이루어질 수 없다는 것이 우리의 믿음이다. 그래서 우리는 오늘 특히 그 어느 것보다도 어려운 주제에 대하여 이성과 인간의 언어로 논의해보고자 한다.

---

25) (옮긴이주) 알제리에 있던 레지스탕스 '콩바' 조직의 맹원들은 1944년 3월 25~26일, 공산당원들이 민족해방연맹에 가입하는 문제가 첨예하게 제기될 무렵 처음으로, 전체 대회를 개최했다. 카뮈가 여기서 인용한 구절이 포함된 동의안이 드골과 공산당 사이의 협상 재개를 요청하는 가운데 표결되었다. 이튿날, 이 운동을 대표하며 반공주의자로 알려진 앙리 프르네는 같은 내용의 편지를 드골에게 보낸다. 그가 보기에 거국적인 일에 공산당원들을 참가시키는 것은 혁명 세력이 정권을 장악하는 것을 막기 위해 필요한 것으로 여겨진 것이었다. 4월 4일 공산당원들이 정부에 참가하는 것은 기정사실화되었다. 그러나 드골이 정한 조건을 받아들인다는 전제하에 참가하는 것이었다.

우리가 이 글의 서두에 제시한 원칙은 아무런 성찰 없이 이루어진 것이 아니다. 이 단호한 명제를 미리 암시해준 것은 지난 25년간의 경험이다. 그렇다고 해서 우리가 공산주의자라는 말은 아니다. 우리와 마찬가지로 공산주의자들과의 행동 통일을 수락해온 기독교도들 역시 공산주의자가 아니다. 그러니까 기독교도들과 마찬가지로 우리의 입장은 다음과 같이 표현될 수 있을 것이다. 즉 우리는 공산주의의 철학이나 실천적 윤리에 동의하지는 않지만, 정치적 반공주의는 단호히 거부한다. 왜냐하면 우리는 그런 반공주의의 방향과 그 반공주의가 겉으로 드러내지 않고 있는 목적을 잘 알고 있기 때문이다.

입장이 이처럼 확고하고 보면 거기에는 한 점 오해의 여지도 남아서는 안 될 것이다. 그런데 그렇지가 못한 것이다. 그렇다면 우리가 표현상에 있어서 미숙하거나 불분명했을 가능성이 있다. 따라서 우리가 해야 할 일은 오해가 어디에 있는지를 알아내어 그 점을 분명히 하는 일이다. 금세기의 가장 중요한 문제들 중 하나인 이 점에 대해서는 아무리 솔직하고 명확한 조명을 가해도 지나치지 않을 것이다.

그러므로 있을 수 있는 오해의 뿌리는 방법의 차이에 있다는 사실을 분명히 말해두자. 우리 동지들의 집단주의 사상과 사회적 프로그램, 그들의 정의에 대한 이상, 돈과 특권이 제일 앞자리를 차지하는 사회에 대한 혐오, 이런 모든 것에 있어서 우리는 서로 다를 것이 없다. 다만, 그들 자신도 기꺼이 인정하는 바와 같이, 우리의 동지들은 많은 프랑스 국민들에게 공통된 어떤 이상을 실현하기 위한 최선의 방법과 정치적 리얼리즘을 정당화할 수 있는 길이 지극히 수미일관한 역사철학 속에 있다고 보는 것이다. 바로 이 점에서 우리는 그들과 지극히 분명하게 갈라선다. 누차 언급했듯이 우리는 정치적 리얼리즘을 믿지 않는다. 우리의 방법은 다르다.

우리의 공산당 동지들은 그들의 것만큼 확고한 독트린을 갖고 있지 않은 사람들도 지난 4년 동안 수많은 반성할 것들을 찾아냈다는 것을 이해할 수 있을 터이다. 그들은 숱한 위험들을 겪는 가운데 선의를 다하여 반성해본 것이다. 뒤죽박죽이 된 그 많은 사상들과 그 많은 희생자들의 순수한 얼굴들과 잔해들 가운데서 그들은 어떤 새로운 독트린과 새로운 삶이 필요하다는 것을 절감했다. 그들에게는 1940년 6월, 한 세계가 송두리째 다 소멸해버린 것이다.

오늘 그들은 그때와 다름없는 열의를 가지고, 그 어떤 것도 배제하지 않겠다는 정신으로, 그 새로운 진실을 찾고 있다. 바로 그 사람들이 가장 쓰디쓴 패배에 대하여 반성하고 자기들 자신의 과실을 의식하는 가운데, 자기들의 나라가 정신적 혼란 때문에 과오를 저질렀으니 이제부터 명징한 통찰과 쇄신의 벅찬 노력을 통해서만 미래가 의미를 가질 수 있다고 판단했다는 것은 충분히 납득되고도 남을 일이다.

그것이 바로 오늘 우리가 적용하고자 노력하는 방법이다. 그것이 바로 우리가 선의를 가지고 시도해볼 권리가 있다는 사실을 밖에서도 인정해주기를 바라는 방법이다. 그것으로 한 나라의 모든 정치를 전면적으로 뜯어고치겠다고 나서려는 것은 아니다. 그 방법은 그 나라의 정치 생활 속에 매우 제한적인 하나의 경험을 유발하고자 한다. 그 경험이란 단순하고 객관적인 비판을 통해서 정치의 실천에 윤리의 언어를 도입하는 데 있다. 그것은 곧 긍정과 부정을 동시에, 똑같이 진지하고 똑같이 객관적으로 말하는 일이다.

우리가 쓰는 글을 주의 깊게, 그리고 모든 선의의 시도에 대하여 할애할 수 있는 단순한 호의를 가지고 읽어본다면, 우리가 자주 한 손으로는 주면서 저 너머 다른 한 손으로는 바로 그것을 거두어들이는 것같이 보인다는 사실을 알 수 있을 것이다. 만약 우리가 제시하는 반대 의견들에만 매달린다면 오해는 필연적이다. 그러나 우리가 여기서 누차 반복하는 연대 의식의 확인을 통하여 이 반대 의견들을 균형 있게 이해한다면 우리가 부질없는 인간적 정념에 빠져들지 않으려고 노력한다는 것을, 그리고 우리가 언제나 정치사에서도 가장 중요한 운동들 중의 하나를 지지하려고 노력한다는 것을, 쉽게 이해할 수 있을 것이다.

이 지난한 방법의 의미가 항상 명백하지 않은 경우도 있을 것이다. 저널리즘은 완벽함의 학습장이 아니다. 단 한 가지 생각을 분명히 하자고 해도 백여 호의 신문을 발행해야 한다. 그러나 그 생각은, 그 생각을 표현하기 위하여 바친 것만큼의 객관성을 가지고 면밀히 검토해본다면, 여러 가지 다른 생각들을 분명히 하는 데 도움이 될 수 있다. 또 우리가 잘못된 판단을 할 수도 있고 우리의 방법이 유토피아적이거나 불가능한 것일 수도 있다. 다만 우리는 아무 시도도 해보지 않고 무조건 그렇다고 시인할 수는 없다고 생각한다. 오로지 정직함만을 중요시하는 사람들에게 가능한 최대한의 정직함을 다하여 우리가 여기서 시도하고자 하는 것은 바로 그 경험인 것이다.

우리는 다만 우리 공산당 동지들에게, 우리들 자신이 그들의 반대 의견들에 대하여 깊이 생각해보려고 노력하는 만큼 이 방법에 대하여 깊이 생각해주기를 요구한다. 그렇게 함으로써 적어도 우리들 각자는 자신의 입장을 분명히 할 수 있고, 적어도 우리 자신은 우리의 시도의 어려움이나 기회를 보다 분명하게 알 수 있다는 점에서 얻는 바가 있을 것이다. 적어도 그들에게 우리가 이런 말을 하게 된 것은 바로 이 점 때문이다. 이런 말을 하게 만든 것은 또한, 만약 우리가 서로를 꺼리거나 경계함으로써 최선의 프랑스 사람들이 논쟁과 반목보다는 차라리 고독을 택하여, 함께 살기를 거부하는 정치적 풍토에 놓이게 될 경우, 프랑스가 잃게 될 것이 무엇인가에 대하여 우리가 느끼는 감정이기도 하다.

III
(《콩바》, 1944년 10월 12일)

요사이 질서에 대하여 말이 많다. 질서란 좋은 것이고 우리에게는 질서가 많이 부족하기 때문이다. 사실, 우리 세대의 사람들은 한 번도 질서를 경험해본 적이 없어서 그들에게는 질서에 대한 일종의 향수 같은 것이 있다. 만약 그들에게 그와 동시에 질서는 진리와 크게 다른 것이 아니라는 확신이 없었더라면 그들은 그 향수 때문에 많은 무분별한 짓을 저질렀을 것이다. 그래서 그들은 남들이 제시하는 질서의 견본들에 대하여 다소 경계하는 태도를 보이고 까다롭게 구는 경향이 있다.

질서는 난해한 개념이기도 하니까 말이다. 질서에는 여러 가지 종류가 있다. 바르샤바에서 계속 지배적인 힘을 발휘하는 질서[26]가 있는가 하면 무질서를 은폐하는 질서도 있고 괴테의 경우처럼 정의와 반대되는 질서[27]도 있다. 또 사랑이라는 이름을 가진, 마음과 의식의 저 고등한 질서가 있는가 하면 증오가 힘의 원천인 저 피비린내 나는 질서 속에서는 인간이 스스로를 부정한다. 우리는 그 모든 것 가운데서 좋은 질서를 가려내고자 한다.

오늘 우리가 말하는 것은 분명 사회적 질서다. 그렇지만 사회

---

26) (옮긴이주) 1831년 러시아는 폴란드인들의 반항을 피로 진압했다. 그랑빌은 시체들이 널려 있는 한가운데 한 러시아 병사가 서 있는 장면을 석판화로 그리면서 "바르샤바에 질서가 잡히다"라는 설명문을 붙였다. 한편 1944년 8월 러시아군이 다가오는 것을 알고 폴란드의 반항자들이 봉기했다. 그러나 러시아군은 독일군이 이 봉기를 무자비하게 진압하는 것을 그대로 방치했다. 반항 운동은 이 사설이 실리기 불과 며칠 전에 막을 내렸다. 러시아군은 1945년 1월 17일에야 바르샤바로 들어왔다.

27) (옮긴이주) 괴테는 마인츠에 진주한 프랑스군에 부역한 혐의를 받아 어느 독일인이 사형(私刑)을 받지 않도록 하기 위하여 자신은 그런 불법적인 처벌의 무질서보다는 불의의 잘못을 저지르는 한이 있더라도 죄를 처벌하지 않는 편을 원한다고 말했다. 그런데 카뮈는 여기서 프랑스와 독일의 입장이 뒤바뀐 상황에서 괴테를 인용하고 있다.

적 질서라는 것이 다만 거리의 조용함만을 의미하는 것일까? 그렇다고 단정할 수는 없다. 따지고 보면, 이 고통스러운 팔월의 나날 동안 우리는 모두, 봉기한 사람들의 첫 발포와 더불어 질서가 시작되었다는 느낌을 받았으니 말이다. 그들의 무질서한 얼굴 속에서는 모든 혁명들이 어떤 질서의 원칙을 그 안에 내장하고 있는 것이다. 혁명이 전반적으로 확산되면 그 원칙이 지배할 것이다. 그러나 그 혁명이 유산되거나 중도에서 멈춘다면 여러 해 동안 엄청나고 단조로운 무질서가 자리 잡게 된다.

질서란 최소한 통일된 정부를 의미하는 것일까? 그것이 없어서는 안 된다는 것은 확실하다. 그러나 독일 제3제국은 그 통일을 실현했지만 그것이 독일에 진정한 질서를 부여했다고는 말할 수 없다.

아마도 개인적 행동에 대한 간단한 관찰이 도움이 될지도 모른다. 어떠할 때 사람이 자신의 생활을 가지런히 했다고 하는가? 그렇게 되기 위해서는 그가 자신과 자신의 삶을 일치시키고 자신의 행동을 스스로 진실되다고 믿는 바에 맞추어야 한다. 건잡을 수 없는 열정에 휩쓸려 자신의 신념을 위하여 죽는 반란자는 사실 질서의 인간이다. 왜냐하면 그는 스스로 굳게 믿는 어떤 원칙에 자신의 행동을 맞추었기 때문이다. 그렇지만 일생 동안 매일같이 세 끼 식사를 거르지 않고 자신의 재산을 확실하게 지키지만 거리가 시끄러우면 곧장 집으로 돌아가는 저 운 좋은 사람을 질서의 인간이라고 말할 수는 없다. 그는 다만 절약하는 겁쟁이 인간일 뿐이다. 만약 프랑스적 질서가 조심성과 매정함의 질서라고 한다면 우리는 그것을 최악의 무질서로 보고 싶다. 왜냐하면 그것은 무관심으로 인하여 온갖 불의를 허용하는 것이기 때문이다.

그 모든 것에서 우리는 균형과 일치가 없으면 질서도 없다는 결론을 이끌어낼 수 있다. 사회적 질서란 그러니까 정부와 통치받는 사람들 사이의 균형이라고 할 수 있다. 그리고 그 일치는 어떤 상위의 원칙에 의거하여 이루어져야 한다. 우리에게 있어서 그 원칙은 바로 정의다. 정의 없는 질서는 없고 민중의 이상적인 질서는 그들의 행복 속에 있다.

그러니까 답은, 어떤 의지를 강요하기 위하여 질서의 필요성을 내세울 수는 없다는 것이다. 그것은 문제를 거꾸로 푸는 결과가 되기 때문이다. 오로지 잘 통치하기 위하여 질서를 요구해서는 안 된다. 오히려 의미 있는 유일한 질서를 구현하기 위하여 잘 통치해야 한다. 정의를 강화하는 것이 질서가 아니라 질서에 확신을 주는 것이 정의인 것이다.

그 누구도 우리만큼 저 상위의 질서를 원하는 이는 없을 것이다. 그 자신, 그리고 자신의 운명과 어긋남 없는 평화를 누리는 국가에서 저마다 자기 몫의 일과 여가를 가지며 노동자가 쓰라림도 선망도 없이 일하고 예술가가 인간의 불행으로 괴로워하지 않고 창조하며 각각의 인간이 고요한 마음으로 자신의 조건에 대하여 성찰할 수 있는 그런 고등한 질서 말이다.

우리에게는 우리들 가운데서 가장 탁월한 사람들이 절망적인 투쟁으로 기진맥진해 있는 이 폭력과 소음의 세계를 선호하는 그 어떤 변태적 취미는 없다. 그러나 우리는 일단 게임에 끌려들었으니 그 끝을 보지 않을 수 없다고 믿는다. 그러므로 우리의 책임 회피를 기정사실화하고 인간의 희망에 종지부를 찍는 질서라면 우리는 그 질서를 원하지 않는다. 그렇기 때문에 마침내 정의로운 질서의 기초를 세우는 데 도움이 되기로 굳게 결심한 우리는 가짜 위인의 유명한 말 따위는 영원히 거부하며, 우리는 언제나 불의보다는 무질서를 택한다는 사실을 분명히 밝혀두고자 한다.

IV
《콩바》, 1944년 10월 29일)

그저께 공보부 장관이 발표한 담화에 우리는 전적으로 찬성한다. 그러나 거기에는 우리가 다시 한번 더 음미해보아야 할 한 가지 문제가 있다. 왜냐하면 한 나라의 공보부가 자기 나라를 향하여 단호한 윤리의 언어로 그 나라에 필요한 의무를 상기시키는 것은 그리 흔한 일이 아니기 때문이다.

테트장 씨[28]는 그토록 많은 프랑스 사람들을 약한 마음에서

---

28) (옮긴이주) 피에르 앙리 테트장. 비시 정권에 의해 파면당한 공법학 교수로 가톨릭계의 '리베르테' 운동의 창립 멤버 중 한 사람. '리베르테'는 1941년 말에 앙리 프르네의 '민족해방운동'과 합쳐서 '콩바'를 탄생시킨다. 레지스탕스 활동, 특히 레지스탕스 전국 위원회(C.N.R.)의 연구부 활동을 계기로 그는 해방 후 언론 조직에 관하여 깊이 생각하게 된다. 공보부 장관이 된(1944년 9월~1945년 5월) 그는 이 사설에서 언급되고

배반으로 인도했던 저 심리적 메커니즘을 분석해 보았다. 적에게, 그리고 정신의 안이함에 한 번 양보하면 그때마다 그것은 또 다른 양보로 이어지게 마련이었다. 그 또 다른 양보가 앞서의 것보다 더 심각한 것은 아니었지만 그 둘을 이어놓으면 비열함이 되었다. 두 번의 비열함이 합쳐지면 불명예가 되는 것이었다.

과연 그것이 바로 이 나라의 비극이다. 그 문제를 해결하기가 어려운 것은 그것이 인간의 양심 전체를 개입시키는 사안이기 때문이다. 그것은 긍정이냐 부정이냐라는, 칼날처럼 단호한 선택의 문제를 제기하니 말이다.

프랑스는 낡은 지혜의 바탕 위에서 살아가고 있었다. 그래서 젊은 세대들에게 삶이란 원래 그렇게 되어 있는 만큼 양보할 줄도 알아야 한다, 열정도 한때일 뿐이니 당연히 약삭빠른 사람들이 이기게 되어 있는 세상에서 잘못 생각하는 일이 없도록 노력해야 한다고 설명했던 것이다.

우리는 그런 세상에 살고 있었다. 그래서 우리 세대 사람들이 불의와 맞닥뜨려 경악했을 때 그들에게 돌아온 것은 그런 일도 쉬 지나갈 거라는 설명이었다. 이리하여 안이함과 실망의 윤리가 퍼져나갔다. 이 같은 풍토 속에서 프랑스를 향하여 자기 세계 속에 가만히 엎드려 있으라고 충고하는 저 떨리는 절망의 목소

있는 담화에서 구조 개혁과 돈의 지배로부터 자유로운 언론의 필요성을 강조한다. 그 후, 1945년 6월부터 1946년 12월까지 법무부 장관으로 재직한 그는 어려운 숙청의 문제를 다루게 된다.

리[29])가 어떤 영향을 끼쳤을지를 한번 생각해보라. 항상 인간에게 가장 손쉬운 것, 즉 가만히 앉아 쉬고 싶은 마음에 호소하는 편이 인기를 얻는 법이다. 반면에 명예로운 쪽을 택한다면 자기 자신과 타인들에 대하여 무서울 정도의 엄격함을 요구하지 않을 수 없다. 그것은 물론 사람을 지치게 하는 일이다. 그런데 1940년에 상당수의 프랑스 사람들은 미리부터 지쳐 있었다.

그러나 그들 모두가 다 지쳐 있었던 것은 아니다. 레지스탕스에 뛰어든 수많은 사람들이 직업적인 애국자가 아니라는 사실에 세인들은 몹시 놀랐다. 본래부터 애국이라는 것은 직업이 아니라 자기 나라를 사랑하는 한 가지 방식일 뿐이며, 그 방식은 그 나라가 의롭지 못한 존재가 되지 않기를 바라고 또 그 나라를 향하여 분명히 그렇게 밝히는 데 있다.[30]) 그렇지만 그 사람들이 떨쳐 일어나 자기들 눈앞에 벌어지고 있는 그 이상한 투쟁에 뛰어들도록 만드는 데는 애국심만으로 충분한 것은 아니었다. 그러기 위해서는 일체의 타협을 싫어하는 저 예민한 마음, 부르주아적 관습으로 보면 결점이라고 할 수 있는 자존심, 요컨대 이건 아니다라고 말할 수 있는 능력이 또한 필요했다.

다른 한편으로 보면 그토록 비참했던 그 시대가 위대했던 것은 그때의 선택이 그 속에서 순수해졌기 때문이다. 왜냐하면 타협을 모르는 단호한 태도는 의무 중에서도 가장 절대적인 의무

---

29) (옮긴이주) 필리프 페탱 원수의 목소리를 말한다.

30) (옮긴이주) 《독일 친구에게 보내는 편지》, 91쪽 참조. "나는 정의를 사랑하면서 동시에 나라도 사랑하고 싶습니다."

가 되었고, 반면에 양보의 윤리는 결국 그 필연적인 대가를 치렀기 때문이다. 만약 약삭빠른 사람들이 옳은 쪽이라고 한다면 차라리 틀린 것이라는 쪽을 받아들일 필요가 있었다. 그리고 치욕, 거짓, 그리고 압제가 삶의 조건이라면 차라리 죽음을 받아들일 필요가 있었다.

오늘날 계층을 불문하고 프랑스 전체에서 우리가 복원해야 할 것은 바로 그 타협을 모르는 단호한 태도와 긍지를 갖추는 그 능력이다. 우리가 초라한 행동을 받아들이고 포기하거나 안이함에 빠지면 그때마다 우리는 적의 총탄과 마찬가지의 해를 끼치게 된다는 사실을 깨달아야 한다. 4년간의 끔찍한 시련을 거쳐 지칠 대로 지친 프랑스는 이제 더 이상 피곤해질 권리가 없게 된 이 비극의 깊이를 깨닫게 되었다. 이것이 바로 재건의 으뜸가는 조건인바, 이 나라의 희망은 이건 아니다라고 말할 수 있었던 바로 그 사람들이 내일에는 지난날 못지않게 단호하고 사심 없는 태도로 그렇다라고 말하는 것이며, 과거에 명예로움에서 거부의 능력을 찾아낼 수 있었듯이 마침내 그 명예로움에게 긍정의 힘을 요구할 수 있게 되는 일이다.

V

(《콩바》, 1944년 11월 4일)

이틀 전, 장 게에노[31])가 《르 피가로》지에 아름다운 글을 기고

했는데, 우리로서는 인간의 미래를 걱정하는 모든 사람들에게 그 글이 불러일으키는 공감과 존경의 마음을 피력하지 않고 그 냥 지나칠 수는 없을 것 같다. 그는 순수함에 대하여 말했다. 어 려운 주제다.

사실 부당하지만 총명한 어떤 또 다른 글에서 한 젊은 기자가 그에게 도덕적인 순수성이란 것과 관련하여 그를 비난한 일[32]이 없었다면 장 게에노는 직접 나서서 그 문제를 거론할 생각을 하 지 않았을 것이다. 그 젊은 기자는 도덕적 순수함이라는 것이 지 적인 초연함과 혼동되지나 않을까 염려스럽다는 것이었다. 장 게에노는 행동 속에서 유지하는 순수함을 옹호함으로써 매우 적 절하게 거기에 응답한다. 그런데 물론 여기서 제기되고 있는 것 은 현실주의의 문제다. 즉 무슨 수단을 동원하든 다 좋은 것인지 에 대한 질문인 것이다.

우리는 모두 다 목적에 있어서 일치한다. 우리의 견해는 수단 에 있어서 달라진다. 의심할 여지 없이 우리는 모두 다 인간의

---

31) (옮긴이주) 장 게에노. 《유럽*Europe*》지, 그리고 나중에는 《방드르디*Vendredi*》지 주간 역임. 문화가 인간의 발전에 도움이 된다는 확신을 가진 평화주의자. 미슐레에 관 한 에세이, 인민전선에 관한 책 《어떤 혁명의 일지》, 특히 《1940~1944, 어두운 시절의 일기》의 저자. 어려운 집안 출신이라는 공통점까지 더하여 카뮈는 그 인간과 사상에 절 실한 공감을 느꼈다.

32) (옮긴이주) 11월 2일자 《르 피가로》에 공산당계의 기자 질베르 뮈리는 "순수에 대하여"라는 제목의 기사를 실으면서 게에노의 "아름다운 영혼", 그의 "순수", 그리고 "영원에 대한 취미"를 비판했다. 이에 게에노는 "순수함이란 골방 속에 처박혀 있는 것" 이 아니라 "순수하지 못한 것들 가운데 뛰어들어 순수한 채 남는 것"이라고, "아니다, 아무리 보아도, 모든 수단들이 다 좋은 것은 아니다"라고 대답했다.

불가능한 행복에 대한 사심 없는 열정을 가지고 있다. 그러나 단지 우리들 가운데는 그 행복을 실현하기 위해서는 무슨 수단을 사용하든 다 좋다고 생각하는 쪽이 있고 그렇지 않다고 생각하는 쪽이 있는 것이다. 우리는 후자에 속한다. 수단이 얼마나 빠른 속도로 목적과 혼동되곤 했는지를 우리는 너무나도 잘 알고 있다. 우리는 아무 정의든 정의면 다 좋다고 생각하지 않는다. 이 점이 현실주의자들에게서 빈정거림을 샀고 장 게에노가 이제 막 그 것을 경험한 것이다. 그러나 옳은 쪽은 게에노다. 겉으로 정신 나간 것같이 보이는 우리의 생각이 오늘날 바람직한 유일한 지혜다. 과연 지금 문제가 되고 있는 사안은 다름 아닌 인간의 구원이니까 말이다. 이 세상 밖에서가 아니라 역사 그 자체를 통해서 얻고자 하는 구원 말이다. 중요한 것은 떳떳하지 못한 역사의 한가운데서 떳떳한 수단들을 통해서 인간의 존엄에 이바지하는 일이다. 이만하면 그와 같은 노력의 지난함과 역설이 어떠할지 헤아려질 것이다.

사실 우리는 인간의 구원이 어쩌면 불가능할 것이라는 것을 알고 있다. 하지만 우리는 그렇다고 해서 그 시도를 중지할 수는 없다고 말하고 싶다. 특히 그것이 불가능하지 않았음을 증명하는 데 필요한 일을 한번 작심하고 해보지도 않은 채 그것이 불가능하다고 말할 수는 없다는 점을 지적하고 싶다.

오늘 우리에게 그 기회가 생겼다. 이 나라는 가난하고 우리도 이 나라와 함께 가난하다. 유럽은 비참해졌고 그 비참은 바로 우리의 것이다. 부도 물질적 유산도 없이 우리는 아마도 진실이라는 이름의 이 광기에 빠져들 수 있는 자유 속으로 발을 들여놓은 것 같다.

이리하여 우리는 하나의 마지막 기회가 우리에게 주어졌다는 확신을 말할 수 있게 되었다. 우리는 진정으로 그것이 마지막 기회라고 믿는다. 술책, 폭력, 인간들의 맹목적 희생 같은 수단들이 그 진가를 보여준 것은 옛날 일이다. 그 진가는 쓰디쓴 것이었다. 한번 시도해볼 수 있는 것으로 남은 것은 단 한 가지뿐이다. 그것은 환상 없는 정직함, 분별 있는 충실함, 그리고 오직 인간의 존엄에 힘을 보태려는 집요한 의지라는 중간적이고 단순한 길이다. 우리 역시 이상주의는 부질없는 것이라고 믿는다. 그러나 결국 다른 이들이 악을 위하여 바치는 것과 마찬가지의 고집과 지칠 줄 모르는 정력을 다하여 사람들이 선에 이바지하려 드는 그날이 오면, 아마도 매우 짧은 것일지도 모르는 한동안, 그래도 분명 그 한동안만은, 선이 승리할 것이고, 그때의 그 승리는 말할 수 없이 벅찬 것이 되리라고 우리는 확신한다. 대체 무엇 때문에 새삼스럽게 이 문제를 재론하는 것이냐고 혹자는 물을지도 모른다. 실천적인 분야에 이보다 더 시급한 문제들이 산적해 있는 것이다. 하지만 우리는 실천적인 범주의 이 문제들에 대하여 말하는 것을 한 번도 마다하지 않았다. 우리가 그런 문제를 이야기할 때 모든 사람들이 다 마음에 들어 하지는 않는다는 점이 그 증거다.

그러니까, 사실상 이보다 더 시급한 문제는 없기 때문에 이 문제를 재론할 필요가 있었던 것이다. 그렇다, 무엇 때문에 이 문

제를 재론하느냐고? 그것은, 현실주의적인 분별에 맡겨진 한 세
계 속에서 인류가 광란과 암흑으로 되돌아가게 되는 날, 게에노
같은 사람들이 그들은 결코 외롭지 않다는 것을 기억하도록 하
기 위해서, 남들이야 어떻게 생각하든 간에 그들은 순수함이 결
코 사막이 아니라는 사실을 알도록 하기 위해서다.

VI
(《콩바》, 1944년 11월 24일)

　생각하면 할수록 지금 정치적 여론의 폭넓은 일각에서 사회
주의 독트린이 형성되어가고 있다는 생각이 분명해진다. 어제
만 해도 우리는 이 점을 지적하는 것으로 그쳤다.[33] 그러나 이제
그 문제를 좀 더 분명히 해둘 필요가 생겼다. 따지고 보면 이 모
든 것은 조금도 특별할 것이 없다. 이 현상을 좋지 않게 생각하
는 비평가들은 레지스탕스 운동을 해온 사람들이, 그리고 덩달
아 많은 프랑스 국민들이, 겨우 이런 결과에 이르려고 그토록 엄
청난 노력을 했던가 싶어 놀랄지도 모른다.
　그러나 우선 정치적 독트린이 새로운 것이어야 한다는 절대적

---

　33) (옮긴이주) 그 전날의 사설에서 카뮈는 모두가 다 사회주의를 내세운다는 사실
을 확인한 다음 과거의 정당들이 표방했던 "전통적 형태의 마르크스주의적 사회주의"
와 "비록 너그럽지만 제대로 구체화되지 못한 상태인 자유주의적 사회주의"를 구별했
다. 레지스탕스 계열의 후자는 집단주의 전통과 개인의 자유를 결합한 형태다. 그리고
그는 이 두 가지 형태가 과연 대연합의 형태로 타협할 수 있을지 자문한다.

필요성이 있는 것은 아니다. 정치는(행동이 그렇다는 것은 아니지만) 천재와 아무 상관이 없다. 인간사란 세세한 일에 있어서는 복잡하지만 큰 원칙에 있어서는 간단한 것이다.

사회 정의는 무슨 기발한 철학이 없이도 얼마든지 잘 이루어질 수 있다. 그것은 양식이 필요로 하는 몇 가지 진실들과 통찰력, 정력, 무사무욕과 같은 간단한 자질을 요구한다. 이 분야에서 한사코 새로운 그 무엇을 하겠다는 것은 머나먼 미래인 2000년을 위하여 일하는 것을 의미한다. 그런데 우리 사회의 일들은 당장에, 가능하다면 바로 내일 정리되어야 하는 사안들이다.

둘째로 제반 독트린들은 그것이 가진 새로움 때문이 아니라 다만 그것을 살아 움직이게 하는 정력과 거기에 몸 바치는 사람들의 희생 정신에 의해서 효과를 발휘한다. 이론적 사회주의가 제3공화국의 사회주의자들에게 과연 어떤 깊은 의미를 가진 것이었는지는 알기 어렵다. 그러나 오늘날 그것은 많은 사람들에게 있어서 일종의 화상과도 같다. 그 사람들을 자극하는 초조함과 뜨거운 정의감에 어떤 형태를 부여하기 때문이다.

끝으로, 이런 분위기에 이른 것은 별로 신경 쓸 일이 아니라고 여기고 싶어 하는 것은 아마도 사회주의를 축소하여 생각하는 태도일 것이다. 사실 그 사회주의 독트린의 어떤 형태는 우리가 전제 정치보다도 더 미워하는 것이다. 그것은 바로 낙관론에 근거하는 사회주의, 인류애를 구실 삼아 인간에게 봉사하기를 회피하고 발전을 구실 삼아 급료의 문제를 외면하고 세계 평화를 구실 삼아 반드시 필요한 희생을 하지 않는 사회주의다. 그 사회주의는 특히 다른 사람들의 희생으로 이루어졌다. 그 독트린을 부르짖는 사람은 절대로 거기에 책임을 지지 않았다. 한마디로 말해서 그 사회주의는 모든 것을 다 두려워하고 혁명을 두려워한다.

우리는 그것을 경험으로 알고 있다. 단지 그것으로 되돌아가야 하는 것이라면 사실 그건 별것 아니다. 그러나 세상에는 또 다른 한 가지 사회주의가 존재한다. 대가를 치를 각오가 되어 있는 사회주의 말이다. 그것은 거짓과 나약함을 다 같이 거부한다. 그 사회주의는 부질없는 발전을 부르짖지 않고 인간의 운명은 항상 인간의 손에 달려 있다고 굳게 믿는다.

그것은 절대적이고 빈틈없는 독트린을 믿는 것이 아니라 인간 조건의 줄기차고 동요가 많지만 중단 없는 개선을 믿는다. 그 독트린의 시각에서 볼 때 정의는 혁명 못지않은 가치를 가진 것이다. 이 독트린을 믿는 사람들은 인간을 멸시하지 않기 때문에 다른 사람들의 경우보다 혁명이 더 어려운 것은 사실이지만 꼭 필요한 희생만을 요구할 가능성은 더 크다. 이러한 마음과 정신의 자세가 구체적인 실천으로 나타날 수 있는지에 대해서는 나중에 다시 생각해보기로 하자.

오늘 우리는 몇 가지 애매한 점들을 분명히 해두고자 한다. 우리가 이제 막 지적한 요청에 제3공화국의 사회주의가 부응하지 못했다는 것은 확실하다. 그것은 오늘 개혁의 기회를 맞았다. 우리는 그렇게 되기를 희망한다. 그러나 우리는 또한 레지스탕스에 참가했던 사람들, 그리고 그들과 뜻을 같이하는 프랑스 국민이 이 근본적인 요청들을 잊지 말고 고스란히 잘 간직하기를 희망한다. 전통적인 사회주의가 개혁을 원한다면 그 개혁은 단순히 그 새로운 독트린을 의식하기 시작하는 새로운 인물들을 불러들임으로써 이루어지지는 않을 것이니까 말이다. 사회주의는 스스로 그 독트린을 향하여 나아가고 그것과 하나가 됨으로써만 개혁을 이룩할 수 있을 것이다[34]. 송두리째 몸을 바쳐 책임을 지고 충실할 것을 각오하지 않고는 사회주의란 없다는 것, 이것이 바로 우리가 오늘 알게 된 진실이다. 그것이 바로 새로운 것이다.

VII

(《콩바》, 1944년 12월 26일)

로마 교황이 이제 막 전 세계를 향하여 메시지를 발표하고 공개적으로 민주주의를 지지하는 입장을 천명했다. 기쁘게 생각할 일이다.[35] 그러나 또한 매우 신중한 그 메시지는 마찬가지로 신중한 논평을 요한다고 우리는 생각한다. 이 논평이 기독교 신자들도 포함된 《콩바》지의 모든 동지들의 견해를 대변하는 것이라

---

34) (옮긴이주) 이것이 바로 사회당(S.F.I.O. 프랑스 사회당의 옛 명칭, 국제노동자연맹 프랑스 지부)과 사회주의를 표방하는 레지스탕스 맹원들에게 제시된 선택이었다.

35) (옮긴이주) 1944년 성탄절 라디오 메시지에서 가톨릭교회는 교황 비오 12세의 목소리를 통하여 처음으로 엄숙하게 민주주의를 "유일하게 민중에게 그들이 염원하는 자유를 확보해줄 수 있는" 가치로 인정했다.

고 확신하지는 못한다. 그러나 우리는 이 논평이 그들 대다수의 느낌을 나타내는 것임을 확신한다.

기회가 주어진 만큼, 우리는 우리의 만족감이 아무런 유감이 없을 만큼 순수한 것은 아니라는 사실을 말해두고자 한다. 수년 전, 우리는 이 시대의 가장 위대한 영적 권위를 가진 곳으로부터, 도처에서 자행되고 있는 압제의 기도들을 분명한 표현으로 규탄하는 말이 나와주기를 고대하고 있었다. 분명한 표현으로 말이다. 교황의 어떤 회칙들을 읽고 잘 해석해본다면 그렇게 규탄하는 의미를 알아차릴 수 있다. 그러나 그 규탄의 목소리는 인간 대중들에게는 한 번도 분명했던 적이 없는 전통의 언어로 표현되어 있었다.[36]

그런데 그 오랜 세월 동안, 오늘처럼 어떤 분명한 목소리가 솟아올라 바로 어디에 악이 존재하는지를 말해주기를 기다렸던 것은 다름 아닌 그 인간 대중이었다. 우리의 은밀한 소원은 악이 승리하여 날뛰고 선의 입에 재갈이 물려 있던 바로 그때 그 말을 해주는 것이었다. 세상 속에서 압제의 정신이 비틀거리고 있는 오늘 그 말을 해준 것을 우리는 물론 기뻐해야 한다고 생각한다. 그러나 우리는 단지 기뻐만 할 것이 아니라, 믿고 찬미하

---

36) (옮긴이주) 1937년 비오 11세는 며칠 간격으로 두 번의 회칙을 통하여 나치즘과 공산주의를 비판했다. 거의 동시에 발표된 이 두 번의 회칙은 그러나 주된 위험이 공산주의 쪽에서 오고 있다는 생각을 감추지는 못했다. 2차대전 중, 비오 12세 역시 1차대전 당시 베네딕토 15세와 같은 태도, 즉 불편부당한 태도를 취했다. 그러나 비오 12세는 한 번도 나치 독일에 대해서 공산주의에 대하여 밝힌 만큼의 분명하고 확고한 비판을 가한 적이 없다.

기를 바랐었다. 우리는 무력이 찾아와서 정신을 지탱해주고 정당화해주기 전에 정신이 먼저 그 증거를 보여주기를 원했었다.

1936년에 프랑코를 반대하는 그 메시지[37]가 터져 나오기를 우리가 얼마나 소원했던가. 그랬더라면 조르주 베르나노스가 나서서 말하고 저주할 필요가 없었을 것이다.[38] 이제 막 가톨릭 세계를 향하여 어느 쪽의 편을 들어야 하는지를 지적해준 그 목소리는 온갖 고문과 절규 한가운데서 입을 열어 말할 수 있는 유일한 목소리였고 저 맹목적인 장갑차들의 힘을 태연히, 두려움 없이 부정할 수 있는 유일한 목소리였다.

분명히 말하거니와, 우리는 그 수치스러운 세월의 한가운데서 교황이 스스로 어느 편인지를 분명히 밝히고 마땅히 고발해야 할 것을 고발해주기를 갈망하고 있었다. 교회가 그 수고를 보잘것없는 다른 사람들에게——그중 몇몇은 교회의 생명줄인 저 불굴의 희망마저 빼앗긴 채였다——내맡겨두었다는 것을 생각하면 가슴이 아프다. 그 당시 교회는 생명을 부지하고 살아남는 일에 연연하지 않아도 될 입장이었다. 쇠사슬에 묶여 있어도 교회는 존재하기를 그치지 않았을 것이다. 아니 그랬더라면 오히려

---

37) (옮긴이주) 그 반대는 간접적인 것이다. 그것은 비오 12세가 민주주의의 가치를 인정한 것의 결과다. 이것이 카뮈와《르 몽드》지가 이끌어내는 결론이다. 반면에《르 피가로》지의 도르메송은 그것이 곧 무솔리니와 히틀러 체제에 대한 비판이라고 본다.

38) (옮긴이주) 조르주 베르나노스는 프랑수아 모리아크와 마찬가지로《달빛 속의 거대한 공동묘지》에서 가톨릭 서열에 도전하면서 프랑코파의 폭정과 스페인 교회의 타협을 격렬하게 비판했다. 자신의 신앙적 태도를 분명하게 밝히고 철저하게 실천했던 베르나노스는 카뮈가 가장 존중했던 기독교인들 중 한 사람이다. 르네 레노, 스타니슬라스 퓌메, 브뢱베르제 신부 등이 이런 기독교인들에 속한다.

오늘날 우리가 그 교회에 대하여 인정하지 않았으면 싶은 어떤 힘을 찾아냈을 것이다.

그러나 적어도 그 메시지는 우리 앞에 찾아왔다. 그리고 이제 공동의 투쟁에 최선을 다했던 가톨릭 신자들은 자신들이 옳았고 옳은 편에 서 있었다는 사실을 알게 되었다. 교황은 민주주의의 힘을 인정했다. 그러나 바로 이 대목에서 뉘앙스의 차이가 생긴다. 여기서 말하는 민주주의는 넓은 의미의 민주주의인 것이다. 교황은 그것이 공화정뿐만 아니라 왕정까지도 포함할 수 있다고 말한다. 그 민주주의는 대중을 믿지 못한다. 비오 12세는 대중과 국민을 섬세하게 구분하고 있는 것이다. 그 민주주의는 또한 사회적 조건의 불평등을 받아들인다. 다만 박애 정신으로 그 불평등을 완화시킬 수는 있을지 모르지만 말이다.

그 텍스트가 규정하는 민주주의에는 역설적이게도 급진 사회주의의 뉘앙스가 담겨 있다. 이 점, 우리로서는 놀라워하지 않을 수 없다. 사실, 교황은 어떤 온건한 정치 체제에 대한 희망을 말함으로써 결정적인 입장을 밝힌 것이다.

물론 우리는 그 희망을 이해한다. 사회적 문제들의 이해에 도움이 되고 심지어 인간들의 행복에 힘이 되는 정신의 온건주의가 존재한다. 그러나 그토록 많은 뉘앙스와 조심성은 가장 가증스러운 온건주의, 즉 마음의 온건주의를 인정해버리는 것이다. 그것은 바로 불평등한 조건을 허용하고 끝없이 연장되는 불의로 고통 받는 온건주의다. 이런 온건주의의 충고는 양날의 칼이다. 그것은 오늘 모든 것을 과거 그대로 유지하기를 기대함으로써,

뭔가 변해야 한다는 사실을 깨닫지 못한 사람들에게 득이 될 위험성이 있다. 우리의 세계는 미지근한 정신의 소유자를 필요로 하지 않는다. 이 세계는 온건주의에 적절한 위치를 부여할 줄 아는 뜨겁게 타오르는 마음을 필요로 한다. 그렇다, 원시 기독교도들은 온건한 사람들이 아니었다. 그러므로 오늘의 교회는 보수 세력과 혼동되지 않도록 노력할 필요가 있을 것이다.

이것이 적어도 우리가 말하고자 하는 바이다. 우리는 이 세상에서 이름과 명예를 가진 모든 것이 자유와 정의에 봉사하기를 바라기 때문이다. 이러한 투쟁은 아무리 해도 지나치지 않을 것이다. 이것이 우리의 유보적 입장의 유일한 이유다. 우리 세기의 가장 높은 영적 권위를 감히 비판하려 드는 우리는 과연 누구인가? 그저 정신의 가치를 옹호하는 사람들일 뿐이다. 그렇지만 우리는 정신을 대표하는 사명을 가진 사람들에 대하여 무한한 요구를 해야 한다고 느끼는 사람들이다.

VIII
(《콩바》, 1945년 1월 11일[39])

프랑수아 모리아크 씨가 이제 막 "자비심의 멸시"에 대하여 글을 발표했다. 내게는 그 글이 정의롭지도 않고 자비롭지도 않아

---

39) (옮긴이주) "정의와 자비"라는 제목을 붙인 박스 기사로 '알베르 카뮈'의 이름으로 서명되어 있다.

보인다.[40] 그는 처음으로, 우리가 서로 의견을 달리하는 문제들을 놓고, 나로서는 그다지 강조하고 싶지 않은 어조로 말했다. 나는 그런 어조로 말하고 싶지 않다. 사실 우리들 가운데 최상과 최악의 인사들이, 우리에게 중요한 것은 어느 것 하나 뚜렷하게 해명하지 못한 채로, 몇 달을 두고 발언해온 저 일상의 토론들에서 내가 사정상 물러나야 할 입장이 아니었다면[41] 나는 거기에 대하여 응답하지 않았을 것이다. 바로 우리의 삶 그 자체를 주제로 삼고 있는 그 토론이 지리멸렬해지기 시작하지 않았다면 나는 거기에 대하여 응답하지 않았을 것이다. 나를 개인적으로 지목한 것이니 그 토론을 끝내기 전에 나는 내 이름을 걸고 마지막으로 내가 말하고자 하는 바를 분명히 밝혀보고자 한다.

숙청과 관련하여 내가 정의를 말하면 그때마다 모리아크 씨는 자비를 말했다. 그런데 자비라는 덕목은 참으로 기이한 것이

---

40) (옮긴이주) 《르 피가로》지 1945년 1월 7~8일자에 발표. '숙청' 문제를 에워싼 카뮈와 모리아크 사이의 논쟁은 1944년 10월 29일과 1945년 1월 11일, 두 번에 걸쳐 절정에 달한다. 우선 1944년 10월 중순, 모리아크가 법률적인 논거에 추가하여, 드골이 지향하는 화해와 국가적 통일이라는 정치적 목적을 달성한다는 의미에서, 자비를 주장하자 두 사람의 의견이 크게 갈라진다. 1945년 1월 특히 지식인들의 숙청에 있어 사리에 맞지 않고 죄의 경중에 비례하지 않는 지식인들의 처벌이 행해지는 것을 보자 카뮈는 이 작업이 시작부터 잘못되어 있었음을 깨닫고 "모리아크 씨가 옳았다는 사실을 알 수 있다. 이제 머지않아 우리는 자비를 필요로 하게 될 것 같다"라고 시인한다. 이에 모리아크는 1월 7~8일에 걸쳐 반격에 나선다. 11일, 카뮈는 모리아크의 반격에서 양자택일의 논리를 감지하고 이 글로 응답하게 된 것이다. 그로부터 2년이 채 못 되어 카뮈는 라투르-모부르 수도원에서의 연설에서 공개적으로 '모리아크가 옳았다'는 것을 시인한다.

41) (옮긴이주) 카뮈는 건강 때문에 약 1개월간 신문사의 일을 쉬지 않으면 안 되었다. 그가 자리를 비우는 동안 파스칼 피아가 두 번에 걸쳐 사설을 썼다.

어서, 정의를 요구하는 나는 마치 증오를 부르짖는 것같이 보였을 정도다. 모리아크 씨의 말을 듣고 있으면 정말이지 우리는 이 일상의 사건들에 있어서 절대적으로 그리스도의 사랑이냐 아니면 인간들에 대한 증오냐 양자택일을 하지 않으면 안 될 것만 같다. 그런데 정말이지 그건 아니다! 우리 몇 사람은 한쪽에서 우리에게 밀려오는 증오의 외침과 다른 한쪽에서 우리에게 찾아오는 저 측은한 간청을 다 같이 거부한다. 그리하여 우리는 그 두 가지 사이에서 우리에게 부끄럽지 않은 진실을 가져다줄 올바른 길을 찾고자 한다. 그러기 위해서 우리가 모든 것을 명명백백하게 다 알고 있을 필요는 없다.[42] 다만 지성과 마음의 열정과 함께 명백함을 바라기만 하면 된다. 그것이 없다면 모리아크 씨도 우리 자신도 아무런 좋은 일을 할 수가 없는 것이다.

그렇기 때문에 나는 이것과 자비는 아무런 상관이 없다고 말할 수 있다. 그 점에 있어서 나는, 모리아크 씨가 그 자신이 반박하고자 하는 글을 대단히 잘못 읽었다는 인상을 받는다. 그가 이성보다는 기분에 치우치는 작가인 것은 잘 알겠지만, 그래도 나는 이 문제에 대해서 우리가 기분에 좌우되지 말고 이야기하게 되기를 바란다. 모리아크 씨가 만약, 우리에게 주어진 세계에 대하여 내가 비웃을 생각이나 하고 있다고 여긴다면 내 글을 어지간히도 잘못 읽은 것이다. 정의에 굶주려 있는 수많은 국민들에게 모범이랍시고 제시하는 자비란 보잘것없는 위안에 불과하다

---

42) (옮긴이주) 1월 7~8일자 글에서 모리아크는 "모든 것을 다 명명백백하게 알고 있는 젊은 스승"의 "고상한 미소"에 대하여 빈정댄 바 있다.

고 내가 말할 때, 그것은 결코 비웃자고 하는 말이 아니라는 것을 나의 반대자들도 믿어주었으면 좋겠다.

나는 모리아크 씨의 인물 됨을 존중하는 한, 그가 생각하는 바를 거부할 권리가 있다고 본다. 그러자면, 그가 너그럽게도 내게 덮어씌우는 것처럼, 반드시 자비심의 멸시를 상정해야 하는 것은 아니다. 내게는 오히려 서로의 입장이 분명해 보인다. 모리아크 씨는 증오심을 더하기를 원하지 않고 나 역시 그 생각에 기꺼이 따른다. 그러나 나는 거짓을 더하기를 원하지 않는다. 그 대목에서 나는 그가 내게 동의해주기를 기대한다. 요컨대 나는 오늘에 필요한 정의가 있다는 것을 그가 공개적으로 말해주기를 기대한다.

그런데 사실 나는 그가 그렇게 할 것이라고 생각하지 않는다. 그런 책임을 그는 지고 싶지 않을 것이다. 우리 공화국이 가혹해질 수도 있을 것이라고 썼던 모리아크 씨는 아직 입 밖에 내지 않았던 말, 즉 용서라는 말을 곧 글로 쓸 생각을 하고 있는 것이다. 다만 나는 내가 보기에 이 나라가 죽음으로 가는 길은 (그리고 죽음보다 나을 것이 없는, 살아남는 방법들은) 두 가지라는 것을 그에게 말하고 싶다. 즉 증오의 길과 용서의 길이 그것이다. 내 눈에는 그 두 가지가 다 파멸의 길로 보인다. 내게 무슨 증오 취미가 있는 것은 결코 아니다. 적을 가진다고 생각만 해도 그것은 세상에서 가장 따분한 것으로만 느껴진다. 그래서 나의 동지들과 나로서는 적을 두고 지내는 것을 견디기 위해서는 엄청난 노력이 필요했다. 그렇다고 용서가 내게 더 행복해 보이는 것도 아니다. 지금으로서는 그것이 모욕처럼 느껴질 것 같다. 그 어떤 경우에 있어서건 용서는 우리의 소관 사항이 아니다. 내가 남을 단죄하는 것을 몹시 싫어한다고 해도 그것은 나 개인의 문제일 뿐이다. 블랭[43]의 가족들이, 레노[44]의 아내가 내게 그래도 좋다고 말한다면 나도 모리아크 씨와 더불어 공개적으로 그들을 용서할 것이다. 그러나 그 전에는 안 된다, 그 전에는 절대로 안 된다. 그것은 내가 이 세상에서 언제나 좋아했고 존중했으며 인간의 고귀함을 나타내주는 덕목인 의리를 감정에 사로잡혀 배반하는 것이니 말이다.

아마도 이런 말은 듣기에 괴로울 것이다. 나는 다만 이런 말을 하는 쪽이라고 해서 그보다 덜 괴로운 것은 아니라는 것을 모리아크 씨가 느껴주기 바랄 뿐이다. 나는 베로[45]가 죽음의 형벌을 받을 죄를 지은 것은 아니라고 분명히 썼지만, 솔직히 고백하거니와, 모리아크 씨의 말에 의하면 반역죄를 지은 사람들이 발목

---

43) (옮긴이주) 앙리 볼리에가 사용하던 여러 가지 가명들 중의 하나. 그는 지하 신문 《콩바》의 모든 기술적 측면에서 주동적 인물이었다. 지하 운동 중 체포되어 고문당하다가 두 번이나 탈출에 성공했으나 1944년 6월 17일 리옹의 비밀 인쇄소 공격 때 살해되었다. 당시 24세. 1년 뒤 《콩바》는 그의 지하 활동을 소개하는 긴 기사를 실었다.

44) (옮긴이주) 《단두대에 대한 성찰. 독일 친구에게 보내는 편지》 중 〈르네 레노의 《사후의 시편들》에 부친 서문〉(148~161쪽) 참조. 《프로그레 드 리옹Progrés de Lyon》 기자인 이 기독교 시인은 1943년에 카뮈와 처음 만나 친구가 되었다. 그는 1944년 5월 16일 비밀문서를 소지하고 있다가 친독 의용대에 의하여 체포되어 도주하려다가 총탄에 맞고 치료를 받은 후 1944년 6월 13일 총살되었다.

45) (옮긴이주) 앙리 베로. 1922년 공쿠르상을 받은 작가. 민족주의 우파의 주간지 《그랭구아르Gringoire》의 대표적 논객으로 반영국, 반유대인, 반민주주의적 태도로 널리 알려진 그는 해방 직후 사형 선고를 받았으나 사면되어 1950년 조건부 석방되었다.

에 찬다는 쇳덩이를 떠올릴 만한 상상력은 갖추지 못했다. 아닌 게 아니라, 지난 4년 동안, 나름대로 스스로의 명예를 지켰던 사람들을, 지금 와서 사람들이 무슨 순교자나 된다는 듯이 대우해 주려 드는 신문기자들이 매일같이 고자질해 바친 덕에 온갖 형벌을 다 받아야 했던 사람들을, 머릿속에 떠올리기 위해서 우리에게는 너무나 많은 상상력이 필요했었다. 인간으로서 나는 반역자들을 사랑할 수 있는 모리아크 씨를 우러러볼 수 있을 것이다. 그러나 시민으로서 나는 그를 불만스럽게 생각할 것이다. 왜냐하면 그런 사랑이 우리에게 줄 수 있는 것은 반역자와 하찮은 인간들의 나라, 우리가 더 이상 바라지 않는 사회일 것이기 때문이다.

끝으로, 모리아크 씨는 내 면전에 그리스도를 들이댄다. 나는 다만 사안에 어울리는 심각성을 가지고 이 점만을 말해두고 싶다. 즉 나는 나름대로 기독교의 위대함에 대한 적절한 생각을 가지고 있다고 믿는 터이지만, 박해받으며 이 세계에서 살아가는 우리 몇몇은 그리스도가 다른 어떤 이들을 위하여 죽었을지는 모르지만 우리를 위하여 죽은 것은 아니라는 느낌을 가지고 있는 것이다. 그렇지만 우리는 동시에 인간에 대하여 절망하기를 거부한다. 인간을 구원하겠다는 분에 넘치는 야심은 없지만, 그래도 우리는 인간에게 봉사하기를 고집한다. 우리는 신도 없고 망덕(望德)도 없이 살아가는 데는 동의하지만 인간 없이는 쉽사리 살아갈 수가 없다. 이 점에 대하여 모리아크 씨에게 분명히 말할 수 있거니와, 우리는 절망하지 않을 것이며, 정의에 대한 인간들의 욕구를 충족시켜주지 못하는 신의 자비라면 우리는 마지막 순간까지 그것을 거부할 것이다.

IX
《콩바》, 1945년 6월 27일)

에리오 씨가 이제 막 심히 유감스러운 말을 토해놓았다.[46) 유감스러운 말이란 때맞지 않게 나온 말을 가리킨다. 더 이상 자신의 시대도 아닌 이때에 에리오 씨는 시의 적절치 못한 주제에 대하여 발언했다. 설령 그의 말이 옳다고 할지라도, 그는 국민 전체를 향해 비도덕적이라고 매도하거나 이 시대가 전전(戰前) 시대에 교훈을 줄 수는 없게 되었다는 식의 의사를 표명하기에 적절한 인물은 아니었다.

그와 같은 비난이 부당한 것은 우선 그 비난이 너무 일반적이기 때문이다. 프랑스 사람은 자기 자신에 관한 일에는 최악의 경우를 각오하는 경향이 있는 것이 사실이다. 그러나 자기 나라를

---

46) (옮긴이주) "나는 현 시대가 과연 지난 시대들에게 도덕적 교훈을 줄 입장인지 의문을 가지지 않을 수 없다"라고 에두아르 에리오는 론 지역 급진사회당연맹 회의에서 말했다. 에리오와 그가 1919년부터 1957년까지 계속 대표로 있었던 급진사회당은 카뮈가 "1940년 6월에 명을 다한 세계"라고 지적한 전중(戰中) 시대 제3공화국의 정치가와 정치 체제를 대표한다고 볼 수 있다. 그는 1940년 6월 10일 페탱에게 전권을 부여하는 것을 결정하는 투표 때 기권을 했지만 급진사회당 대다수는 찬성표를 던졌다. 프랑수아 모리아크 역시 그를 "낡은 시대의 늙은이"라 칭하며 혹독하게 비판했다.

위하여 힘겹게 싸웠고 고통 받았던 사람들에게라면 그런 결점을 눈감아줄 수 있겠지만, 정치적 경험으로 보아 마땅히 경각심을 가져야 하고 자신의 주의주장으로 보아 보다 더 겸손해져야 마땅한 사람에게까지 마찬가지로 그런 너그러움을 베풀기란 어렵다.

우리가 일반적인 차원에서 매도할 수 있는 것은 아무것도 없다. 그 어떤 것보다 한 국민에 대해서는 더욱 그렇다. 이 시대가 그에 앞선 시대를 향하여 도덕적 가르침을 주겠다고 나설 수는 없다는 것을 에리오 씨는 잘 알고 있을 것이다. 그러나 이 시대는 무서운 격동 속에서 획득한 권리로 이 시대를 대재난으로 몰아갔던 윤리를 무조건 배격할 수는 있다.

우리를 파멸로 이끌었던 것이 아마도 에리오 씨와 그의 급진 사회당 동지들의 정치사상은 아닐 것이다. 그러나 지난날 책임도 질 줄 모르고 대가도 치를 줄 몰랐던 그들의 윤리, 그리고 그들이 우리에게 안겨준 소매상인과 담배 가게와 온갖 입법 연회의 프랑스는 더욱 떠들썩했던 비행(非行)들 이상으로 사람을 짜증나게 하고 힘 빠지게 하는 데 큰 역할을 했던 것이다. 어느 경우든, 에리오 씨에게 1945년의 프랑스 사람들을 비난할 권리를 부여하는 것이 그 윤리일 수는 없다.

이 민중이 어떤 윤리를 모색하고 있는 것은 사실이다. 그러나 그 민중은 충분한 헌신과 희생 정신의 증거를 보여주었으므로 과거에 그들을 대표했던 정치인들이 건방진 몇 마디 말로 그들을 평가하지는 말라고 요구할 수 있다. 전전의 어떤 정치 윤리가 배격당하는 것을 보고 에리오 씨가 느낌직한 원통함을 우리는 충분히 이해할 수 있다. 그러나 그는 그것을 체념하고 받아들여야 한다. 프랑스 국민은 중도적인 덕목들에 지쳤다. 이제 그들은 나라 전체로 확대된 윤리적 갈등이 살을 뜯어내는 것 같은 슬픔과 고통의 대가를 치르게 할 수 있다는 사실을 알고 있다. 그러므로 그들이 사이비 엘리트들에게 등을 돌리는 것은 놀라운 일이 아니다. 왜냐하면 그 엘리트들은 별 볼일 없는 엘리트들이었기 때문이다.

에리오 씨의 양식과 경험이 어떤 것이건 간에, 우리들 가운데 많은 사람들은 그가 더 이상 우리에게 가르쳐줄 것이 없다고 생각하고 있다. 그가 지금도 여전히 우리에게 도움을 줄 만한 것이 있다고 하더라도 그것은 바로, 그의 오늘의 모습과 그의 당의 어제의 위상을 생각해보고, 그다음으로 프랑스가 새롭게 태어나기 위하여 감당해야 하는 엄청난 모험을 생각해볼 때, 우리는 그 두 가지 사이에 아무런 공통된 척도가 없으므로 프랑스의 개혁에는 그런 미지근한 심장과는 다른 그 무엇이 요구된다고 하는 결론의 차원에서 찾아져야 할 것이다.

에리오 씨의 주변에서는 사람들이 일주일 동안 노동하는 것보다 두 시간 동안 암시장을 찾아다니는 쪽을 선호할 가능성이 높다.[47] 그러나 우리는 수백만의 프랑스 사람들이 묵묵히 노동하

---

47) (옮긴이주) 에리오는 말했다. "노동보다는 투기가 앞서고 일주일 동안 일하는 것보다는 두 시간 동안 암시장을 찾아다니는 쪽을 선호하는 나라에서는 과연 재건 운동이 필요하다."(《르 피가로》, 1945년 6월 26일).

고 있다는 사실을 그에게 분명히 말할 수 있다. 바로 그들을 보고 이 나라를 판단해야 한다. 그렇기 때문에 우리는 프랑스가 정치적 개혁보다 윤리적 개혁을 더 필요로 한다고 말하는 것은 그 반대로 말하는 것 못지않게 어리석다고 생각하는 것이다.[48] 프랑스는 그 두 가지를 동시에 필요로 한다. 몇몇 한심한 사람들이 거두어들이는 어처구니없는 이득을 기준으로 한 나라가 송두리째 다 평가되는 것을 막기 위해서 그러하다. 우리는 이 지면을 통해서 항상 윤리적 요청들을 강조해왔다. 그러나 그 요청들이 우리에게 필요한 정치적, 제도적 개혁을 적당히 얼버무리는 데나 유용한 것이라면 그것은 속임수가 될 것이다. 좋은 피통치자들을 가지고 싶다면 좋은 법을 만들어야 한다. 우리의 유일한 희망은, 그 좋은 법이, 프랑스에서 국회의원과 정부라는 말을 오랜 세월 동안 비웃음의 상징으로 전락시키는 데 최선을 다한 저 도덕 선생님들이 상당 기간 동안 권좌로 복귀하는 일이 없도록 막아주는 법이 되어달라는 것이다.

X
《콩바》, 1945년 8월 30일

오늘은 시작부터 극히 중요한 한 가지 진실을 지적하는 것을

---

48) (옮긴이주) 에리오는 말했다. "프랑스에서는 정치적 개혁보다 윤리적 개혁이 더 필요하다."(《르 피가로》, 1945년 6월 26일).

양해해주기 바란다. 그 진실이란, 이제 프랑스에서 숙청은 실패했을 뿐만 아니라 신뢰마저 잃고 말았다는 분명한 사실이다. 숙청이란 말 자체가 이미 입에 담기에 충분히 힘든 표현이었다. 그것이 지금은 추악한 것이 되고 말았다. 그것이 추악해지지 않을 수 있는 가능성은 오직 하나, 즉 복수심이나 경솔함과 거리가 먼 실천뿐이었다. 한편으로 증오를 외치는 사람들과 다른 한편으로 양심의 가책을 변호하려 드는 사람들 사이에서 단순한 정의의 길을 찾아내는 것은 쉬운 일이 아니다.

왜냐하면 거기에는 또한 정치라는 것이 그 특유의 온갖 무분별과 함께 끼어들기 때문이다. 예를 들어, 마치 강제 노역형쯤은 별로 대단할 것이 없는 형벌이라는 듯 너무나 많은 사람들이 큰 소리로 사형을 요구했다. 그러나 반대로, 밀고와 명예 훼손 죄에 대한 벌로 몇 년간의 징역형만 내려도 너무나 많은 사람들이 테러라고 외쳐댔다. 보다시피 그 어느 경우에든 우리는 무력해진다. 그러니 오늘날 가장 분명한 것은, 그러지 않아도 우리 프랑스 사람들이 이미 상당한 호흡 곤란을 느끼고 있는 대기를 너무나도 명백한 불의로 더욱 오염시키지 않도록 필요한 노력을 해야 한다는 사실이다.

오늘 우리는 바로 그러한 불의들 중 한 가지에 대해서 말하고자 한다. 반볼셰비키 프랑스 의용군(L.V.F.) 모병 책임자 알베르 티니[49]에게 중노동 5년을 선고한 바로 그 법정이 전쟁 중에 《뢰

---

49) (옮긴이주) 전쟁 중 기자로, 노동 운동가로, 독일 협력 좌파로 적극 활동하며 나

브르*L'Oeuvre*》지의 문학 면을 담당했던 평화주의자 르네 제랭[50]에게는 같은 형 8년을 선고했다. 논리상으로 보나 공정성으로 보나 그것은 받아들일 수 없는 일이다. 우리가 여기서 르네 제랭에게 동조하자는 것이 아니다. 우리가 볼 때 전적인 평화주의는 잘못된 논리이므로 우리는 결국 그것이 더 이상 성립될 수 없는 때가 온다는 것을 잘 알고 있다. 심지어 문학적 주제에 대한 것이라 하더라도 제랭이 《뢰브르》지에 글을 썼다는 것에 대해서 역시 우리는 동의하지 않는다.

그렇지만 형평을 지키는 것이 마땅하고, 사람들은 그들의 됨됨이에 따라 판단해야 하는 법이다. 비록 독일 점령하의 신문 지상이라 하더라도 문학에 관한 기사 몇 편을 쓴 것을 가지고 중노동으로 다스릴 것은 아니다. 그 밖에도, 제랭의 입장은 한 번도 변한 적이 없다. 그의 견해에 동의하지 않을 수는 있다. 그러나 적어도 그의 평화주의는 존중할 수밖에 없는 어떤 인간관의 귀결이었다. 개념 규정을 못했거나 생각을 분명히 하지 못한 탓에 진정한 범죄자들은 벌하지 못하면서, 평화가 아니라 히틀러주의를 사랑한 가짜 평화주의자들과 그저 우발적으로 어울렸던 것이 고작인 한 인간을 유형지로 보내는 사회는 그 사회 스스로를 심판하는 것이 된다. 그런데 스스로의 새로운 재생을 실현하고자

치의 모델에 점점 더 근접해갔다. 1948년 출옥하여 1951년에는 사면을 받아 죽는 날까지 반공주의자로 활동했다.

50) (옮긴이주) 일련의 작가, 기자, 레지스탕스 운동가들의 항의가 받아들여져서 그는 1946년 10월에 석방되었다.

하고 또 그렇게 자처하는 한 사회가 명확성과 분별이라는 그 초보적인 배려마저 할 줄 몰라서야 될 말인가?

제랭은 그 어느 누구도 밀고한 적이 없고 적의 그 어떤 기획에도 가담한 적이 없다. 《뢰브르》지에 협력한 그의 과거가 처벌의 대상이라면 처벌해야 마땅하겠지만 그래도 그 범죄 내용을 잘 헤아렸어야 했다. 그 정도로 과장된 것이라면 그 처벌은 잘못을 시정하는 데 아무런 도움이 되지 못한다. 그 처벌은 다만 그런 선고가 한 나라가 내린 선고가 아니라 한 계급이 내린 선고가 아닌가 하는 의심을 불러일으킬 뿐이다. 그것은 한 인간을 모욕할 뿐 그 누구에게도 도움이 되지 못한다. 그것은 한 정책의 권위를 떨어뜨려 모든 사람에게 손해를 가져온다.

어느 모로 보나 이것은 재심을 필요로 하는 재판이다. 그리고 한 인간이 그가 저지른 과오에 비해 너무 지나친 고통을 당하는 일이 없도록 하기 위해서가 아니라 정의 그 자체가 보호받고 적어도 이 한 가지 케이스에 있어서만이라도 정의가 존중받을 수 있도록 하기 위해서 재심이 필요한 것이다. 비록 르네 제랭이 우리와는 다른 편이었다 할지라도 이 분야에 있어서 아직 구제받을 수 있는 것이면 모두 다 구제받을 수 있도록 모든 레지스탕스가 이 점에서 우리와 의견을 같이해야 마땅하다고 본다.

XI

《콩바》, 1945년 8월 8일)

이 세상은 그저 그렇고 그런 것이다. 다시 말해서 별것이 아니다. 라디오, 신문, 통신이 원자 폭탄[51]에 대하여 한 목소리를 시작한 저 기막힌 합창 덕분에 어제부터 우리가 알게 된 사실이 바로 그것이다. 과연 우리는 수많은 열광적 논평들의 홍수 속에서, 이 세상의 중간 정도 크기의 도시는 축구공만 한 폭탄 하나면 완전히 파괴될 수 있다는 사실을 알게 되었다. 미국, 영국, 프랑스의 신문들은 원자 폭탄의 미래, 과거, 발명자들, 비용, 평화적 사명, 전투 효과, 정치적 영향, 심지어 그 독립적 성격 등에 관한 우아한 논술을 쏟아내고 있다. 우리가 이를 요약한다면 그것은 기술 문명이 이제 막 그 야만성의 마지막 단계에 이르렀다는 말이 된다. 비교적 가까운 장래에 우리는 집단 자살과 과학적 성과의 지혜로운 사용 가운데서 양자택일하지 않으면 안 될 것이다.

그동안, 지난 수세기 동안 인간이 보여준 가장 무시무시한 파괴의 광란에 봉사하는 것이 첫 번째 과업이 된 과학적 발견을 이렇게까지 기려 마지않는 것은 아무래도 좀 외설스럽다는 생각이 든다. 정의나 인간들의 단순한 행복에는 아무런 관심도 없다는 듯 폭력의 온갖 고통에 내맡겨진 채 통제력을 상실한 세계 속에

---

51) (옮긴이주) 미국은 1945년 8월 6일 히로시마에, 그로부터 3일 뒤 나가사키에 원자 폭탄을 투하했다. 15일 일본 천황은 라디오로 항복 성명을 발표했다. 카뮈는 이 끔찍한 사건에 대하여 즉각적인 반응을 보인 드문 프랑스 기자 중 한 사람이었다.

서 과학이 조직적 살인에 몰두하고 있다는 사실에 대하여, 고집스러운 이상주의자가 아닌 한, 놀라워하는 사람은 아무도 없는 것 같다.

인간이 자신의 운명에 대하여 올바른 생각을 가질 수 있으려면 이 발견들은 있는 그대로 기록되고 해석되어 세상에 알려져야 마땅하다. 그러나 이 무시무시한 정보를 흥미 위주의, 혹은 유머러스한 수다로 호도하고 있으니 이야말로 참을 수 없는 일이다.

이미 이 고통스러운 세계 속에서 숨 쉬고 사는 것도 그다지 쉽지 않았다. 그런데 또 하나의 새로운 불안이 우리에게 제공되었다. 그 불안은 아무리 보아도 결정적인 것이 될 가능성이 크다. 필경 인류에게 마지막 기회를 주는 것 같다. 그리고 그것은 아마도 어떤 특집호를 만들 구실이 될 것이다. 그러나 그것은 몇 가지 성찰과 많은 침묵의 가장 확실한 주제가 되어야 마땅할 것이다.

그뿐만 아니라, 여러 신문들이 우리에게 선보이는 미래 소설을 유보적인 입장에서 받아들이게 되는 데는 또 다른 이유들이 있다. 로이터 통신의 외교 담당 편집자가, 이 발명은 여러 가지 조약들을 무력화하고 심지어 포츠담[52]에서 결정된 사항들 자체를 무효화한다고 전하면서, 러시아군이 쾨니히스베르크에 있건 터키군이 다르다넬스에 있건 아무 상관이 없다고 지적하는 것으

---

52) (옮긴이주) 7월 17일~8월 2일 사이에 승전 3개국 대표가 포츠담에 모여 독일과 폴란드의 점령 체제 문제를 논의했다. 러시아에 의한 쾨니히스베르크 합병도 여기서 승인되었다. 7월 26일에 회담은 일본의 무조건 항복을 요구했다.

로 보아, 이 멋진 합창에는 과학의 무사 무욕함과는 전혀 무관한 어떤 의도가 내재하고 있는 것이 아닌가 하는 추측을 하지 않을 수 없는 것이다.

우리의 말에 대하여 오해가 없기 바란다. 히로시마가 파괴되고 나자 그 위협의 결과 일본이 항복했다는 사실을 우리는 기꺼이 환영할 것이다. 그러나 우리는 이토록 심각한 뉴스에서 진정한 국제 사회 건설을 보다 더 강력하게 지지하는 결정 이외에는 그 어떤 결론도 이끌어내는 것을 거부할 것이다. 강대국들이 중소 규모의 국가들에 대하여 우월한 권리를 갖지 않는 국제 사회, 오로지 인간의 지능에 의해서 돌이킬 수 없는 것이 되고 마는 재난인 전쟁이 더 이상 몇몇 국가의 탐욕이나 독트린에 의하여 좌지우지되지 않는 그런 진정한 국제 사회 말이다.

인류에게 열리고 있는 저 끔찍한 전망들 앞에서 우리는 평화만이 전개할 가치가 있는 유일한 싸움이라는 사실을 더 잘 인식할 수 있다. 이것은 이제 더 이상 하나의 기원만이 아니라 국민들로부터 정부를 향해 상향식으로 올라가야 하는 하나의 명령이며 지옥과 이성 가운데서 결정적으로 하나를 택하라는 명령인 것이다.

육체[53)

53) (옮긴이주) 앞의 〈모럴과 정치〉의 장이 큰 원칙들을 제시한 것에 이어서 〈육체〉의 장은 1944년 10월부터 1945년 5월까지의 사설들로 구체적인 것, 개인의 삶으로의 귀환이다. 첫 번째 텍스트는 레지스탕스 활동 중 살해된 친구 시인 르네 레노의 모습을 환기시키고 두 번째 사설은 아직도 적의 손아귀 속에 있는 모든 부재자들을 잊지 않도록 권유한다. 구체성의 세계를 사랑하는 소설가 카뮈가 가장 귀중하게 생각하는 기억과 상상력은 아직 존재하지 않는 것을 마음속에 되살리고 멀리 있는 것을 가까운 곳으로 현동화(現動化)하는 귀중한 자질이다. 여기에 초월적 존재를 지향하거나 너무나 먼 미래나 내세의 약속으로 '내일의 희망'이라는 신기루를 보여주려는 기독교와 공산주의에 맞서 현세의 몸, 지금 여기의 삶을 귀중하게 여기는 카뮈의 일관된 지향이 엿보이는 장이다. 세 번째 사설은 그런 의미에서 오늘의 인간, 즉 젊은이들에게 바쳐진다. 끝으로 나머지 두 개의 사설은 아직도 다하우 수용소에 남아 있는 사람들의 석방 과정에서 목격되는 비참한 환경을 고발한다. 고통 받는 육체가 구원을 청하고 있다. 일반론과 추상화를 넘어서 '지금 당장' 그들의 호소에 응답할 것을 요구하는 카뮈의 지상 명령 '육체를 구하라!'다. 그것도 지금 당장.

(《콩바》, 1944년 10월 27일)

어제 우리는 르네 레노에 대하여 말하는 것이 괴로웠다.[54] 신문 한 귀퉁이에서 어느 레지스탕스 기자가 레지스탕스라는 이름에 값하려다가 독일인들에게 총살당했다는 기사를 접한 사람들은, 우리에게는 끔찍하고도 참혹한 소식이었던 그 사실을 그다지 주목하지 않고 지나쳤을 것이다. 그러나 우리는 그에 대해 말하지 않으면 안 된다. 쉽게 잊어버리는 데 익숙해지려는 한 나라에서가 아니라 적어도 인간의 자질을 귀하게 여기는 몇몇 사람들의 가슴속에서 레지스탕스의 기억이 간직되도록 하기 위하여 그에 대하여 말하지 않으면 안 된다.

그는 초창기부터 레지스탕스에 뛰어들었다. 기독교와 약속 지

---

54) (옮긴이주) 그 전날 《콩바》는 이 지하 운동의 초기 맹원이었던 동지 르네 레노가 적들에 의해 총살되었다는 제목의 기사에서 1944년 6월 중 랭 지방의 빌뇌브에서 총살된 다른 18명의 시신과 함께 그의 시신을 확인했다는 사실을 보도했다. 카뮈의 친구였던 이 시인에 관해서는 《독일 친구에게 보내는 편지》참조.

키기 같은, 그의 도덕적 삶의 기초가 되는 모든 것이 이 어둠 속의 싸움에 말없이 가담하라고 그의 등을 떠밀었던 것이다. 그가 전쟁 중에 선택한 가명은 그의 내면의 가장 순수한 것과 잘 어울리는 것이었으니,《콩바》의 모든 동료들은 그를 '클레르'[55]라고 불렀다.

염치에 대한 열정과 함께 그가 여전히 버리지 못하고 간직하고 있었을 유일한 개인적 열정은 시였다. 그는 시를 썼다. 우리들 가운데 오직 두세 사람만이 그의 시들을 알고 있었다. 그의 인간 됨됨이 그 자체, 다시 말해서 투명함 그 자체를 담고 있는 시편들이었다. 그러나 매일의 투쟁 속에서 그는 시를 쓰는 것을 포기하고, 그저 전쟁이 끝난 후에 읽고자 최대한 다양한 시집들을 구입해두는 것으로 만족했다. 그 밖에는, 그 역시 어떤 언어와 불굴의 공정함을 간직할 수만 있다면 이 나라는 우리가 기대하는 그 비길 데 없는 모습을 되찾을 수 있다는 신념을 우리와 함께 나누고 있었다. 몇 달 전부터 이 신문사 안의 그의 자리가 비어 있었지만 우리는 고집스러운 우정과 애정의 힘을 다하여 그가 죽었다는 뉴스를 거부해왔다. 오늘 그것이 더 이상 가능하지 않게 되었다.

기필코 지켜야 했던 그 언어를 그는 더 이상 지키지 못할 것이다. 레지스탕스라는 부조리한 비극이 이 끔찍한 불행 속에 송두리째 다 담겨 있다. 왜냐하면 레노 같은 사람들은 그 어떤 인간

---

55) (옮긴이주) 클레르Clair는 '밝은', '환한', '투명한' 등의 의미를 가진 프랑스어 형용사다.

도 자신의 목숨을 걸기 전에는 발언할 자격이 없다는 것을 확신하면서 투쟁에 뛰어들었기 때문이다. 불행한 것은, 군복을 입지 않고 하는 그 전쟁에는 여느 전쟁에서 볼 수 있는 가혹한 정의(正義)가 존재하지 않는다는 사실이다. 전선의 총탄은 좋은 사람 나쁜 사람을 가리지 않는다. 그러나 이 4년 동안 표적이 되어 쓰러진 사람들은 최상의 사람들이고, 말할 권리를 얻었으되 그 권리를 행사할 수 없게 된 사람들은 최상의 사람들이다.

어찌되었건 우리가 사랑했던 그 사람은 이제 더 이상 말을 하지 않을 것이다. 그러나 프랑스에는 그의 것과 같은 목소리가 필요했다. 그 누구보다도 더 떳떳한 마음의 소유자인 그는 자신의 신념과 명예 사이에서 오랫동안 침묵하고 있었기에 꼭 필요한 말을 할 수 있었을 것이다. 그러나 이제 그는 영원히 침묵하게 되었다. 그리고 당치 않은 다른 사람들이 나서서 그가 자기 것으로 삼았던 그 명예에 대해 말한다. 확신도 없는 다른 사람들이 나서서 그가 선택했던 신의 이름으로 말하듯이.

오늘날 레지스탕스의 사람들을 비판하고 그들의 약점들을 지적하고 그들을 비난하는 것은 가능하다. 그러나 아마도 그것은 그들 중 최상의 사람들이 죽고 없기 때문일 것이다. 이런 말을 하는 것은 우리가 뼈저리게 그렇게 생각하기 때문이다. 지금 우리가 아직도 죽지 않고 살아 있는 것은 우리가 할 일을 충분히 다 하지 않았기 때문인 것이다. 레노는 할 일을 충분히 다 했다. 그리하여 우리는 적어도 한 가지는 기대할 수 있다. 우리에게는 미래가 없는 땅이요 그에게는 덧없는 땅인 그 땅 속으로 돌아가,

그 자신이 모든 것을 다 바쳤던 그 열정에서 풀려난 그가 이제 얻을 수 있는 위안은 우리가 한데 뒤엉켜 뒹굴었던 그 보잘것없는 인간적 모험의 주변에서 지금 떠들썩하게 울리고 있는 가시 돋친 험담들에 귀를 기울이지 않아도 된다는 것이리라고 말이다.

조금도 염려할 것 없으니 안심하라, 그 누구도 이용하지 않았던 그를 새삼 우리가 이용하지는 않을 것이다. 그는 무명으로 발들여놓았던 이 투쟁에서 무명으로 물러났다. 우리는 그가 아마도 바랐을 그것, 우리들 마음속의 침묵, 조심스럽게 새긴 추억, 그 돌이킬 수 없는 것 앞에서 느끼는 지독한 슬픔을 그를 위해 간직할 것이다. 그러나, 우리는 늘 가시 돋친 마음을 씻어내 버리고자 노력해왔지만, 바로 이 자리에서만은 우리가 그 마음의 가시를 되살리며 잠시 이런 생각에 잠기는 것을 그도 용서해줄 것으로 믿는다. 지난 4년 동안 몇몇 프랑스 사람들이 용기와 희생을 바쳐 싸웠던 일을 다른 사람들이 그들의 행동과 글 속에서 망각해버릴 권리를 다시 부여하기 위해서라면 레노와 같은 인간의 죽음은 너무나 비싼 대가라는 생각 말이다.[56]

---

56) (옮긴이주) 프랑수아 모리아크는 이 마지막 말이 특히 자신을 겨냥한 것이라고 믿었다(《르 피가로》지 1944년 10월 29일자 기사 〈조정〉 참조).

II
(《콩바》, 1944년 12월 22일)

프랑스는 많은 비극을 겪었고 그 비극은 이제 그 대단원에 이르렀다. 프랑스는 또한 아직 시작되지 않은 수많은 다른 비극들을 겪게 될 것이다. 그러나 5년 전부터 계속 이 나라의 남녀에게 끊임없이 고통을 안겨준 비극이 하나 있으니 그것은 바로 헤어짐의 비극이다.[57]

멀리 떨어져 있는 조국, 갈라진 연인들, 헤어진 두 존재가 유럽의 산과 들 저 너머로 주고받는 저 허망한 대화들, 혹은 저마다 상대방을 기다리며 이어나가는 저 무용한 독백들, 이런 것들이 이 시대의 비참한 징후들이다. 5년 전부터 프랑스 남자들과 여자들은 기다리고 있다. 5년 전부터 그들은 박탈당한 가슴속에서 흐르는 시간과 맞서서, 떨어져 있는 연인은 늙어가고 그 모든 세월은 사랑과 행복을 나누지 못한 채 잃어버린 시간이 되어버린다는 생각에 맞서서 필사적으로 싸우고 있다.

그렇다. 이 시대는 헤어짐의 시대다. 이 고문과도 같은 시대에 사람들은 더 이상 행복이라는 말을 감히 입 밖에 내지 못한다. 그렇지만 오늘날 수많은 사람들이 행복을 갈구하고 있으니, 그

---

57) (옮긴이주) 헤어짐은 1942년 11월부터 전쟁이 끝날 때까지 카뮈 자신이 겪은 고통이었다. 그는 신혼의 아내 프랑신과 지중해를 사이에 두고 프랑스와 알제리에 각각 헤어져 지내지 않으면 안 되었다. 헤어짐은 소설 《페스트》의 가장 중요한 테마들 중의 하나다.

들에게 이 몇 년은 그저 끝날 줄 모르는 유예의 시간일 뿐이다. 그 유예의 시간이 끝나면 그 행복이 다시 가능해지기를 그들은 기원하고 있다.

그러할진대 그 누가 그런 그들을 나무랄 수 있겠는가? 그 누가 그들의 생각이 틀렸다고 말할 수 있겠는가? 행복의 기회가 없다면 정의란 무엇이겠으며 비참함이 전부라면 자유가 무슨 소용이겠는가? 정복에 맛을 들여서가 아니라 바로 행복에 대한 어떤 생각을 지키기 위하여 이 전쟁에 뛰어든 우리 또 다른 프랑스 사람들은 그것을 잘 알고 있다. 다만, 그 행복이 우리에게는 우선 불행의 세월들을 거쳐서라도 얻을 가치가 있다고 여겨질 만큼 충분히 완강하고 충분히 순수한 것이었다. 그러므로 이 행복에 대한 기억과 행복을 잃어버린 사람들의 기억을 길이 간직하도록 하자. 그렇게 하면 우리의 투쟁에서 삭막함을 걷어낼 수 있을 것이며 그렇게 하면 무엇보다도 프랑스의 불행이, 서로 헤어진 프랑스의 아들딸들의 비극이 얼마나 잔혹한 것이었는지를 되새길 수 있을 것이다.

지금 여기는, 내가 보기에 헤어짐은 기본이고 재회는 예외일 뿐이며 행복은 한갓 연장되는 우연으로 여겨진다고 말할 자리도 시간도 아니다. 사람들이 우리 모두에게 기대하는 것은 희망의 말이다. 사실, 우리 세대가 요청받은 것은 오직 하나, 절망을 감당할 능력을 갖추라는 것이었다. 그러나 그것은 아마도 가장 큰 희망에 대하여, 세계의 비참함을 넘어 우리가 추구하게 될 희망, 승리를 닮은 그 희망에 대하여 말할 준비를 더 잘 갖추도록 해줄 것이다. 그것이야말로 오직 하나 당당해 보이는 희망인 것이다. 우리가 이겨낼 수 없을 것은 단 하나뿐이니 그것은 바로 영원한 헤어짐이다. 왜냐하면 그것은 모든 것의 끝이기 때문이다. 그러나 그것 외에는 용기와 사랑으로 이룩해내지 못할 것은 아무것도 없다. 5년간의 용기, 5년간의 사랑, 그것이 바로 프랑스의 남자들과 여자들이 강요받아온 비인간적인 시련이니 그들의 비탄이 어느 정도인지 가히 짐작할 것이다.

우리가 '부재자 주간'을 정해 기념하고자 한 것은 바로 그런 모든 것을 위해서였다.[58] 무슨 '주간'이란 것은 그리 대단한 게 아니다. 편안할 때보다 불행 속에 있을 때 기발한 생각을 해내기가 더 쉽기 때문이다. 그리고 불행을 좀 덜어주고자 할 때 방법이 그리 많지 않으므로 우리는 돈을 쓴다. 다만, 바라건대 많은 돈을 썼으면 한다. 고통을 위해서 아무것도 할 수 없으니 불행을 위해서 뭔가를 하자는 것이다. 그러면 고통은 보다 더 자유로워질 것이고, 그리하여 이 모든 낙담한 존재들은 자신들의 고통을 감내할 여유를 가지게 될 것이다. 많은 사람들에게 이것은 그들이 오랫동안 빼앗기고 살았던 호사가 될 것이다.

그러나 그것으로 할 일을 다 했다고 여겨서는 안 될 것이며 돈을 주었다고 해서 마음 편히 가져서는 안 될 것이다. 세상에는

---

58) (옮긴이주) 12월 24일부터 이듬해 1월 1일까지가 "부재자 주간"으로 정해졌다. "부재자"란 전쟁 포로, 독일로 강제 노동에 동원된 사람들, 수용소에 끌려간 사람들, 그리고 독일군에 의해 강제로 합병되었던 알자스-로렌 지방의 주민들, 그리고 프랑스 국내에서 강제로 이주당한 사람들과 독일군에 의하여 프랑스로 끌려온 이재민들과 외국인들을 총칭하는 말이었다.

끝내 다 갚을 수 없는 부채들이 있는 법이다. 지금 저곳에 가 있는 남자들과 여자들, 저 신비스럽고 정다운 엄청난 군상들에게 우리는 우리가 알아볼 수 있고 우리가 빼앗겼던 그 사람들의 얼굴을 부여한다. 그러나 그럴 때에도 우리는 잘 알고 있다. 그들이 우리 쪽을 쳐다보고 있던 그 시간에 우리는 그들을 충분히 사랑하지 못했다는 것을, 그 시간을 충분히 이용하지 못했다는 것을. 아무도 그들을 충분히 사랑하지 않았다. 심지어 그들의 조국까지도. 왜냐하면 그들은 지금 그들이 있는 바로 그곳에 가 있으니 말이다. 적어도 이 주간이, '우리들의' 주간이 우리들로 하여금 '그들의' 세월을 잊어버리게 해서는 안 될 것이다. 이번 주간이 보잘것없는 사랑으로 그들을 사랑해서는 안 된다는 것을 우리에게 가르쳐주기를, 우리를 그들의 높이에 맞는 존재로 만들어줄 수 있는 유일한 길인 기억과 상상력을 우리에게 가져다주기를. 무엇보다도, 이 주간이, 그들이 우리 앞으로 돌아오게 될 그 요원하고 경이로운 날, 우리가 했던 말들 중 가장 헛된 말들은 다 잊어버리고 우리가 그들에게 바칠 수 있는 침묵을 준비하는 데 도움이 되기를.

III
(《콩바》, 1945년 1월 2일)

우리는 어제 《르 포퓔레르*Le Populaire*》지[59]에 실린 어느 용사의 편지를, 그 편지가 요구하는 존중과 공감을 느끼며 읽었다. 그 편지의 준엄함은 합당했고, 그 비난은 대부분 정당했다. 그 편지에 드러나 있는 혼란과 쓰라린 감정에 대해서는 우리도 충분히 강조한 바 있고, 또 이 나라의 모든 국민을 전쟁의 규칙을 따라 처리할 것을 충분히 요구했으므로 새삼스럽게 재론할 필요는 없다.

그것은 그렇다 치더라도, 우리는 우리의 동지가 편지에서 후방의 젊은이들에게 던지고 있는 비난의 화살에 대해서는 동의할 수 없다. "기백 없는 허수아비 같고 어리석은 젊은이들은 자기들이 이해도 할 수 없는 것을 요란스럽게 비웃으면서 빅토르 위고냐 아니면 용기냐라고 외친다"는 것이다. 이러한 관점을 반박하는 것이 가능하다는 것은 아니다. 사실 그것은 이치를 따져서 한 말이 아니었다. 그것은 실제로 우리들 중 상당수의 사람들이 이해하고 동의하는 터인 어떤 정신 상태를 간접적으로 표현하고 있을 뿐이다. 그러나 아마도 프랑스 젊은이들이 이 편지를 읽으면서, 자신들에 대한 사람들의 생각이 그런 것이라고 상상하고 자신들이 기성세대에게 그토록 하찮고 그 정도로 절망적인 이미지로 비치고 있다는 사실에 상심한 나머지 자신들에 대한 회의에 빠질 가능성이 있다는 것을 생각해볼 필요가 있을 것 같다.

---

59) (옮긴이주) 1920년 투르 대회 이후 줄곧 사회당의 공식 기관지였고 1940년에 자발적으로 폐간했다. 1944년 8월 22일에 속간. 여기서 말하는 편지는 1월 1일자에 'A.F.'라는 서명과 함께 실렸다. 후에 그는 극우파의 견해를 가진 앙드레 피게라스라는 인물로 밝혀졌다. 이 편지에서 그는 파리로 잠시 휴가 나온 전사의 환멸을 말하고 있다.

왜냐하면 이런 비난은 근거가 없기 때문이다. 그 비난의 결함은 일반화에 있다. 그 비난은 고통을 겪은 사람들이면 당연히 느낄 수 있는 답답한 마음의 표현이다. 가시 돋친 마음속에는 늘 세상에 대한 어떤 판단이 담겨 있는 법이다. 실망은 일반화를 부추기게 되고 그렇다 보니 몇몇 한심한 사람들을 보고 나서 젊은 이들 전체가 다 그렇다고 이야기하게 된다. 우리는 여기서 문제가 되고 있는 그 한심한 사람들을 옹호할 생각은 없지만, 우리는 여러 해 동안 대독 부역자들에게 모욕적인 대접을 받았던 그 젊은이들을 위하여 증언하는 것은 가능하다고 본다. 우리가 그들을 필요로 하는 바로 그 시점에 그들을 비난하는 것은 옳지 않을 것이다.

프랑스 젊은이들에게 맡겨졌던 과업이 결코 쉬운 것은 아니었다. 그 젊은이들 일부는 나서서 싸웠다. 그리하여 봉기의 날 바리케이드 위에는 어른들의 얼굴 못지않게 많은 아이들의 얼굴이 있었다는 것을 우리는 잘 알고 있다. 그 밖의 다른 젊은이들은 싸울 기회를 갖지 못했거나 싸울 수 있는 정신적 평정을 갖추지 못했다. 오늘날은 모두가 신중한 태도를 취하고 있다. 앞선 두 세대가 이 젊은이들에게 사상에 대한 불신과 말에 대한 조심성을 유산으로 물려주었다. 그리하여 이 젊은이들은 대처할 아무런 연장도 갖추지 못한 채 엄청난 과업들 앞에 마주 서게 되었다. 이 젊은이들은 아무것도 할 수 없고 이 세상 모든 일이 그들의 능력 밖에 있다. 누가 감히 이 젊은이들에게 잘못이 있다고 말할 수 있겠는가? 최근에 나는 이 젊은이들의 많은 얼굴들이

한방 안에 모여 있는 것을 보았다. 나는 그 얼굴들에서 오직 진지하고 주의 깊은 표정들만을 읽을 수 있었다. 그런데 당연하게도 이 젊은이들은 응시하고 있다. 이것은 또한 그 젊은이들이 기다리고 있다는 것을 의미하고 또 이 무언의 호소에 아직 아무도 응답하지 않았다는 것을 의미한다. 그 젊은이들의 고립과 수동성에 대해 책임이 있는 쪽은 젊은이들 자신이 아니라 우리들이고, 이 나라 전체이고 이 나라와 더불어 정부인 것이다.

경멸하는 말을 가지고는 그들을 도울 수 없을 것이다. 우애의 손길과 씩씩한 말이 그들을 도울 수 있을 것이다. 너무나 오랫동안 노화(老化) 현상을 보여온 이 나라는 젊은이들 없이는 버틸 수 없다. 그러나 이 나라의 젊은이들에게는 신뢰가 필요하다. 우리는 그들을 비참과 혐오의 분위기보다는 어떤 위대함의 정신 속으로 이끌어줄 필요가 있다. 프랑스는 절망적인 용기의 시간을 경험했다. 결국 프랑스를 구한 것은 아마도 미래의 약속도 없고 즐거움도 없는 그 용기일 것이다. 그러나 모든 것에 등을 돌린 영혼의 그런 폭력성이 무한정 쓸모 있는 것일 수는 없다. 프랑스인들은 물론 헛된 환상을 필요로 하지 않는다. 그들은 이미 언제라도 환상에 빠져들 소질이 농후하다. 그러나 프랑스가 오로지 불신과 거부만으로 살아갈 수는 없다. 어쨌든 프랑스의 젊은이들이 확고한 자신을 가질 수 있도록 그들에게 긍정의 힘을 심어줄 필요가 있다.

투쟁하는 사람들과 기다리는 사람들을 현실적으로 통합하는 것은 항상 어려운 일이다. 희망의 공유만으로는 충분하지 못하다. 거기에는 경험의 공유가 필요하다. 그러나 비록 저마다 겪은 고통이 다른 사람들을 하나의 동일한 정신 속에 융합시키는 것은 불가능하다 할지라도 적어도 그들을 서로 대립시키는 짓은 결코 하지 말자. 현재 우리의 관심사가 되고 있는 이 경우에 있어서, 프랑스 젊은이들이 이미 안고 있는 고민들에다가 또 하나의 비난의 화살을 추가로 던지지는 말자. 그 비난이 부당하다고 느껴질 경우 그들은 반항할 것이고 수긍할 만하다고 생각될 경우 그들은 스스로 열등한 입장에 놓이고 말 것이다. 우리에게는 가시 돋친 심사가 될 까닭이 숱하게 많다. 그러나 가능한 한 우리는 그런 심사를 우리의 마음속에 묻어둘 필요가 있다.

그렇지 않다. 사실 이 젊은이들은 자신들의 이해 능력을 넘어서는 일을 비웃고 있는 것이 아니다. 적어도 우리가 아는 젊은이들은 허장성세의 거창한 말들을 비웃었을 뿐이다. 그 점 그들이 옳았다. 그러나 우리는 늘 그들이 투쟁의 한복판에서나 혹은 용기를 보여주는 광경 앞에서나 말없이 침묵을 지키고 있는 것을 보았다. 그것은 그들이 지닌 자질의 표시였고 오직 자신이 쓸모 있는 존재가 되기를 바랄 뿐인, 그리고 자기 뜻과 상관없이 처해진 고독한 상황에 대해서 아직 책임이 없는 어떤 까다로운 영혼의 확신이었다.

IV

《콩바》, 1945년 5월 17일)

"식사로는 정오에 1리터의 수프, 저녁에 커피와 300그램의 빵이 나온다……우리 몸에는 이와 벼룩이 들끓고 있다……매일같이 유대인들이 죽어간다. 시신들은 일단 수용소 한 귀퉁이에 쌓여 있다가 충분히 모이면 한꺼번에 땅에 묻힌다……그래서 시신들이 여러 시간, 여러 날 동안 햇볕을 쪼이면서 악취가 유대인 수용소에 퍼지고 우리 수용소까지 번진다."

죽음의 끔찍한 냄새로 가득한 이곳은 다하우 수용소다.[60] 우리는 오래전부터 그것을 알고 있었고, 세상은 이제 수많은 잔학 행위에 진저리치기 시작한다. 민감한 사람들은 언제나 그 턱인 따분한 얘기라면서 그 이야기를 또다시 꺼내는 우리를 나무랄 것이다. 그러나, 미군에 의해 해방된 지 일주일이 지난 뒤에도 여전히 다하우에 수감된 수많은 정치범들 중 한 명의 입에서 이런 외침이 터져 나왔다는 것을 알게 되면 프랑스는 아마도 새삼스레 민감해질 것이다. 왜냐하면 그들은 계속 수감된 채 본국 송환을 기다리고 있었지만 송환은 실현되지 않고 있었으니 말이다. 그들이 고통의 극에 이르렀다고 믿고 있었던 바

---

60) (옮긴이주) 1933년 뮌헨 근처에 반체제 인사와 독일 유대인들을 수용하기 위하여 건설한 시설. 전쟁 말기에 이 비참한 환경의 수용소에는 아우슈비츠에서 온 많은 유대인들과 헝가리 유대인들이 수용되었다. 1945년 4월 29일 미군에 의해서 해방된 뒤에도 이곳에는 약 3만 5,000명이 그대로 수감되어 있었다. 그들의 석방과 귀환에는 여러 주일이 소요되었다. 전염병과 미군의 경직된 태도가 그들의 석방에 큰 장애물이었다.

로 그 같은 장소에서 그들은 오늘 그보다 더 극단적인 고통을 경험하고 있는 것이다. 고통은 이제 그들의 믿음까지 해치고 있기 때문이다.

우리가 발췌하여 인용한 글은 한 수감자가 자기 가족에게 보낸 네 쪽짜리 편지의 일부이다. 우리는 누구든 원하는 이에게 그 편지의 전거를 제시할 수 있다. 많은 정보들에 의하건대 우리는 강제 수용소에 수감된 우리 동지들이 사실상 그러한 상태에 놓여 있으리라고 생각할 수 있었다. 그러나 우리는 더욱 확실한 정보를 입수할 때까지 그것에 대해 말하는 것을 자제해왔다. 이제 더 이상 그럴 수가 없게 되었다. 거기서 전해온 첫 번째 메시지가 결정적이고 보면 우리는 우리의 분노를 소리 높여 외치지 않을 수 없다. 치욕에도 한계가 있는 법이다.

독일군의 야전장에 식량과 군수품들이 넘치고 히틀러의 장성들이 평소와 다름없이 먹고 지내는데 정치적 수감자들이 기아 상태에 처해 있다는 것은 과연 부끄러운 일이다. '명예로운 수감자들'[61]이 비행기 편으로 즉각 본국으로 송환되고 있을 때 우리 동지들이 여전히 여러 해 동안 바라보고 또 바라보았던 그 똑같은 지평선으로 절망에 찬 눈길을 던지고 있다는 것은 부끄러운 일이다. 이 사람들은 대단한 것을 요구하는 게 아니다. 그들은 특별 대우를 바라는 게 아니다. 그들은 훈장도 긴 설명도 요구하

---

61) (옮긴이주) 부헨발트에 수감되어 있던 32명의 인사들은 4월 18일부터 비행기 편으로 재빨리 송환되어 부르제 공항에서 영접을 받았다. 그중에는 '콩바' 운동의 저명인사 클로드 부르데나 '프랑티뢰르' 운동의 마르셀 폴 같은 인물이 포함되어 있었다.

지 않는다. 그들은 단지 집으로 돌아가기를 원할 뿐이다. 그들은 이제 넌더리가 난 것이다. 그들은 프랑스의 해방을 위해 기꺼이 고통을 감수했지만 해방 때문에 고통을 감수해야 한다는 것은 이해하지 못한다. 그렇다, 그들의 모든 것이 다, 심지어 이 승리까지도, 다 망가져버렸기 때문에 이제 넌더리가 난 것이다. 이 승리는, 정신적인 것에 무심한 세상 사람들로서는 알 수 없을 만큼 상상을 초월할 정도로, 그들의 승리이기도 한 것이다.

프랑스와 전 세계를 위해서는 이 사람들의 머리카락 한 올이, 운집한 사진 기자들에게 미소를 지어 보이는 정치가들 스무 명보다 더 중요하다는 것을 알아야 한다. 그들이, 오직 그들만이, 명예의 수호자였고 용기를 증거해 보인 사람들이었다. 그렇기 때문에, 그들이 허기와 질병의 위험 속에 놓여 있음을 알게 된 것만 해도 이미 견딜 수 없는 일인데 그들에게 절망을 안겨준다는 것은 더욱 견딜 수 없다는 것을 사람들은 알아야 한다.

한 줄 한 줄이 독자의 분노와 반항을 불러일으키는 이 편지 속에서 우리의 동지는 승리의 날이 다하우에서는 어떤 것이었는지를 이야기한다. "외치는 소리 하나, 무슨 표시 하나 없다. 이날이 우리에게 가져다준 것은 아무것도 없다." 승리가 찾아오기를 바다 건너에서 기다리는 대신에, 그들의 가장 귀한 희망의 날을 앞당기기 위해 모든 것을 희생한 사람들에게 그것이 무엇을 의미하는지 사람들은 이해하기나 하는 것일까? 그리하여 드디어 그날이 왔다! 그런데도 그날 그들은 철조망에 가로막혀 충동을 저지당한 채, 가장 비관적인 생각 속에서도 이 정도까지 어리석고 무심하리라고는 상상하지 못했던 한 세계 앞에서, 어안이 벙벙해진 모습으로 시체들과 악취 속에 남아 있어야 하는 것이다.

우리는 이쯤에서 멈추겠다. 그러나 만약 그 외침이 귀에 들어가지 않는다면, 해당 기관들에 의해 즉각적인 조치가 취해지지 않는다면, 우리는 이러한 호소를 반복할 것이고 우리가 취할 수 있는 모든 방법을 다 동원하여 모든 국경 너머로 외칠 것이며, 승전한 민주 국가들이 지키는 원칙들이 최소한 그 진실한 겉모습이라도 갖출 수 있도록, 참을 수 없는 고통을 당하고만 있는 저 증인들을 민주주의 승전국들이 어떻게 내버려두고 있는지를 세상 사람들에게 널리 알릴 것이다.

V
(《콩바》, 1945년 5월 19일)

우리는 그저께 아직도 독일 수용소에 남아 있는 수감자들의 처지에 대해 항의한 바 있다. 《프랑스 수아르*France-Soir*》지의 우리 동료들은 어제 우리의 항의에 대하여 정치적 해석을 가하고자 했는데 우리는 이런 해석을 단호히 거부한다. 그와 같은 시도는 단순히 유치하기만 한 것이 아니라 한 걸음 더 나아가 그토록 심각한 문제에 대하여 취하는 것으로는 나쁜 태도이기도 하다. 우리는 여기서 결코 그 누구를 변호하려는 것이 아니다. 우리가 생각하는 것은 오직 한 가지, 바로 가장 귀중한 프랑스인들의 목숨들을 구해내는 것뿐이다. 이 고통의 한가운데서는 정치나 국민감정 같은 것은 더 이상 아무 상관이 없다.

어쨌든 지금은 누구를 비난할 때가 아니다. 비난을 하려 들자면 전반적인 비난이 될 것이다. 지금은 빨리 손을 써야 할 때이며, 오늘 우리에게 너무나도 비싼 대가를 치르게 하고 있는 게으른 상상력과 무심한 마음들을 빨리 거칠게 흔들어 깨울 때이다. 행동해야 한다. 그것도 신속히 행동해야 한다. 만약 우리의 목소리가 필요한 소용돌이를 일으킬 수만 있다면 우리는 누구에게든 가리지 않고 그 목소리를 낼 것이다.

오늘 미국인들은 매일 비행기 편으로 5,000명씩의 수감자들을 데려오겠다고 우리에게 약속하고 있다. 이 약속은 우리의 호소 후에 전해졌고 우리는 그 약속을 기쁨과 만족 속에 접수한다. 그러나 격리 수용소들의 문제가 남아 있다. 다하우와 알라흐[62] 의 수용소에서는 티푸스가 창궐하고 있다. 5월 6일자로 하루 사망자 수가 120명을 기록했다. 그곳에 있는 수감자 의사들은 과밀하고 땅이 모조리 다 오염된 그 수용소 자체에서가 아니라 몇 킬로미터 떨어져 있는 깨끗하고 쾌적한 나치 친위대 수용소에서 격리를 실시할 것을 요구하고 있다. 그 요구는 아직 받아들여지지 않았는데 그것은 반드시 받아들여져야 한다.

모든 것이 해결되고 나면 책임자들에 대한 심리가 이루어져야

---

62) (옮긴이주) 다하우에 소속된 183개의 코만도스(수용소 내의 작업반) 중 하나인 알라흐에는 1945년 3월에도 1,200명의 프랑스인들을 포함한 1만 4,000명의 수용자들이 열악한 조건 속에서 공공 건설 부문의 공장 노동자로 일하고 있었다.

할 것이고 또 그렇게 될 것이다. 그러나 잠을 자고 있는 사람들, 잠을 자고 있는 모든 사람들을 빠짐없이 다 깨워야 한다. 예컨 대, 수감된 우리 동지들이 그들의 가족과 정기적인 서신 교환을 하지 못하고 그들의 눈에 조국이 그들의 가장 불행했던 날들 못 지않게 멀어만 보인다는 것이야말로 도저히 용납할 수 없는 일 임을 그들 모두에게 말해야 한다. 또한, 예컨대, 저 쇠약해진 몸 에 공급해주어야 할 것은 통조림 따위가 아니라, 완전한 구조 장 치를 요하는, 그리하여 그 무엇으로도 바꿀 수 없는 저 몇몇 생 명들을 구해낼 수 있는 어떤 의학적 영양이라는 것을 그 모든 사 람들에게 말해야 한다.

어쨌든 우리는 완전한 만족을 얻을 때까지 항의를 계속할 것 이다. 만약 우리가 앞서 내보낸 기사가 여론을 움직였다면 다행 한 일이다. 어쩌면 신문 기사 같은 것 없이도 여론이 움직일 수 있었더라면 더욱 좋았을 것이다. 다하우에서는 그 자체만으로도 그러기에 충분할 광경들이 벌어지고 있다. 그러나 지금은 후회 할 때가 아니라 행동할 때다.

한마디로 분명히 말하거니와 우리가 특별히 미국인들만을 원 망하는 것은 아니다. 게다가 우리가 이 자리에서 미국의 우정에 대해서 충분히 언급하고 있다는 것은 주지의 사실이다. 우리는 다만 일반적인 의미의 고발을 통해서 책임 있는 이들이 책임을 통감하고 자신들의 잘못을 인정하여 스스로 저지른 망각과 실수 를 만회하기 위해 모든 것을 바로잡도록 하려는 것이다. 사람들 과 국가들은 자신들의 이해관계와 진정한 풍요가 어디에 있는지를 항상 깨닫고 있는 것은 아니다.

어떤 종류의 것이건 민주 국가의 정부들은 이 특별한 경우에서 그들의 진정한 엘리트들이 어디에 있는지 알지 못하고 있다는 것을 증거에 의하여 보여주고 있다. 그 엘리트들은 이 악취 나는 수용소에 있다. 영웅적인 부대에서 살아남은 몇몇 생존자들은 그곳에서 자신의 친지들이 보여주는 무관심과 경솔함에 맞서 아직도 싸우고 있는 것이다.

프랑스는 레지스탕스의 자발적 투쟁에서 특히 가장 훌륭한 아들들을 잃었다. 프랑스는 매일같이 바로 그 손실의 정도를 헤아리고 있다. 오늘 다하우에서 죽어가고 있는 사람들 한 사람 한 사람은 프랑스의 약점과 불행을 한층 증가시킨다. 우리는 지금 그것을 너무나 잘 알고 있기에, 그들이 두 번째로 해방될 때까지, 그 누구도 그 무엇도 고려하지 않은 채, 그 사람들을 끔찍이 아끼지 않을 수 없고, 전력을 다해 그들을 지키지 않을 수 없는 것이다.

비관주의와 압제[63)

63) (옮긴이주) 이 장은 《콩바》지의 사설과, 이 책에서는 처음으로 나타나는, 어느 회합에서 가진 연설의 연설문, 이렇게 두 편의 글로 구성되어 있다. 첫째 글에서 카뮈는 전후 공산당과 기독교라는 양측에서 실존주의자들을 포함한 이 시대 지성인들의 '비판주의' 경향을 비판하는 데 대하여 반론을 편다. 여기서 처음으로, 전후 '시대의 불안'에 대해 지식인들, 특히 사르트르를 포함한 실존주의자들과 카뮈 등의 지식인들이 보이는 비관적 진단은 성찰의 '출발점'일 뿐 '귀결'이 아니라는 카뮈의 일관된 논리(후에 《시지프 신화》에서 구체적으로 정리하게 될)가 나타나기 시작한다. 두 번째 글인 연설문에서 그는 지성이야말로 전체주의와 본능의 철학을 막는 방파제임을 역설하면서 시대의 '증인'으로서의 지성인의 역할을 강조한다.

비관주의와 용기
(《콩바》, 1945년 9월[64])

벌써 얼마 전부터, 사람들이 비관주의적이라고 추정하는 작품들, 따라서 가장 비굴한 노예근성으로 곧바로 인도하고 있음을 증명해 보이고자 하는 그런 작품들과 관련된 평론들이 발표되고 있다. 논리는 간단하다. 하나의 비관주의적 철학은 근본적으로 낙담한 철학이며, 세계가 선하다는 것을 믿지 않는 사람들의 경우, 그들은 그 때문에 압제의 시녀가 될 수밖에 없다는 것이다. 이 평론들 중, 가장 잘 쓴 것이기에 가장 유력한 것은《레 레트르 프랑세즈 *Les Lettres Françaises*》[65]에 발표된 조르주 아당 씨의 평론이다.《로브 *L'Aube*》[66]지의 최근 호들

---

64) (옮긴이주) 이 날짜에는 착오가 있다. 이 글은 1944년 11월 3일 "문학과 예술" 난에 장 그르니에의 "파블로 피카소의 집에서"라는 제목의 다른 글과 나란히 실렸다.

65) (옮긴이주)《레 레트르 프랑세즈》는 지하 공산당과 레지스탕스 문학인들의 합작으로 창간된 전국문인협회의 주간지다. 이 잡지의 주간인 조르주 아당은 1944년 10월 7일자의 장 아누이의 〈앙티곤〉에 대한 비평에서 "개인주의적인 비관주의"를 비판하면서 아누이뿐만 아니라 몽테를랑, 지오노와 같은 다른 작가들까지 싸잡아 비난했다.

중 하나에서 조르주 라보 씨는 "죽지 않고 살아 있는 나치즘?"이라는 어처구니없는 제목 아래 그 비난을 재개하고 있다.

나는 거기에 공개적으로 대답하는 것만이 이런 선전에 대응하는 방법이라고 본다. 그 문제가 나의 능력을 넘어서는 것이긴 하지만, 또 그 문제가 말로, 사르트르, 그리고 나보다 더 중요한 다른 몇몇 인사들을 겨냥한 것이긴 하지만, 내가 내 이름을 걸고 말하지 않는다면 그건 위선에 지나지 않는다고 생각한다. 그러나 나는 논쟁의 내용에 대해서는 길게 이야기하지 않겠다. 어떤 비관적 사유는 필연적으로 낙담의 표시라는 생각은 유치한 생각이지만 그것은 너무나 긴 반박을 필요로 한다. 나는 단지 그러한 평론들에 전제가 되어 있는 사고방식에 대해서만 언급하고자 한다.

우선 지적해둘 것은 그것이 사실들을 고려하지 않으려는 사고방식이라는 점이다. 이 평론들이 표적으로 삼고 있는 작가들은, 그 자신들의 위치에서, 그리고 그들이 할 수 있는 한, 철학적 낙관주의가 불가능할 때도 적어도 인간이 져야 하는 의무가 그들과 무관한 것이 아님을 증명해 보였다. 객관적인 정신의 소유자라면 그러므로 부정적인 철학도 실제 사실들에 있어서는 자유와 용기의 윤리와 양립할 수 없는 것은 아니라고 말하는 것을 인정할 것이다. 그는 다만 거기서 인간들의 마음에 대하여 뭔가를 배

---

66) (옮긴이주) 《로브L'Aube》는 1932년 창간된 잡지로 가톨릭 언론 가운데 기독교 민주주의 경향을 대변했다. 1940년에 자진 폐간한 이 잡지의 상당수의 추종자들은 콩바 운동에 가담했다. 잡지는 해방 후 복간되었다가 1951년에 폐간되었다.

울 기회를 발견하게 될 것이다.

그 객관적 정신의 소유자는 옳게 생각했다고 볼 수 있다. 왜냐하면 어떤 정신들 속에서 일어나는 부정의 철학과 긍정의 윤리의 그와 같은 일치는 사실 이 시대 전체를 고통스럽게 뒤흔들고 있는 커다란 문제를 구체적으로 보여주기 때문이다. 요컨대, 그것은 하나의 문명적 문제인데, 우리에게 있어서 문제의 핵심은 인간이 영원이나 합리주의적 사고의 도움 없이 인간 자신만의 고유한 가치들을 창조할 수 있느냐는 것이다. 이러한 시도는 우리 모두의 능력을 무한히 넘어서는 것이다. 내가 그렇게 믿기에 하는 말이지만, 프랑스와 유럽은 오늘날 하나의 새로운 문명을 창조하느냐 아니면 소멸하느냐의 기로에 서 있다.

그러나 여러 문명들은 손에 자를 들고 재어서 만드는 것이 아니다. 그 문명들은 여러 가지 생각들의 대결을 통해서, 피 흘리는 정신들에 의해서, 고통과 용기에 의해서 이루어진다. 백 년 전부터 계속하여 유럽의 관심사였던 주제들이 《로브》지에 실린 한 편집자의 글에 의해서 한순간에 재단되는 것은 있을 수 없는 일이다. 그 편집자는 대뜸 니체에게는 음란 취미가 있다고 덮어씌우고 하이데거에게는 존재 무용론을 덮어씌우고 있는 것이다. 나는 너무나도 유명한 그 실존 철학에 별로 취미가 없으며, 요컨대 그 철학에서 도출된 귀결들은 그릇된 것이라고 생각하는 터이다.[67] 하지만 실존 철학은 적어도 중요한 하나의 정신적 모험

---

67) (옮긴이주) 카뮈는 여기서 자신과 실존주의 사이에는 거리가 있다는 사실을 분

을 대표하는 것으로 라보 씨처럼 가장 근시안적인 순응주의의 잣대로 실존 철학을 재단하는 것은 실로 받아들이기 어려운 일이다.

그 까닭인즉, 사실 이런 주제들과 이런 기획들은 현재 객관성의 잣대로 평가되고 있는 것이 아니기 때문이다. 그것들은 실제 사실들 속에서 판단되는 것이 아니라 어떤 독트린에 의거하여 판단된다. 우리의 공산주의자 동료들과 기독교인 동료들은 우리가 존중하는 터인 그 독트린들의 저 꼭대기에서 우리에게 이야기한다. 그 독트린들은 우리의 것은 아니지만, 우리는 그들이 우리에 대해 방금 취한 그런 어조로, 그리고 그들이 보여주고 있는 그런 확신을 가지고 그 독트린들에 대하여 말할 생각은 한 번도 해본 적이 없다. 그러니 우리도 이러한 경험과 우리의 생각을 얼마 안 되는 몫이나마 우리 나름대로 계속 이어가도록 허락해 주기 바란다. 라보 씨는 우리가 독자층을 확보하고 있다고 비난한다. 그건 좀 지나친 말 같다. 다만 부정할 수 없는 것은, 우리의 마음속에서 떠나지 않고 있는 불안은 곧 우리가 우리 자신과 떼어놓고 생각할 수 없는 한 시대의 불안이라는 사실이다. 우리는 우리의 역사 속에서 생각하고 싶고 살고 싶다. 이 세기의 진실은 그 세기 고유의 드라마의 종국까지 가야만 드러날 수 있다고 우리는 믿는다. 만약 이 시대가 니힐리즘으로 고통 받았다고 한다면, 그 니힐리즘을 도외시해서는 우리에게 필요한 윤리를 찾아

명히 지적하고 있다. 그는 바로 이 실존주의에 대한 반박의 일환으로 《시지프 신화》를 쓴 것이다.

낼 수 없을 것이다. 그렇다, 모든 것이 다 부정이나 부조리로 요약되는 것은 아니다. 우리는 그것을 잘 알고 있다. 하지만 우선 부정과 부조리를 상정하지 않으면 안 된다. 왜냐하면 우리 세대가 맞닥뜨린 것, 그래서 우리가 어떤 식으로든 대처하지 않으면 안 되는 것이 바로 그 부정과 부조리이기 때문이다.[68]

그 평론들이 문제 삼은 사람들은 작품과 삶이라는 이중의 대처 방식을 통해서 그 문제를 당당히 해결하려고 노력한다. 다른 사람들이 전심전력해도 해결을 자신하지 못하는 문제를 불과 몇 줄의 글로 해결할 수는 없다는 것을 깨닫는 것이 그토록 어려운 일일까? 선의의 기획이라면 어느 것에든 보여주게 마련인 인내심을 그들에게도 보여줄 수는 없는 것일까? 요컨대 좀 더 겸손한 태도로 그들에게 말을 할 수는 없는 것일까?

내 항의의 표시는 이 정도로 해두겠다. 절제된 태도로 항의에 임한 것이기를 바란다. 그러나 나는 그 절제에서 분개의 표시가 감지되기를 바란다. 내가 보기에도 객관적 비판이 최상이다. 어떤 작품은 나쁘다거나 어떤 철학은 인간의 운명에 이롭지 않다고 하는 말을 나는 어렵지 않게 받아들인다. 작가들이 자신의 글로 대답하는 것은 정당하다. 그것은 그들에게 반성할 기회를 준다. 우리는 모두 다 반성의 필요를 뼈저리게 느낀다. 그러나 이런 원칙들로부터 이러저러한 정신의 노예적 소질에 대한 비판을

---

68) (옮긴이주) 카뮈는 1938년부터(《알제 레퓌블리캥》에 실린 사르트르의 《구토》 서평) 이미 부조리는 목적이나 귀결이 아니라 인간이 어떤 식으로든 시대의 불안에 대처해야 할 사고의 출발점이라는 사실을 강조했다.

도출해낸다든가, 특히 그와 정반대되는 증거가 있는데도 불구하고, 이러저러한 사상은 필연적으로 나치즘으로 인도하게 된다는 식의 결론을 끌어내는 것은, 인간에 대하여 나로서는 갖다 붙이고 싶지 않은 어떤 이미지를 제시하는 것이며, 낙관주의 철학이 제공하는 정신적 혜택의 너무나도 초라한 증거를 내놓는 것에 불과하다.

지성의 옹호
(1945년 3월 15일 상조회관에서 열린,
'프랑스의 우정'[69]이 주최한 회합에서의 연설)

만약 여기서 말하는 프랑스의 우정이 그저 공감하는 사람들 간의 단순한 감정 토로에 그치는 것이라면 나는 그것을 대단하게 여기지 않을 것이다. 그것은 가장 손쉬운 것이겠지만 또한 가장 덜 유용한 것일 터이다. 그래서 이 모임의 발기인들은 그와 다른 무엇인가를, 보다 건설적이고 어려운 어떤 우정을 원했을 것이라고 나는 짐작해본다. 우리가 안이함과 상호 축하의 유혹에 빠지지 않도록 나는 내게 주어진 십 분 동안 다만 그 기획의

---

69) (옮긴이주) 주간지 《탕 프레장 *Temps présent*》의 주간이며 카뮈와 가까웠던 스타니슬라스 퓌메가 이끄는 기독교 계통의 모임. 이날 모임에 참석한 사람으로 퓌메 외에도 앙드레 망두즈, 에마뉘엘 무니에, 모리스 슈만 등이 있고 《바다의 침묵》의 저자 베르코르는 초청받았으나 불참하여 카뮈가 그의 원고를 대신 읽었다.

어려움을 구체적으로 짚어보고자 한다. 이러한 관점에서, 항상 우정과 대립되는 것, 다시 말해서 거짓과 증오에 대해서 이야기하는 것보다 그 우정을 더 잘 설명할 수 있는 방법은 없을 것이다.

만약 우리가 거짓과 증오에서 벗어나지 못한다면 우리는 프랑스의 우정을 위해서 아무것도 하지 못할 것이다. 어떤 의미에서, 우리는 거짓과 증오에서 벗어나지 못하고 있는 것이 사실이다. 우리는 너무 오랫동안 거짓과 증오의 영향 속에서 살아왔다. 그리고 아마도 온 힘을 다해서 히틀러주의에 맞서 싸운 사람들 자신의 마음속에 남아 있는 저 부끄러운 흔적들이야말로 히틀러주의의 최종적이고 오래 지속될 승리일 것이다. 어떻게 보면 그것은 당연한 일인지도 모른다. 수년 전부터 이 세계는 유례없이 확산되는 증오에 내맡겨져왔다. 4년 동안 우리나라 안에서 우리는 이 증오의 체계적인 행사를 목격했다. 여러분이나 나와 다를 바 없는 사람들이 아침이면 지하철에서 아이들의 머리를 쓰다듬다가도 저녁이면 치밀한 가해자로 변신했다. 그들은 증오와 고문의 관리들로 변한 것이었다. 4년 동안 이 관리들이 자신들의 행정 기구를 운영했다. 거기서 고아의 마을들을 제조해냈고, 사람들의 면상에 충격을 가하여 식별 불가능한 모습으로 만들었으며 아이들의 시체들을 그들의 몸에 비해 너무 작은 관 속에 발뒤꿈치로 밀어 넣었고, 누이 앞에서 오빠를 고문했으며 비겁자들을 만들어냈고 가장 자존심 강한 영혼들을 파괴했다. 외국에서는 이러한 이야기들이 신빙성 있게 들리지 않는 것 같다. 그러나 4

년 동안 그 이야기들은 분명 우리의 삶과 고통 속에서 신빙성을 얻어야만 했다. 4년 동안 매일 아침 모든 프랑스인들은 일용할 증오와 모욕을 지급받았다. 바로 그들이 신문을 펴 드는 그 순간에 말이다. 당연히, 그 모든 것으로부터 뭔가가 남았다.

우리에게는 거기서 증오가 남았다. 거기서 우리에게 남은 충동은 급기야 지난 어느 날 디종에서 열네 살짜리 어린아이로 하여금 린치당한 한 나치 협력자에게 달려들어 그의 얼굴을 뭉개버리게 했다. 거기서 우리에게 남은 분노는 어떤 이미지들과 어떤 얼굴들에 대한 기억으로 우리의 영혼을 불로 지지는 듯 달구고 있다. 가해자들의 증오에 희생자들의 증오가 화답했다. 그리고 가해자들이 떠나자 프랑스인들은 다 써먹지 못한 증오를 지닌 채 남았다. 그들은 여분의 분노를 가지고 여전히 서로를 쳐다보고 있다.

진정 우리가 우선 물리쳐야 할 것이 바로 그것이다. 이 중독된 마음을 치유해야 한다. 그리고 내일 우리가 적에게서 거두어야 하는 가장 어려운 승리는 바로 그 증오의 욕구를 정의에 대한 갈망으로 바꾸어놓을 보다 고귀한 노력을 통하여 우리의 내면에서 이루어지지 않으면 안 된다. 증오에 굴복하지 않는 것, 그 어떤 것에도 폭력을 허용하지 않는 것, 우리의 마음속에 일어나는 정념이 맹목적이 되는 것을 용인하지 않는 것, 바로 이것이 아직도 우리가 프랑스의 우정을 위해서, 히틀러주의에 맞서서 할 수 있는 일이다. 오늘도 여전히 몇몇 신문들은 폭력과 모욕에 몸을 맡기고 있다. 그러나 그것은 다시 한번 더 적에게 굴복하는 것이 된다. 반대로 우리에게 필요한 것은 비판이 모욕에 이르는 것을 용납하지 않는 것이다. 우리에게 필요한 것은 우리의 반대자가 옳을 수도 있다고, 어쨌든 그 반대자의 이유들이, 심지어 그릇된 이유라 하더라도, 사심 없는 것일 수도 있다고 인정하는 것이다. 요컨대 우리에게 필요한 것은 우리의 정치적 사고방식을 개조하는 것이다.

　깊이 생각해보건대 그것은 무엇을 의미하는 것인가? 그것은 우리가 지성을 간직해야 한다는 것을 의미한다. 왜냐하면 나는 거기에 문제가 있다고 확신하기 때문이다. 몇 년 전 나치가 막 집권했을 때, 괴링[70]은 나치의 철학을 제대로 알리고자 이렇게 말했다. "누구든 내게 지성 운운하면 나는 권총을 꺼낸다." 그리하여 독일에서는 이러한 철학이 넘쳐나고 있었다. 그와 동시에 문명화된 전 유럽에서 지성의 과잉과 지성인의 폐단들이 규탄 대상이 되었다. 지식인 자신들도 서로 뒤질세라 이 비판에 가세하는 흥미로운 반응을 보였다. 도처에서 가지가지 본능의 철학들이 득세했고 그와 더불어 마치 이해하는 것과 느끼는 것이 서로 분리될 수 있는 것이기나 하다는 듯 이해보다는 느낌을 선호하는 저질의 낭만주의가 판쳤다. 그로부터 지성은 끊임없이 도마 위에 올랐다. 전쟁이 일어났고 이어서 패전이 왔다. 비시 정권은 가장 큰 책임이 바로 지성에 있다고 우리에게 가르쳐주

---

70) (옮긴이주) 괴링은 히틀러의 주요 막료들 중 한 사람이며 공군 원수다. 1945년 5월 9일 체포되어 뉘른베르크 재판에서 사형 선고를 받자 자살했다. 그런데도 그는 이미 죽은 상태로 다시 교수형에 처해졌다.

었다. 농투성이들이 프루스트를 너무나 많이 읽었다는 것이었다.[71]《파리 수아르Paris-Soir》[72], 희극 배우 페르낭델, 친목회의 회식이 곧 지성의 표시라는 건 누구나 다 알고 있었다. 프랑스가 죽어가는 원인이 된 엘리트들의 무능은 바로 책들 속에서 나왔다는 것이었다.

지금도 여전히 지성은 구박당하고 있다. 이는 곧 적이 아직 완전히 패하지 않았다는 증거다. 그리하여 선입견 없이 이해하려고 노력하기만 해도, 객관성으로 이야기하기만 해도 사람들은 예민하다고 비난하고 가지가지 거만을 떤다고 공격한다. 하지만 그런 것이 아니다! 개혁해야 할 것은 바로 이것이다. 나도 다른 모든 사람들과 마찬가지로 지성의 무절제를 경험했고 다른 모든 사람들과 마찬가지로 지식인이 쉽게 배반하기 쉬운 위험한 동물이라는 것을 알고 있기에 하는 말이다. 그러나 이것은 옳지 못한 지성에 관한 이야기다. 우리가 말하는 지성은 용기에 근거를 두고 있는 지성, 존중받을 권리를 갖기 위하여 필요한 대가를 4년

---

71) (옮긴이주) 문학이 1940년의 패전에 부분적인 책임이 있는가? 이것이 이른바 "못된 스승들의 싸움"이라 불리는 논쟁의 대상이었다. 이 논쟁은 1940년 6월 9일부터 지성계를 뒤흔들었다. 이 글에서 카뮈가 암시하듯이, 만화가 세넵은《르 탕》지에 베레모를 쓰고 주머니에 신문을 찔러 넣고 있는 어떤 부르주아가 두 사람의 농부를 향해서 이렇게 내뱉는 만화를 실었다. "어쩌겠어? 당신들, 프루스트, 지드, 콕토 따위를 신나게 읽어대더니!"

72) (옮긴이주) 카뮈는 일간지《파리 수아르Paris-Soir》가 대전 전에 대량의 발행 부수를 자랑하며 독자의 진부한 사고방식과 감상주의에 호소했던 언론의 전형이라고 보았다. 추방당하듯이 알제를 떠나 낯선 파리에 도착한 카뮈 자신도 전쟁 직전인 1940년에 한동안 밥벌이를 위하여 이 신문사의 편집부 사무직으로 근무한 적이 있다.

동안 치른 지성이다. 이러한 지성의 불빛이 꺼지게 되면 독재의 밤이 찾아온다. 그렇기 때문에 우리는 지성이 그 모든 의무의 모든 권리를 다하도록 바로세우지 않으면 안 된다. 프랑스의 우정은 바로 이러한 가치에서, 오직 이러한 가치에서만 의의를 지닐 수 있을 것이다. 왜냐하면 우정이란 자유로운 인간들의 지혜이기 때문이다. 그리고 지성과 상호 이해가 없다면 자유도 없다.

끝으로, 나는 여기서 학생 여러분들을 향해 이야기하고 싶다. 나는 여러분에게 선행을 설교하는 사람이 아니다. 너무나 많은 프랑스인들이 선행을 혈기 부족과 혼동하고 있다. 만약 내게 조금이라도 설교를 할 권리가 있다면 나는 오히려 여러분에게 열정을 설교할 것이다. 하지만 내일의 프랑스 지성을 만들어갈 사람들은 적어도 한두 가지 점에 있어서는 결코 양보하지는 않겠다는 각오를 다졌으면 하는 마음이다. 사람들이 그들에게 지성이란 항상 좀 거추장스러운 것이라고 말할 때, 성공을 하려면 거짓말을 할 수도 있다는 것을 그들에게 증명하려 들 때, 그들이 양보하지 않았으면 하는 마음이다. 그들이 계략에도, 폭력에도, 비열함에도 양보하지 않았으면 하는 마음이다. 그렇게 할 때 아마도 공허한 수다와는 다른 프랑스의 우정이 가능해질 것이다. 그렇게 할 때 아마도 자유롭고 진실을 열렬히 사랑하는 한 나라에서 인간은 인간에 대하여 다시 맛을 들이기 시작하면서 그 인간이 없으면 세상은 한갓 거대한 고독에 불과하다고 느끼게 될 것이다.

2년 후⁷³⁾

73) (옮긴이주) 이 장을 구성하는 네 편의 글은, 1947년 2월 중순에 시작하여 3월 중순까지 계속된《콩바》지 공무국 노동자 파업이 끝난 뒤부터 6월 3일 신문사 조직 개편 시까지 쓴 기사와 사설들이다. "2년 후"라는 제목과 글을 쓴 시점의 시간적 배열이 드러내는 혼선은 이 장으로 제1기《콩바》시절을 매듭짓고자 하는 카뮈의 생각을 잘 나타내고 있다. 전쟁이 끝난 지 "2년 후", 초기의 열광과 혁명적 희망은 이 나라가 직면해야 하는 정치경제적 현실에 자리를 내주었다. 어느 것 하나 즐거울 것 없는 이 시간에 요구되는 것은 민주주의를 위한 겸손이다. 이 무렵 프랑스에서 다시 고개를 드는 인종차별주의의 징후를 경계할 필요가 있다. 이제 승리는 한갓 "기념일"의 수준으로 떨어졌다. 시간적 순서상 가장 앞에 놓여야 할 마지막 텍스트에서는 환멸과 씁쓸한 맛이 지배적이다. 그러나 카뮈는 증오를 증오하고 진실을 "증언"하는 사람들과 함께할 것을 호소한다.

민주주의와 겸손
(《콩바》, 1947년 2월[74])

다시 정치 활동이 재개되었다.[75] 곧 거래와 흥정과 시비가 다시 시작될 것이다. 2년 전부터 우리의 능력을 벗어나 있는 같은 문제들이 똑같은 궁지에 몰릴 것이다. 그리하여 어떤 자유로운 목소리가 스스로 생각하는 바를 겸허하게 말하려고 할 때마다, 온갖 종류, 온갖 색깔의 집 지키는 개들의 무리가 그 목소리의 메아리를 덮어버리기 위해 맹렬히 짖어댈 것이다.

물론 이 모든 것은 유쾌한 일이 못 된다. 다행하게도 사람들은 분별 있는 희망만을 품고 있을 때는 자신의 마음이 굳건함을 느낀다. 지난 10년을 고스란히 겪어낸 프랑스인들은 적어도 더 이

---

74) (옮긴이주) 알베르 카뮈의 이름으로 서명된 1947년 4월(2월이 아니라) 30일자 사설.

75) (옮긴이주) 3월 29일 휴회에 들어갔던 국회 활동의 재개를 의미한다. 국회는 여기서 공산당 출신 각료들을 해임했고 다음 글에서 언급하게 될 마다가스카르 사태를 다룬다.

상 자신들을 위해서가 아니라 오직 다른 사람들을 위해서 두려워하는 것을 그 시절의 경험을 통해서 배웠다. 그들은 겪을 수 있는 것은 모두 다 겪어보았다. 이제 그들은 태연하고 확고하다. 그러니 평화롭고 굳세게, 사람들이 우리에게서 알아보기를 원하는 이 변치 않는 순진함을 다하여, 정치 생활을 받아들일 만한 것으로 만드는 데 가장 적절해 보이는 기본 원칙들을 복습해보기로 하자.

아마도 세상에 좋은 정치 체제란 없겠지만, 민주주의는 분명 가장 덜 나쁜 정치 체제이다. 민주주의는 정당이라는 개념과 분리될 수 없지만, 정당이라는 개념은 민주주의 없이도 얼마든지 잘 작동한다. 하나의 정당이나 인간 집단이 스스로 절대적 진리를 손에 쥐고 있다고 생각할 때 그럴 수 있다. 그렇기 때문에 오늘날 국회와 국회의원에게는 어떤 겸손 요법이 필요한 것이다.[76]

이 겸손의 모든 이유들 또한 오늘의 세계 안에 다 모여 있다. 국회도, 어떤 정부도 우리를 괴롭히는 문제들을 해결할 방법은 갖고 있지 않다는 것을 어떻게 잊을 수 있겠는가? 국제적인 분쟁의 소지가 그 속에 명백하게 드러나지 않는 한 국회의원들은 그 문제들 중 어떤 것 하나 다루지 않았다는 것이 바로 그 증거다. 우리에게 석탄이 부족하다고? 그건 영국이 루르의 석탄 공급을 거부하고 러시아인들이 자르의 석탄 공급을 막고 있기 때문

---

76) (옮긴이주) 카뮈는 겸손이야말로 민주주의의 기본 덕목이라고 믿는다. 정치는 절대적 이념의 영역이 아니라 상대성의 영역이라는 것이 그의 확신이기 때문이다. 뒤에 나오는 〈피해자도 가해자도 아닌〉은 이 주제를 복합적으로 발전시킨다.

이다.[77] 빵이 부족하다고? 그건 모스크바와 워싱턴이 우리에게 지급했어야 할 수톤, 수퀸탈에 달하는 막대한 양의 밀을 블룸 씨와 토레즈 씨가 서로의 얼굴에다 퍼부어버렸기 때문이다.[78] 국회와 정부의 역할이 지금으로서는 그저 하나의 행정적 역할에 불과하니 결국 프랑스가 남들의 손에 종속되어 있다는 사실을 이보다 더 잘 보여줄 수는 없을 것이다.

단 한 가지 해야 할 일이 있다면 그 사실을 인정하고 거기서 적절한 결론을 이끌어내고, 예를 들어서, 어느 나라에서든 국제 질서를 고려하지 않고는 그 어떤 국내 문제도 해결할 수 없다는 사실을 직시하고 그 국제 질서를 공동으로 규명해보려고 노력하는 것이다.[79] 다시 말해서 자신을 좀 잊어버려야 한다는 것이다. 그렇게 하면 국회의원들과 정당들은 좋은 민주주의, 진정한 민주주의를 만드는 저 겸손의 미덕을 조금이나마 갖출 수 있을 것이다. 따지고 보면 민주주의자란 상대방의 말이 옳을 수도 있다는 것을 인정하고, 그러니까 그가 자기 생각을 피력할 수 있게 하는 동시에 자신의 논거에 대해서 깊이 생각해볼 수 있는 사람이다.

---

77) (옮긴이주) 석탄이 많이 부족한 프랑스는 그것을 미국에서 달러로 수입해야 했다. 가까운 루르 탄광의 석탄을 공급받고 싶지만 전쟁 보상으로 그 지역을 점령하고 있는 영국, 그리고 미국이 이를 반대한다. 반면에 그들은 자르 지방이 경제적으로 프랑스에 소속되기를 바라지만 소련이 반대한다.

78) (옮긴이주) 전년의 수확이 나쁘지 않았음에도 불구하고 여러 가지 이유로 그해 4월에는 벌써 밀 부족이 심각한 상태에 이른다. 정부는 5월 1일부터 빵 배급을 성인 1인당 250그램으로 줄인다.

79) (옮긴이주) 국내 질서에 대한 국제 질서의 우위는 〈피해자도 가해자도 아닌〉에서 카뮈가 강조하면서 거기에서 결론을 도출할 것을 호소하는, 중요한 과제다.

정당들이나 사람들이 자신이 옳다는 것을 너무나도 확신한 나머지 반대자들의 입을 폭력으로 다물게 만든다면 그때 민주주의는 더 이상 존재하지 않는다. 겸손해질 기회가 어떤 것이든 그 기회는 그러므로 공화국들에 이로운 것이다. 오늘날 프랑스는 더 이상 힘의 수단들을 가지고 있지 않다. 그래서 좋은 것인지 나쁜 것인지를 말하는 일은 다른 이들에게 맡겨두자. 그러나 그것은 하나의 기회다. 그 힘을 되찾거나 그 힘을 포기할 때를 기다리는 동안 우리나라에는 아직 본보기가 될 가능성이 남아 있다. 다만, 우리나라가 전 세계인의 눈에 하나의 본보기가 되는 것은 우리나라가 자국의 국경 안에서 발견할 수 있는 진실들을 명백하게 보여줄 때에만, 다시 말해서 우리 정부의 실천을 통해서, 국제적 민주 질서가 확립되지 않는 한 나라 안의 민주주의는 막연한 것이 될 수밖에 없다는 것을 분명하게 보여줄 때에만, 그리하여 마침내 그 질서가 민주적이 되기 위해서는 폭력의 고통을 포기해야 한다는 것을 원칙으로 삼을 때에만 가능할 것이다.

이미 짐작했겠지만, 그런 것은 바로 의도적으로 시류와 무관하게 펼치는 생각들이다.

전염

(《콩바》, 1947년 5월 10일[80])

프랑스가 내가 살펴볼 수 있었던 그 어떤 나라보다도 인종 차별이 훨씬 덜한 나라라는 것은 의심의 여지가 없다. 그렇기 때문에 여기저기에서 그 어리석고 범죄적인 질병의 징후들이 나타나고 있다는 사실에 우리는 분노를 금하지 못하는 것이다.

한 조간신문이 1면에 여러 단에 걸쳐 "살인자 라즈타"라는 제목의 기사를 싣고 있다. 그것은 하나의 징후다. 왜냐하면 라즈타 사건은 지금 예심 단계에 있으므로 예심이 끝나기 전에 그토록 심각한 비난의 기사를 신문 지상에 내보내는 것은 어느 면으로 보든 결코 있을 수 없는 일이기 때문이다.[81]

지체 없이 말해두거니와 내가 그 마다가스카르 사건에 대하여 가지고 있는 의심할 수 없는 정보는 반란자들의 만행에 대한 이야기와 이러저러한 진압 양상들에 대한 보고들뿐이다. 확신을 가지고 말할 수 있는 것은 그러므로 내가 그 두 가지 방식 모두에 대해 똑같이 혐오감을 느낄 뿐이라는 점이다. 그러나 문제는 라즈타 씨가 살인자냐 아니냐. 분별 있는 사람들이라면 분명 예심이 끝나고 난 뒤에 그 여부를 가릴 것이다. 어느 경우건, 만약 살인자로 추정된 인물의 이름이 뒤퐁이나 뒤랑이었다면 어떤

---

80) (옮긴이주) 알베르 카뮈의 이름으로 서명하여 내보낸 박스 기사.

81) (옮긴이주) 1945년 5월의 세티프 사태와 1946년 가을의 인도차이나 사태 이후, 1947년 3월 29일 마다가스카르에서 일어난 민중 봉기는 전후 프랑스의 식민지 정책에 대한 세 번째의 심각한 경고였다. 이 지역에 대한 프랑스의 통제력은 고문을 포함한 일련의 가혹한 진압 작전 끝에 1948년 말에야 실제로 회복되었다. 프랑스 정부는 모든 책임을 이 지역 독립 운동 단체에 전가했다. 이 단체 소속의 두 국회의원이 4월에 체포되었고 국회에서 그 사태에 대한 논의가 벌어지는 가운데 세 번째로 조제프 라즈타 박사가 파리에 체류 중 우파 의원으로부터 '살인자'로 취급된다(《르 몽드》, 1947년 5월 8일자). 그는 면책 특권을 빼앗기고 체포되어 사형 선고를 받았다가 사면되었다.

신문 기자도 감히 그런 식의 제목을 붙이지는 못했을 것이다. 그러나 라즈타 씨는 마다가스카르 사람이고 그러니까 그는 어찌되었건 살인자여야 한다. 그러므로 그런 식의 제목을 붙여도 상관이 없는 것이다.

이것만이 유일한 징후는 아니다. 자기 약혼녀를 죽인 그 딱한 대학생이 의심을 피하기 위해서 세나르의 숲에 이른바 '시디들(북아프리카 놈들)'이 많이 와 있었다는 사실을 이용한다는 것이 당연하다고 사람들은 생각한다. 아랍인들이 어떤 숲속에서 돌아다니고 있다면 그것은 때가 봄철이라는 사실과는 아무 관계가 없는 것이다. 그들은 자기 동시대 사람들을 살해하려고 거기서 어슬렁거리는 게 틀림없는 것이다.

마찬가지로, 우리는 이러저러한 기회에, 유대인들은 정말이지 아무리 봐도 좀 심하다고 말하는 프랑스 사람과 마주치게 되어 있다. 그것도 대개는 똑똑한 프랑스 사람이다. 당연히 그 프랑스인에게도 유대인 친구가 있지만 그 친구는 적어도……. 한편 고문당하고 불구덩이에 던져진 저 무수한 유대인들에 관한 이야기라면, 상대방 역시 그런 방식엔 찬성하지 않는다, 아니, 정말이지 찬성과는 아예 거리가 멀다. 다만, 유대인들은 아무리 봐도 좀 심하다는 게 그의 생각이다. 비록 그들이 수용소 경험을 통해서 연대 의식에 눈뜬 것이라고 할지라도 자기들 끼리끼리만 서로 돕는 것은 잘못이라는 생각인 것이다.

그렇다, 그런 것이 바로 징후들이다. 그러나 그보다 더한 것이 있다. 1년 전에 알제리에서는 집단적 탄압의 방법들이 사용된 바 있다.[82] 《콩바》지는 피아나란초아에 '자발적' 자백의 방이 존재한다는 사실을 폭로한 바 있다.[83] 나는 여기서도 그 문제의 내용은 깊이 파고들지 않겠다. 그러나 이 문제를 다루는 방식에 대해서는 말할 필요가 있다. 그 방식은 깊이 생각해보게 만든다.

공포 정치의 효력이 어떤 것인지를 경험한 지 3년 후 프랑스인들은 못 볼 것을 너무 많이 보아온 사람들 특유의 냉담한 태도로 그 뉴스를 접하고 있다. 그러나 진실만큼이나 명백하고 끔찍한 사실이 눈앞에 있다. 독일인들이 저지르고 있다고 우리가 비난했던 바로 그 짓을 이번에는 우리가 저지르고 있는 것이다. 사람들이 우리에게 그 까닭을 설명했다는 것도 나는 잘 알고 있다. 즉, 마다가스카르의 반란자들 역시 프랑스인들을 고문했다는 것이다. 그러나 상대방이 저지른 비열함과 범죄가 우리들이 비열해지고 범죄를 저지르는 것에 대한 변명이 되지는 못한다. 나는 나치에 복수하기 위해서 우리가 화장용 가마를 지었다는 이야기를 들어본 바 없다. 그 반증이 나타날 때까지 우리는 거기에 대하여 법의 심판으로만 대응했다. 법의 증명, 그것이 분명하고 확

---

82) (옮긴이주) 그것은 1945년 5월에 발생한 알제리의 세티프 폭동과 그 진압 과정을 말한다. 카뮈는 이 사건에 대하여 5월 13일과 23일 사이에 6건의 기사를 썼고 6월 15일에는 사설까지 썼다.

83) (옮긴이주) 5월 2일자 《콩바》에 마리 루이즈 다비드는 다음과 같은 기사를 썼다. "진압은 과거나 지금이나 끔찍하다. 여기서는 피아나란초아의 고문방 이야기만 하겠다. 그것은 반란자들의 입을 열게 만드는 임무를 맡은 고문 담당자의 표현을 빌리면 '게슈타포식'의 방이다."

고한 정의다. 그리고 프랑스는 다름 아닌 정의로 대표되어야 한다.

사실, 설명은 다른 데 있다. 히틀러 추종자들이 자신들 특유의 비열한 법을 유럽에 적용한 것은 자기네 종족이 우월하며 그 법이 독일인들과 노예 민족들에게 똑같은 것일 수 없다고 보았기 때문이다. 우리 프랑스인들이 그러한 테러 행위에 대하여 분노하여 일어난 것은 모든 유럽인들이 권리와 존엄성에 있어서 동등하다고 생각했기 때문이다. 그러나 만약 오늘 그 프랑스인들이 알제리인들이나 마다가스카르인들에 대하여 다른 프랑스인들이 때때로 사용하고 있는 방법들에 대한 이야기를 들으면서 아무런 저항을 느끼지 못한다면, 그것은 우리가 어떤 면에서 그 민족들보다 우월하다는, 그리고 그 우월함을 예증하는 데 어떤 방법들을 선택하는 것이 적절하냐 하는 것은 그다지 중요하지 않다는 무의식적인 믿음을 가지고 살기 때문이다.

한 번 더 말하지만, 여기서 중요한 것은 식민지 문제를 해결하는 것도, 무언가를 변명하는 것도 아니다. 문제는, 이미 많은 나라들의 불명예가 되고 있는, 그리고 적어도 우리나라는 물들지 않도록 막아야 할 인종차별주의의 징후들을 간파해내는 것이다. 우리의 진정한 우월함은 바로 거기에 있었고 또 마땅히 그러해야 할 것이다. 그리고 우리 중 어떤 사람들은 우리가 그 우월함을 상실할까 봐 심히 우려하고 있다. 만약 우리에게 제기되는 문제들 중 식민지 문제가 가장 복잡한 것이라면, 만약 식민지 문제가 향후 50년의 역사를 지배한다는 것이 사실이라면, 우리가 그 문제에 가장 해로운 편견들을 개입시키는 한 결코 식민지 문제를 해결하지 못하리라는 것도 그에 못지않게 사실일 것이다.

그리고 여기서 중요한 것은 우스꽝스러운 감상주의의 변호가 아니다. 모든 종족들을 아무런 구별 없이 혼란스럽게 섞어놓고 똑같이 동정 어린 눈으로 바라보는 그 감상주의 말이다. 사실, 사람들은 다 같은 것이 아니다. 그래서 나는 얼마나 뿌리 깊은 전통이 나를 아프리카인이나 회교도와 구별시키고 있는 것인지 잘 알고 있다. 그러나 나는 무엇이 나를 그들과 이어주는 것인지, 내가 나 스스로를 격하시키지 않는 한 결코 경멸할 수 없는 그 무엇인가가 그들 각자 안에 존재한다는 것 또한 잘 알고 있다. 그렇기 때문에, 뚜렷하게 드러난 것이건 그렇지 않은 것이건 인종차별주의의 이러한 징후들은 인간의 마음속에 있는 가장 비열하고 분별없는 것을 노출시킨다고 말할 수 있다. 그리고 우리가 압제나 폭력의 정신을, 그것이 존재하는 곳이면 어디서나, 고발할 그 어려운 권리를 갖게 되는 것은 오직 우리가 인종차별주의를 물리치게 될 때뿐이다.

기념일
(《콩바》, 1947년 5월 7일)

1945년 5월 8일, 독일은 역사상 가장 엄청난 항복 문서에 서명했다. 요들 장군은 그때 이렇게 서명했다. "나는 이 항복 문서가 독일과 독일 국민을 승전국들의 수중에 넘겨주는 것으로 간주한다." 18개월 후에 요들은 뉘른베르크에서 교수형에 처해졌다.[84] 그러나 7,000만의 국민을 모두 교수형에 처할 수는 없었고 독일은 여전히 승전국들의 수중에 있으니 결국 오늘 이 기념일은 기쁨의 기념일이 아니다. 승리 또한 그것대로 속박의 굴레를 안고 있다.

왜냐하면 독일은 끊임없이 비난받아왔고, 그로 인하여 특히 프랑스인은 이 점에 관하여 분별 있는 내용을 말하기도, 행동에 옮기기도 어려워졌기 때문이다. 2년 전 플렌스부르크 라디오는 되니츠[85]의 명령에 따라, 무너진 독일제국의 임시 지도자들이 "독일 땅 전체를 에워싸고 있는 증오의 분위기가 이 세계의 재기를 위해 필요불가결한 국가들 간의 화해의 정신으로 점차 대체되기"를 바라는 자신들의 희망을 호소하는 방송을 내보냈다. 이러한 각성은 5년이나 지나서 너무나도 때늦게 찾아왔고 되니츠의 희망은 반쪽만 실현되었다. 독일에 대한 증오는 경계심과 분노가 지칠 대로 지쳐 무심해진 마음과 뒤섞이는 기이한 감정으로 대체된 것이다. 한편 화해의 정신으로 말하자면…….

독일의 항복 발표에 뒤따른 3분간의 침묵은 그러니까 끝없이

---

84) (옮긴이주) 알프레트 요들은 독일 군부의 가장 중요한 장군들 중 하나였는데 뉘른베르크 재판에서 네 가지 범주에서 유죄로 인정되어 사형 선고를 받고 1946년 10월 16일 교수형에 처해졌다.

85) (옮긴이주) 히틀러가 자신의 후임자로 지명한 카를 되니츠는 발트 해안의 작은 도시 플렌스부르크에서 독일 항복 조건을 협상했다. 그는 반평화 범죄와 전쟁 범죄로 10년형을 받았다.

연장되어, 자신들에게 경멸이 섞인 방심으로 대응하는 것이 고작인 세계의 한가운데서 점령당한 독일이 얼이 빠진 생존을 계속하며 보여주는 침묵으로 이어졌다. 그것은 아마도 모든 포식성 체제들이 그렇듯 나치즘은 세계로부터 망각을 제외하고는 무슨 대접이든 다 받을 수 있다는 사실에 기인할 것이다. 우리에게 증오를 학습하게 한 것은 바로 나치즘이다. 그리고 어쩌면 그 증오는 잊힐 수도 있었을 것이다. 왜냐하면 인간의 기억은 역사가 진행되는 것과 같은 속도로 사라져버리기 때문이다. 그러나 히틀러 체제가 역사에 가져다준 계산과 치밀하고 냉혹한 정밀함은 모든 사람들의 마음속에 남아 있다. 증오의 관리들은 그 증오의 피해자들만큼 빨리 잊히지 않는다. 그것은 모든 사람에게 다 유효한 경고다.

그러므로 내 나이의 사람들이 더 이상 잊을 수 없는 것들이 있는 것이다. 그러나 우리들 가운데서 그 기념일에 패자를 짓밟는 것을 용인할 사람은 아무도 없을 것이라고 나는 생각한다. 영원한 증오나 영원한 사랑이 불가능하듯이 절대적인 정의란 불가능한 것이다. 그것이 바로 이성을 되찾아야 하는 이유다. 더 이상 묵시록의 시간이 아니다. 우리는 초라한 조직과 명예로울 것 없는 타협의 시간 속으로 진입했다. 너무 범용해지다 보면 묵시록적 종말로 되돌아가게 된다는 것을 알지만 그래도 분별력과 행복에의 욕구에 따라 이런 시간이 낫다는 것을 알아야 한다. 그러나 이 휴지의 시간은 반성을 허락하는 것이니 이 반성은 이제 와서 졸고 있는 증오를 다시 깨울 것이 아니라 반대로 우리의 현실과 독일을 진정한 제자리로 돌려놓는 쪽으로 우리를 인도해야 마땅할 것이다.

우리 내면에서 끓고 있는 정념과 반항의 기억이 어떤 것이든 세계의 평화는 평화를 회복한 독일을 필요로 하며 어떤 나라를 세계 질서로부터 영원히 추방해서는 그 나라의 평화 회복은 불가능하다는 것을 우리는 잘 알고 있다. 독일과의 대화가 여전히 가능하다면, 바로 그 이유 때문에 대화의 재개가 요구된다. 그러나 똑같이 강조해서 말해야 할 것은, 사람들은 때때로 명백한 사실로부터 우리의 관심을 돌리기 위해서 독일 문제를 모든 문제들 중 최우선적인 것으로 삼고자 하지만, 그 문제는 부차적인 문제라는 것이다. 명백한 사실은 바로 독일은 하나의 위협이기 이전에 러시아와 미국 사이의 쟁점이라는 사실이다. 그리하여 우리 세기의 시급하고 유일한 문제들은 이 두 강국 사이의 화해냐 반목이냐에 관련된 문제들이다. 만약 화해가 이루어진다면 독일과 몇몇 다른 나라들은 어떤 합리적 운명을 맞이하게 될 것이다. 그 반대일 경우, 독일은 대대적이고 전반적인 패배에 직면할 것이다. 이것은 동시에, 어떤 일이 있어도 프랑스는 힘의 정치보다 이성적 노력을 선택해야 한다는 의미이기도 하다. 오늘 우리는 어쩌면 별 효과가 없을지도 모르는 일을 할 것인지, 아니면 분명하게 범죄적일 일을 할 것인지 선택하지 않으면 안 된다. 나는 그 선택이 어렵지 않다고 본다.

또한 이 노력은 자신에 대한 믿음의 한 증거다. 그것은 무슨 일이 있어도 정의와 자유를 위해 끊임없이 싸우고 주장할 확고한 의지를 가지고 있다는 증거다. 오늘날 세계는 희망의 세계가 아니다. 우리는 아마도 묵시록으로 되돌아갈 것이다. 그러나 모든 이성과 모든 예상을 거스르고 찾아온 이 승리, 즉 독일의 항복은 무력이 무력한 것임을 오랫동안 예증해줄 것이다. 나폴레옹은 그 무력에 대해 우울한 목소리로 이렇게 말했다. "총탄, 결국에 가서는 언제나 정신이 검을 이겨내고 말지."[86] 결국에 가서는, 그렇다⋯⋯. 그러나 따지고 보면 하나의 좋은 행동 규칙은 자유로운 정신이 언제나 옳고 언제나 승리하게 마련이라고 생각하는 것이다. 왜냐하면 자유로운 정신이 더 이상 옳지 않게 되는 날은 전 인류가 다 옳지 않고 그리하여 인간의 역사가 의미를 잃게 되는 날일 것이기 때문이다.

그 어떤 것도 그것의 변명이 되지는 못한다
《콩바》, 1947년 3월 22일[87])

어제 우리 신문에서 독자들은 레지스탕스에 가담하여 활약하다가 수용소에 수감되었던 리케 신부가 라마디에 씨에게 보낸 용기 있는 편지를 읽을 수 있었다.[88] 기독교인들이 거기에 대해 어떻게 생각할지 나는 알지 못한다. 그러나 나로서는 이 편지에

---

86) (옮긴이주) 앞의 〈모멸의 시간〉 주 14 참조.
87) (옮긴이주) 알베르 카뮈의 이름으로 서명한 박스 기사.
88) (옮긴이주) 1947년 3월 17일 내무장관은 옛 친독 의용대원들을 보호 은닉했다는

아무런 반응을 보이지 않고 그냥 넘기면 마음이 편치 않을 것 같다. 그리고 내가 볼 때 그와 반대로 신앙을 가지지 않은 사람이야말로 다른 누구보다 더 이 일에서 우리의 일부 언론이 보여준 언어도단의 태도에 대한 분노를 표시해야 할 것 같다.

나는 그 어떤 누구도 변호해줄 생각은 없다. 만약 성직자들이 반국가적인 음모를 꾸몄다는 것이 사실이라면 그들은 결국 이 나라가 정한 법의 심판을 받을 일이다. 그러나 내가 알기로 지금까지 프랑스는 책임 소재가 어떤 집단에 있다고 생각한 적은 없었다. 기자들과 정치인들이 수도원을 살인자와 반역자의 소굴이라고, 가톨릭교회 전체를 광범위하고 수상한 음모의 중심이라고 규탄하기에 앞서, 지나간 과거사를 똑똑히 기억하려고 노력하였으면 좋았겠다는 마음이다.

그랬더라면 그들은 아마도 어떤 수도원들이 이와 전혀 다른 어떤 음모를 침묵으로 덮어주던 시절의 이미지들을 다시 찾아낼 수 있었을 것이다. 그랬더라면 그들은 아마도 평화로웠던 자신들의 공동체를 군말 없이 버리고 떠나서 수용소라는 파괴적이고 고통스러운 공동체를 선택했던 몇몇 영웅들의 본보기를 저 미온적인 사람들과 무기력한 사람들의 눈앞에 제시해 보이는 것에 동의했을 것이다. 우리는 몇몇 고위 성직자들이 보인 영합적인

혐의로 사제들을 체포했다고 발표했다. 이리하여 이른바 '법복 음모'라는 사건이 터진 것이다. 이에 예수회 신부로 마타우젠과 다하우 수용소에 수감된 경력이 있는 옛 레지스탕스 맹원인 미셸 리케가 정부 수반인 라마디에 씨 앞으로 보낸 공개장을 여러 신문에 발표하면서, 교회 전체를 싸잡아 공격하는 명예 훼손 행위에 대하여 항의한다.

태도를 가장 먼저 고발한 바 있다. 그러므로 다른 기자들이 직업적 의무와 긍지를 망각한 채 남을 모욕하는 사람들로 변신해버리는 지금, 이런 글을 쓸 권리가 있다.

아무리 봐도 스스로에게 편리한 것만을, 그것도 가장 유리한 때에만 공개하는 쪽을 선택한 것으로 보이는 정부는 책임이 크다. 그러나 그 책임이 아무리 크다 해도 기자들의 책임은 그보다 더 크다. 왜냐하면 기자들은 자기들이 알고 있는 사실을 부정했고, 유일하게 우리를 정당화해주는 것, 다시 말해서 지난 4년 동안 우리의 고통의 공동체였던 것을 외면해버렸기 때문이다. 지하에서 활동하는 영광을 가졌던 신문들의 입장에서 보면, 그것은 용서할 수 없는 망각이며 가장 고귀한 기억에 대한 과오이며 정의에 대한 도전이다. 《프랑티뢰르*Franc-Tireur*》지는 리케 신부의 편지는 게재하지 않은 채 그에 대한 대답으로 이렇게 외친다. "지금도 레지스탕스 정신에 충실한 것은 어느 쪽인가? 강제 수용소로 끌려간 사제들의 가해자들에게 정의의 심판을 면제해주려는 사람들인가, 아니면 그들을 벌하고자 하는 사람들인가?" 이런 말을 할 때 이 신문은, 만약 적에게 적용되어야 할 정의가 존재한다면, 정신적인 차원에서는 그보다 더 높은 또 하나의 정의, 즉 함께 싸운 형제들 덕분에 누릴 수 있는 정의 또한 존재한다는 사실을 망각하고 있는 것이다. 가장 엄격한 정의는 그런 점에서, 참혹하게 목숨을 잃은 그 모든 사람들은 의도적으로 잊어버린 채, 몇 안 되는 피의자들과 그 엄청나게 많은 무고한 사람들을 마구잡이로 싸잡아 매도하는 일이 없도록 할 것을 요구하는 것이었다. 그렇다, 그 어떤 것도 그것의 변명이 되지는 못한다.

하지만 사실 그래보았자 무슨 소용인가? 계산에만 밝다 보면 정신이 귀를 먹는 것인지, 우리는 인적 없는 사막에서 소리치는 느낌이다. 누가 오늘 레지스탕스와 그 명예에 대해 신경을 쓰는가? 지난 이 2년 동안 그토록 많은 희망들을 약탈당하고 나서 또다시 같은 말을 하자니 마음이 무거울 뿐이다. 그래도 또다시 그 말을 하지 않으면 안 된다. 사람은 오직 자기가 아는 것만 말한다지만 사랑하는 사람들, 오직 그 사람들에 대해서만 부끄러움을 느낀다. 벌써부터 야유하는 소리가 들리는 것만 같다. 그래, 어떻단 말인가! 오늘 《콩바》는 가톨릭교회와 같은 길을 걷고 있다. 그러나 그것은 중요한 게 아니다. 우리와 같이 신앙을 갖지 않은 사람들은 오직 증오를 증오할 뿐이다. 그리고 이 나라에 자유의 숨결이 존재하는 한, 그들은 고함치며 욕하는 사람들에게 합류하기를 계속 거부하면서, 오직 증언하는 사람들 ——그들이 누구이건 간에——과 함께 남아 있을 것이다.

피해자도 가해자도 아닌[89]

89) (옮긴이주) 여기서 "피해자도 가해자도 아닌"이라고 번역한 제목의 '가해자bour-reaux'는 단순한 가해자가 아니라 '사형 집행인'을 의미한다. 따라서 이 대립 항에서 중요한 것은 의식적으로 타자의 '죽음'을 초래하는 '살인' 행위다. 이 책 속에서 주목되는 "육체", "몸을 구해야 한다" 등의 제목들이 말해주고 있듯이, 카뮈의 정치사상은 저마다의 인간은 이 땅 위에서 태어나 제한된 시간 동안밖에 살 수 없다는 유한한 인간 조건 (따라서 육체의 조건)과 밀접한 관계가 있다. 그래서 그는 이 유한한 인간 조건을 무시하거나 초월하는 기독교나 공산주의의 '원대한 미래', 혹은 '내세의 약속'을 믿지 않는 것이다. 이 장은 1946년 11월 19일부터 30일까지 《콩바》에 발표한 8개의 글로 구성되어 있다. 카뮈는 이 《시사평론》에서 그가 《콩바》지의 편집국장으로 활동하는 동안에 마지막으로 쓴 글들 바로 다음에 시간적 순서를 거슬러가며 그보다 먼저 쓴 〈피해자도 가해자도 아닌〉을 배치하고 있다. 이 여덟 편의 텍스트는 그것만으로도 하나의 독립된 작은 에세이집을 이루는 것이어서 프랑스에서는 1년 뒤 장 다니엘이 주도하는 잡지 《칼리방 Caliban》의 1947년 11월호에 전재되었고, 같은 해 7월에는 네덜란드와 미국에서 번역 소개되었다. 이 글이 쓰인 1946년 11월은 2차대전의 종식과 미소 양대 진영으로 갈라진 세계가 냉전 체제로 돌입하는 시기 사이에 걸쳐 놓인 전환기였다. 전쟁 전으로 거슬러 올라가는 몇 가지 사상과 신념, 그리고 새로운 전후 상황에 대한 점검과 대응 태세의 수립 등을 종합하고 있는 이 글은 카뮈 개인으로 보면 《반항하는 인간》으로 구체화될 사상으로 진입하는 열쇠와도 같은 단계다. 여기서 그가 제안하는 것은 첫째, 국제적인 차원에서 사형을 폐지하는 것을 포함하여 의식적인 살인과 관련된 일체의 이데올로기에 반대할 것, 둘째, 명료한 말로 의사 표현을 함으로써 솔직한 의사소통, 즉 대화가 가능하게 할 것, 셋째, 지난날의 정치적 틀에서 벗어나 새로운 범세계적 공동체를 형성할 것 등이다. 이러한 생각은 그가 미국에서 행한 강연 〈인간의 위기〉에서 이미 그 윤곽이 드러난 것이었다. 이때 그의 사상은 폭력의 정당화를 거부하는 확고한 태도를 전제로 하여, 전후의 새로운 현실에 국제주의적이고 평화주의적인 좌파 문화를 적응시키는 방법으로서의 '상대적 유토피아'로 이어진다.

두려움의 세기
(《콩바》, 1948년 11월[90])

17세기는 수학의 세기였고 18세기는 물리학의 세기였고 19세기는 생물학의 세기였다. 우리의 20세기는 두려움의 세기다. 두려움은 학문의 분야가 아니라고 내게 말하는 이가 있을지도 모른다. 그러나 우선 과학이 이 문제와 어느 면 관계있다. 왜냐하면 과학이 최근에 보여준 이론적 발전이 과학 그 자체를 부정하기에 이르렀고, 과학의 실제적 완성으로 인하여 이 땅덩어리 전체가 파괴될 위협에 직면했기 때문이다. 더군다나, 두려움 그 자체가 하나의 과학으로 간주될 수는 없다 하더라도 그것이 하나의 기술이라는 데는 의심의 여지가 없다.

실제로 우리가 살고 있는 세상에서 가장 충격적인 것은 우선, 그리고 일반적으로, 대부분의 사람들(모든 종류의 신앙인들은 제외하고)에게는 미래가 없다는 사실이다. 미래에 투영된 전망

---

90) (옮긴이주) 이 기사는 1946년 11월 19일자 《콩바》에 발표되었다.

이 없이는, 성숙과 발전의 약속이 없이는, 가치 있는 삶이란 있을 수 없다. 눈앞의 벽만 바라보며 사는 것, 그것은 개들의 삶이다. 자, 그런데 보라! 나의 세대, 그리고 오늘 여러 일터나 대학에 들어서는 세대의 사람들은 개들처럼 살아왔고 점점 더 그렇게 살아가고 있는 것이다.

사람들이 실질적으로 꽉 막힌 어떤 미래 앞에 놓이게 된 것은 물론 이것이 처음은 아니다. 그러나 사람들은 보통 말을 통해서, 외침을 통해서 그 상황을 극복하곤 했다. 그들은 다른 가치들에 호소하곤 했고, 그 가치들이 그들의 희망이 되어주곤 했다. 이제는 아무도 더 이상 말을 하지 않는다(같은 말만 되풀이하는 사람들을 제외하면). 왜냐하면 우리에게는 경고의 외침도, 충고도, 애원도 듣지 못하는 눈멀고 귀먹은 힘들이 세상을 이끌어가고 있는 것 같아 보이기 때문이다. 우리가 이제 막 거쳐 온 몇 해 동안의 광경에 의해 우리 안의 무엇인가가 파괴되어버린 것이다. 여기서 말하는 그 무엇이란 바로 인간의 저 영원한 신뢰를 말한다. 인간으로 하여금, 다른 사람에게 인간의 언어로 말함으로써 인간적인 반응들을 이끌어낼 수 있다고 언제나 믿게 했던 그 신뢰 말이다. 우리는 거짓말하고 타락시키고 죽이고 강제 수용소에 보내고 고문하는 것을 보았고, 그런 짓을 하는 사람들을 그때마다 설득하여 그런 짓을 하지 않도록 만드는 것은 불가능했다. 왜냐하면 그들은 스스로에 대한 확신이 있었고, 하나의 추상[91]은, 다시 말해서 어떤 이데올로기의 표본은, 설득에 의해서 바꿀 수 있는 것이 아니기 때문이다.

사람들 사이의 긴 대화가 이제 막 멈춰버렸다. 그리고 물론, 우리가 설득할 수 없는 인간이란 두려움을 주는 인간이다. 바로 이렇게 하여, 말을 해봐야 아무 소용이 없다고 생각하기 때문에 말하지 않는 사람들 옆에는 항상 어떤 커다란 침묵의 음모가 펼쳐져 있었고 지금도 펼쳐진다. 두려움에 떨고 있고 그 떨림을 자신에게 숨기기 위해 그럴듯한 구실을 마련하는 사람들이 받아들이는, 또 그렇게 하는 게 이롭다고 여기는 사람들이 조성하는 그 침묵의 음모 말이다. "당신은 러시아의 예술가 숙청에 대해서 말을 하면 안 됩니다. 왜냐하면 그것은 반동을 이롭게 하는 것이니까요." "당신은 앵글로색슨에 의한 프랑코 체제의 유지에 대해서 입 다물고 있어야 합니다.[92] 왜냐하면 그것은 공산주의를 이롭게 할 테니까요." 나는 두려움이 하나의 기술이라고 분명히 말했다.

그러니까 모든 사람이 준비하고 있는 어떤 전쟁에 대한 매우 일반적인 두려움과 살인적인 이데올로기들에 대한 매우 특별한 두려움 사이에 끼어서 우리는 지금 공포 속에서 살아가고 있는 것이 사실이다. 우리가 공포 속에서 살아가는 것은 설득이 더 이상 가능하지 않기 때문이고, 인간이 역사에 완전히 내맡겨졌기 때문이며, 역사의 몫에 못지않게 진정한 그 몫, 인간이 세계

---

91) (옮긴이주) 구체적인 삶, 인간의 육체가 영위하는 삶에 반대되는 '추상', '추상화'의 폐해는 카뮈의 작품 도처에서 반복하여 나타난다.

92) (옮긴이주) 영국과 미국 정부는 1946년 내정 불간섭의 원칙을 내세워 프랑코 정권을 전복하려는 프랑스의 정책에 반대한다. 그러나 유엔 총회는 1946년 12월 프랑코 스페인의 유엔 가입을 거부했다.

와 여러 얼굴들의 아름다움 앞에서 다시 발견하는 그 뭇[93])에 더 이상 눈을 돌릴 수 없게 되었기 때문이다. 그것은 우리가 책상과 타이프라이터와 절대적인 이념과 경직된 메시아 사상이라는 저 추상의 세계 속에 살고 있기 때문이다. 우리는 자신이 절대적으로 옳다고 생각하는 사람들 사이에서 질식해가고 있다. 그리고 대화 속에서만, 사람들 간의 우정 속에서만 살 수 있는 모든 사람들에게 그 침묵은 세계의 종말이다.

이 공포에서 벗어나기 위해서는 성찰할 수 있어야 하고 자신의 성찰에 따라 행동할 수 있어야 할 것이다. 그러나 당연히 공포는 성찰에 유리한 환경이 아니다. 그러나 나는 이처럼 두려워하는 태도를 나무라는 대신 그 두려움을 상황의 기본적 조건들 중 하나로 간주하여 그것을 타개하려고 노력해야 한다는 생각이다. 그보다 더 중요한 것은 아무것도 없다. 왜냐하면 그것은 엄청나게 많은 유럽인들의 운명과 관련된 것이기 때문이다. 폭력과 거짓에 신물이 났고, 자신들의 가장 커다란 희망들에서 환멸을 맛보았으며, 자기 동류들을 죽인다는 생각에 혐오감을 느끼는 동시에, 그것이 비록 그들을 설득하려는 목적에서라 할지라도 똑같은 방식으로 설득당한다는 생각에 다름없는 혐오감을 느끼고 있는 유럽인들의 운명 말이다. 이것이 바로 유럽에서 그 엄청나게 많은 사람들이 처해 있는 딜레마이다. 그들은 어떤 당에도 속해 있지 않거나 자신들이 선택한 당 안에서 마음이 편치 않

---

93) (옮긴이주) 《작가수첩 I》, 174쪽 참조. "여자들의 얼굴, 태양과 물의 기쁨, 바로 이런 것을 죽여 없애는 것이다. 그러니 살인을 용납하지 않는다면 버티어야 한다."

으며, 러시아에서 사회주의가, 미국에서 자유주의가 실현되리라는 것에 회의적이고, 그런 가운데서도 미국인들에게건 러시아인들에게건 그들의 진리를 주장할 권리는 인정하지만 개인적이거나 집단적인 살인에 의해서 그 진리를 강요할 권리는 거부한다. 오늘날의 강자들 가운데서 그들은 왕국을 잃은 사람들이다. 이 사람들은 오직 자신들이 무엇을 원하는지를 깨달을 때에만, 그 원하는 바를 충분히 단순하고 충분히 강력하게 말함으로써 그 말이 어떤 에너지의 결속으로 이어질 때에만 비로소 자신들의 관점을 인정하게(분명히 말하지만 강요가 아니라 인정이다) 만들 수 있을 것이고 자신들의 조국을 되찾을 수 있을 것이다. 그리고 만약 두려움이 올바른 성찰의 환경이 못 되는 것이라면 그들은 우선 그 두려움의 문제를 깨끗이 정리할 필요가 있다.

두려움의 문제를 정리하기 위해서는 그 두려움이 무엇을 의미하는지, 그 두려움이 무엇을 거부하는지 알아야 한다. 두려움이 의미하는 것과 거부하는 것은 같은 것이다. 즉, 살인이 정당화되고 인간의 목숨이 하찮은 것으로 여겨지는 세상이 그것이다. 바로 이것이 오늘날의 첫 번째 정치적 문제이다. 그러므로 그 밖의 문제들을 논하기에 앞서 이 문제에 관한 입장을 정할 필요가 있다. 모든 건설적인 제안에 앞서 지금은 두 가지 질문을 던져야 한다. "직접적이든 간접적이든 당신은 죽임을 당하거나 폭행을 당하기를 원하는가 아닌가? 직접적이든 간접적이든 당신은 죽이거나 폭행하기를 원하는가?" 이 두 질문에 '아니오'라고 대답하는 사람들은 모두 자동적으로 일련의 결론들에 귀착하게 되고 그리하여 그 결론들에 따라 자신들의 문제 제기 방식을 수정하지 않을 수 없다. 나의 계획은 이 결론들 중 두세 가지만을 명확히 하는 것이다. 그 전에, 선의의 독자는 스스로에게 질문을 던져보고 거기에 대한 대답을 찾을 수 있을 것이다.

몸을 구해야 한다

어느 날 내가, 지난 2년간의 경험을 치르고 난 이상 나는 이제 직접이든 간접이든 어떤 인간에게 사형을 선고하게 만드는 진리라면 그 어떤 것도 더 이상 용납할 수 없을 것이라고 말했더니 내가 존중해 마지않았던 사람들은 내가 유토피아를 꿈꾸고 있다고, 정치적 진리란 결국 언젠가 그런 극단으로 인도하게 마련이라고, 그러므로 그 극단의 위험을 무릅쓰든가 아니면 있는 그대로의 세계를 받아들여야 한다고 지적하는 것이었다.

그들은 그 논지를 힘주어 주장했다. 그러나 나는 우선 그들이 그토록 강하게 힘주어 말하는 것은 오직 다른 사람들의 죽음에 대한 상상력이 부족하기 때문이라고 생각한다. 이것은 우리 세기가 가진 한 가지 결점이다. 우리 시대에는 사람들이 전화를 통해서 서로 사랑하고, 직접 재료를 다루는 것이 아니라 기계를 가지고 작업하는 것과 마찬가지로 우리 시대에는 사람들이 대리인을 내세워 서로 죽이고 죽임을 당한다. 우리 세기에는 청결함에 있어서는 얻었지만 인식에 있어서는 잃었다.

그러나 이 논지에는 비록 간접적인 것이긴 하지만 한 가지 다른 힘이 있다. 유토피아라는 문제를 제기한다는 것이 그것이다. 요컨대, 나 같은 사람들이 바라는 것은 더 이상 서로를 죽이지 않는 세상이 아니라(우리는 그 정도까지 가지는 않았다!) 살인이 합법으로 인정되지 않는 세상이다. 과연 우리는 이 점에서 유토피아를 꿈꾸고 있고 결국 모순에 빠져 있는 셈이다. 왜냐하면 우리는 바로 살인이 합법적이 된 세상에서 살고 있으니 말이다. 그러므로 우리가 그런 세상을 원하지 않는다면 그 세상을 변화시켜야 한다. 그러나 살인을 저지를 위험을 각오하지 않고는 그 세상을 변화시킬 수 없을 것 같아 보인다. 그러므로 살인은 또 다른 살인으로 우리를 내몰고 있으니, 체념하고 살인을 인정하건, 그 공포를 또 다른 공포로 대체하는 수단들을 통해서 그 공포를 제거하고자 하건, 우리는 계속 공포 속에서 살아가게 될 것이다.

내가 보기에 모든 사람은 다 그 점에 대해 깊이 생각해볼 필요가 있을 것 같다. 왜냐하면 논쟁과 위협과 요란한 폭력의 한가운데서도 나를 놀라게 하는 것은 다름이 아니라 모든 사람이 지닌 선의이기 때문이다. 몇몇 협잡꾼들을 제외하고는 우파에서 좌파에 이르기까지 모든 사람들이 다 자신의 진리는 인간의 행복을 이룩하는 데 적합하다고 생각하는 것이다. 그러나 이 선의들을 서로 합쳐놓으면, 사람들이 여전히 죽임을 당하고 위협당하고 강제 수용소로 추방되는 세상, 전쟁이 준비되고 있고, 어떤 말을 입 밖에 내면 그 당장에 모욕당하고 배반당하는 이 지옥 같은 세상에 이르게 된다. 그러므로, 설령 우리 같은 사람들은 모순 속에서 살고 있는 것이라고 치더라도, 그 사람들만 그런 것이 아니라 유토피아를 꿈꾼다고 그들을 비난하는 사람들 역시 어쩌면 또 다른 유토피아, 그러나 결국에 가서는 더 큰 대가를 치러야 하는 유토피아에서 살고 있는 것이라는 결론을 내릴 수밖에 없다.

그러므로 살인의 합법화에 대한 거부는 우리로 하여금 유토피아에 대한 우리의 관념을 재검토하지 않을 수 없게 만든다. 이와 관련해서는 이렇게 말할 수 있을 것 같다. 유토피아란 현실과 모순되는 것이라고. 이런 관점에서 보면, 더 이상 다른 사람을 죽이는 이는 아무도 없기를 바라는 것은 완전히 유토피아적이라고 할 수 있을 것이다. 그것은 절대적 유토피아다. 하지만 살인이 더 이상 합법적인 것이 되지 않기를 요구하는 것은 훨씬 덜한 정도의 유토피아다. 한편 다른 관점에서 볼 때 마르크스주의와 자본주의 이데올로기는 둘 다 진보 개념을 기초로 하고 있고 자기들의 원칙들을 적용하면 필연적으로 사회 균형이 이루어진다고 확신한다는 점에서 훨씬 더한 유토피아들이다. 게다가 이 둘은 우리로 하여금 현재 너무 큰 대가를 치르게 하고 있는 중이다.

여기서 우리는 다가올 몇 년 사이에 시작될 투쟁은 실상 유토피아의 힘과 현실의 힘 사이에서 전개되는 것이 아니라, 현실 속에 자리를 잡으려고 애쓰는 유토피아들 사이에서, 그리고 이제는 가장 적은 대가를 치르게 하는 것이 어느 쪽인가 하는 선택만이 문제인 유토피아들 사이에서 전개될 것이라는 결론을 내릴 수 있다. 이성적으로 생각해볼 때 그 모든 유토피아들을 다 살리 겠다는 희망은 무리라 하더라도, 미래의 가능성을 남겨두기 위 해 적어도 사람들의 몸은 구하자고 제안할 수는 있다는 것이 나 의 믿음이다.

그러므로 살인의 합법화를 거부한다는 것이 오늘의 현실주의 적 태도들보다 더 유토피아적인 것은 아님을 알 수 있다. 문제는 오늘의 이 현실적 태도들이 요구하는 대가가 더 비싼가 덜 비싼 가이다. 이것이 우리가 또한 해결해야 할 문제다. 그러므로 여러 사람들과 여러 나라들을 진정시키는 데 필요한 조건들을 유토피 아와 관련하여 규정하는 것이 유익하다는 나의 생각은 해볼 만 한 것이다. 이러한 성찰은 그것이 두려움 없이, 겸손하게 이루어 지기만 한다면, 피해자도 가해자도 되고 싶지 않은 사람들 사이 에서 어떤 올바른 생각과 잠정적 화합의 조건들을 조성하는 데 도움이 될 수 있다. 물론 뒤에 이어질 다음의 논설들에서 중요한 것은 어떤 절대적인 입장을 규정하는 것이 아니라, 단지 현재 왜 곡되어 있는 몇 가지 개념들을 바로잡고 가능한 한 올바르게 유 토피아 문제를 제기하려고 노력하는 것이다. 요컨대 중요한 것 은 어떤 겸허한 정치적 사고, 다시 말해서 일체의 메시아주의에 서 해방된, 그리고 지상 천국에의 향수를 버린 겸허한 정치적 사 고의 조건들을 규정하는 일이다.

속임수에 걸려든 사회주의

　공개적으로 밝혀진 것이건 아니건, 10년 전부터 지금까지 우리가 겪어오고 있는 이 공포 상태가 아직도 종식되지 않았고 오늘날 여러 사람들과 여러 나라들이 느끼고 있는 불안의 가장 큰 부분을 차지하고 있는 것이 바로 그 공포라는 사실을 인정한다면, 그 공포에 맞설 수 있는 대책이 무엇인지 알아낼 필요가 있다. 여기서 제기되는 문제가 서양의 사회주의다. 왜냐하면 그 공포는 '목표가 수단을 정당화한다'는 원칙을 인정할 경우에만 정당한 것이 될 수 있으니 말이다. 그리고 그 원칙은 어떤 행동의 효율성이 절대적 목표로 제시되는 경우에만 용인될 수 있다. 각종 허무주의 이데올로기들(관건은 성공이므로 무슨 수단이건 다 허용된다)이나 혹은 역사를 하나의 절대로 삼는 철학들(헤겔, 그리고 이어서 마르크스. 목표가 계급 없는 사회이므로 그러한 사회로 인도하는 것이면 무엇이든 다 좋은 것이다)이 거기에 해당된다.

　예컨대 프랑스의 사회주의자들에게 제기된 것이 바로 그 문제인데 그들이 거리낌을 느끼게 된 것이다. 지금까지 그들로서는 매우 추상적인 개념밖에 갖고 있지 못했던 폭력과 억압이 현실로 나타나는 것을 목도한 것이다. 그리하여 그들은 자신들의 철학이 시키는 대로 자신들 스스로가 폭력의 행사를——일시적으로, 그리고 다른 목적을 위해서일지라도——용인할 수 있는지 자문해보았다. 최근에 생 쥐스트의 책머리에 붙인 서문 집필자는 이와 유사한 거리낌을 느끼고 있는 사람들에 대하여 말하면서 매우 경멸적인 어조로 "그들은 공포 앞에서 뒷걸음을 쳤다"고 썼다.[94] 더할 수 없을 만큼 옳은 말이다. 이리하여 그들은 강하고 우월한 영혼의 소유자들에게 멸시받기에 꼭 알맞은 꼴이 되어 곧장 공포 속으로 빠져들어갔다. 그러나 그와 동시에 그들은 우리들처럼 하찮은 사람들에게서 나오는 이 고통스러운 호소에 어떤 목소리를 부여했다. 그 숫자가 무수하게 많은 이 하찮은 인간들이야말로 역사를 만드는 재료이므로 그 모든 경멸에도 불구하고 언젠가는 고려의 대상이 되어야 마땅할 존재들이다.

우리 눈에 그보다 더 중요한 것으로 보이는 것은 오히려, 이 나라 사회주의자들이 처한 모순과 혼란을 이해하려고 노력하는 일이다. 이러한 관점에서 보면 최근 개최된 당 대회에서 드러난 바와 같은 프랑스 사회주의의 양심의 위기에 대하여 사람들은 충분할 만큼 깊이 생각해보지 않은 것이 분명하다. 우리의 사회주의자들은 레옹 블룸의 영향을 받아, 아니 그보다 더 여러 가지 사건들의 위협에 영향을 받아, 자신들이 지금까지 별로 강조한 바 없었던 도덕적 문제들을(목적이 모든 수단을 다 정당화하는 것은 아니다) 자신들의 일차적인 관심사에 포함시켰다. 그들의 정당한 바람은 살인보다 우위에 있는 몇몇 원칙들을 따르는 것

---

94) (옮긴이주) 장 그라시앵이라는 가명으로 디오니스 마스콜로는 생 쥐스트의 《전집》에 붙인 서문 〈생 쥐스트의 읽기가 가능한 것이라면〉에서 2차대전에 직면한 예술가들과 지식인들에 대하여 이렇게 말했다. 마스콜로는 카뮈와 함께 갈리마르 출판사의 편집위원이었다.

이었다. 그에 못지않게 명백한 사실은 바로 그 사회주의자들이 마르크스주의 독트린을 고수하고자 한다는 것이다. 그중 어떤 이들은 마르크스주의자가 되지 않고는 혁명적일 수 없다고 생각하기 때문에 그러는 것이고, 또 어떤 이들은 마르크스주의자가 되지 않으면 사회주의자도 될 수 없다고 그들을 설득하는 당의 역사에 매우 충실하기 때문에 그러는 것이다. 가장 최근에 개최된 전당 대회는 이 두 가지 경향을 강조했는데 그 전당 대회의 주요 과제는 그 두 경향을 절충하는 것이었다. 그러나 절충되지 않는 것을 절충할 수는 없는 법이다.

결국 마르크시즘이 진실이라면, 또 역사의 논리라는 것이 존재한다면, 정치적 리얼리즘이 정당하다는 것은 명백하다. 만약 사회당이 권장하는 도덕적 가치들이 법적으로 근거 있는 것이라면, 마르크시즘은 절대적으로 거짓이라는 것 또한 명백하다. 왜냐하면 스스로가 절대적인 진실임을 자처하기 때문이다. 이러한 관점에서 볼 때, 이상주의적이고 인간주의적인 방향으로 마르크시즘을 초극한다는 저 유명한 명제는 이치에 맞지 않는 농담이자 꿈일 뿐이다. 마르크스는 초극할 수 없는 것이다. 왜냐하면 그는 귀결의 궁극에까지 갔기 때문이다. 공산주의자들은 거짓과 폭력을 사용할 합리적 근거를 가지고 있는데 사회주의자들은 그런 것들을 원하지 않는다. 그런데 그럼에도 불구하고 사회주의자들이 고수하고자 하는 원칙들 자체와 부인할 수 없는 변증법에 의하여 공산주의자들은 그럴 근거를 가지는 것이다. 그러므로 우리는 사회주의 전당 대회가 서로 모순되는 두 가지 입장을 그냥 나란히 내세우는 것으로 끝나는 것을 보고도 놀라지 않았다. 결국 그 같은 선택이 무익하다는 사실은 최근 몇 번의 선거를 통해서 확인되었다.

이러한 관점에서 혼란은 계속되고 있다. 선택을 해야 했지만, 사회주의자들은 선택하기를 원하지 않았거나 아니면 선택할 수가 없었다.

내가 이러한 예를 골라 이야기하는 것은 사회주의를 비난하기 위해서가 아니라 우리가 처해 있는 역설적 상황을 명확히 해두기 위해서다. 사회주의자들을 비난하자면 그들보다 우월한 입장에 있어야 할 것이다. 아직은 그런 상황은 아니다. 오히려 그 반대로 그 모순은 내가 언급한 사람들 모두에게 공통된 것으로 보인다. 그 사람들은 행복하면서도 동시에 위엄 있는 사회를 갈망하고 사람들이 정의로운 조건 속에서 자유를 누리기를 원하지만, 자유를 누리다 보면 결국 정의가 속임을 당하고 정의를 구현하자면 처음에는 자유가 억압된다는 것을 잘 알고 있는 까닭에 자유와 정의 사이에서 주저하는 것이다. 이런 견디기 어려운 고민[95]은 보통 무엇을 믿어야 하고 무엇을 해야 하는지 잘 알고 있는 사람들에 의해서 웃음거리가 되어버린다. 하지만 그러한 고민을 조롱할 것이 아니라 그것을 따져보고 그것을 명확히 하고,

---

95) (옮긴이주) 자유의 요청과 정의의 요청을 서로 타협시키는 것은 카뮈의 중대한 관심사 중의 하나였다. 그러나 최종적으로 양자택일해야 할 때에 그는 언제나 자유를 택했다. 왜냐하면 "자유는 불의에 대하여 항의할 수 있는 힘을 간직하게 하고 상호 소통을 가능하게 하기 때문이다".

그것이 무엇을 의미하는지를 살펴보고, 그 고민을 자아내는 세상에 대하여 던지는 거의 전반적인 비난을 해석해냄으로써 그것을 떠받치고 있는 아주 가느다란 희망을 찾아내어야 한다는 것이 나의 생각이다.

그런데 희망은 바로 그 모순 속에 있다. 왜냐하면 그 모순이 사회주의자들에게 선택을 강요하고 또 앞으로도 강요할 것이기 때문이다. 사회주의자들은 목적이 수단을 보장해준다고, 따라서 살인이 정당화될 수 있다고 인정하든가, 아니면 절대적 철학으로서의 마르크시즘을 포기하고 마르크시즘 가운데서 아직도 유효한 경우를 자주 볼 수 있는 비판적인 일면을 취하는 것으로 만족하게 될 것이다. 사회주의자들이 이 양자택일에서 첫 번째 항을 선택한다면 양심의 위기는 종식될 것이고 상황은 분명해질 것이다. 그들이 두 번째 항을 수용한다면 그들은 이 순간이 바로 이데올로기들의 종말, 즉 끝내 자신들이 치러야 하는 대가에 의해 역사 속에서 자멸하는, 절대적 유토피아들의 종말임을 증명하게 될 것이다. 그때에야 비로소 좀 더 겸허하고 좀 덜 파괴적인 어떤 다른 유토피아를 선택할 필요가 있을 것이다. 적어도 이렇게 하여, 살인을 정당화하는 것에 대한 거부는 문제 제기를 불가피하게 만드는 것이다.

그렇다, 이것이 바로 제기해야 할 문제인바, 그 어느 누구도 이 문제에 대하여 감히 경솔한 답을 내놓지는 못할 것으로 생각된다.

왜곡된 혁명

1944년 8월 이래 우리나라에서는 모든 사람들이 혁명을 이야기하고 있다. 이때 역시 그들이 솔직하게 말하고 있다는 것은 의심의 여지가 없다. 그러나 솔직함 그 자체가 미덕은 아니다. 너무나 혼란스러워서 오히려 거짓말만도 못한 그런 솔직함도 있다. 오늘날 우리에게 중요한 것은 진심에서 우러난 말을 하는 것이 아니라 단지 분명하게 생각하는 것이다. 관념적으로 말하면, 혁명이란 더 많은 자유와 정의를 누릴 수 있는 세상이 되도록 정치, 경제 제도를 바꾸는 것이다. 현실적으로 말하면, 그것은 이 행복한 변화를 가져오는 역사적 사건들——흔히 불행한——의 총체를 말한다.

오늘날 이 혁명이라는 단어가 과연 고전적 의미로 사용되고 있다고 말할 수 있을까? 우리나라에서는 혁명을 말할 때면, 사람들은——그들이 냉정을 유지한다고 가정할 때——다수결의 법칙에 따른 입법을 통해서거나 아니면 소수에 의한 권력 탈취를 통해서 얻어진 소유 방식의 변화(대개는 생산 수단의 공유화)를 머릿속에 떠올리게 된다.

오늘의 역사적 상황 속에서는 이 일련의 개념들이 아무런 의미도 갖지 못한다는 것을 우리는 쉽게 알 수 있다. 한편, 폭력에 의한 권력 탈취는 군비 발전에 따라 허황된 것이 되어버린 낭만적인 생각이다. 한 정부의 탄압 장치는 탱크와 전투기의 무력을 고루 갖추고 있다. 그러므로 단순히 그런 정부에 맞서 힘의 균형을 유지하려고만 해도 탱크와 전투기가 필요할 것이다. 1789년과 1917년은 여전히 중요한 사건들이지만 이제는 더 이상 본보기가 되지 못한다.

그런데도 이러한 권력 탈취가 여전히 가능하고, 무기에 의해서든 법에 의해서든 그 권력 탈취가 이루어진다고 가정하더라도, 그것은 프랑스(혹은 이탈리아나 체코슬로바키아)가 세계로부터 따로 떨어진 별도의 세계라고 보았을 때 비로소 효력을 가질 것이다. 1946년이라는 우리의 역사적 현실 속에서 소유 체제의 변경은 예컨대 미국 금융 기관들에 엄청난 파장을 미칠 것이고 그로 인하여 우리 경제는 파멸의 위협 속에 놓일 것이니 말이다. 러시아가 수많은 공산주의 편향의 유권자들과 유럽 대륙 최강자라는 자신의 위상을 통해서 우리에게 안겨줄 음성적 장애들 때문에 우파 혁명 또한 가능한 것은 못 될 것이다. 모든 사람이 다 알고 있으면서도 말하지 않고 있을 뿐인 진실, 내가 분명하게 글로 쓰게 되어 유감스럽게 생각하는 진실은, 프랑스 사람으로서 우리는 혁명가가 될 자유가 없다는 사실이다. 아니 적어도 우리는 더 이상 고독한 혁명가가 될 수 없는 것이다. 왜냐하면 오늘날의 세계에서는 더 이상 단일 국가적 차원에서 펼칠 수 있는 보수 정치나 사회주의 정치란 있을 수 없기 때문이다.

그래서 우리가 운위할 수 있는 것은 국제적인 혁명뿐이다. 정확히 말하면 앞으로 혁명은 국제적인 규모가 아니면 아예 성립도 되지 않을 것이다. 그렇다면 이러한 표현은 대체 무엇을 의미하는 것인가? 국제적 개혁이 여러 나라의 국가적 혁명들의 결합이나 동시화에 의해서, 그러니까 말하자면 여러 가지 기적들의 합산에 의해서 이루어질 것이라고 생각하던 시대가 있었다. 앞서 우리가 내린 분석이 옳다면, 오늘날에는 이미 성공한 어떤 혁명의 확장 이외에는 생각할 수 있는 것이 없다. 스탈린은 바로 이 점을 똑똑히 깨달았던 것이다. 그것이 바로 우리가 그의 정치관에 대하여 내놓을 수 있는 가장 호의적인 설명이다(그가 똑똑히 깨달은 다른 한 가지는, 러시아인에게 말할 권리를 주는 것은 혁명의 이름으로 부정해야 한다는 것이다).

바꾸어 말해서 이는 유럽과 서양을 단일한 하나의 국가, 즉 제대로 무장한 중요한 소수가 마침내 권력을 쥐기 위하여 정복하여 싸울 수 있는 단일한 국가로 간주한다는 것을 의미한다. 그러나 보수 세력(이 경우 미국) 역시 제대로 무장하고 있으므로, 혁명의 개념이 오늘에 와서는 이데올로기 전쟁의 개념으로 대체되었다는 것을 쉽게 알 수 있다. 좀 더 명확하게 말하면, 국제적 혁명은 오늘날 전쟁이라는 극단적 위험을 수반하지 않고는 생각할 수 없는 것이다. 미래의 모든 혁명은 나라 밖에서 오는 혁명이 될 것이다. 그 혁명은 군사적 점령으로, 혹은 마찬가지 말이 되겠지만, 점령의 위협으로 시작될 것이다.[96] 그 혁명은 점령자가 세계의 나머지 지역에 대하여 결정적인 승리를 거둘 때 비로소 의미를 갖게 될 것이다.

국가들 내부에서 이미 혁명은 비싼 대가를 치르고 있다. 그러

---

96) (옮긴이주) 적군(赤軍)의 동유럽 진입으로 장차 그 지역 전체가 소련연방에 편입된다. 그것은 물론 1947~1948년에 가서야 공식적으로 실현되었지만.

나 혁명이 가져온다고 믿는 발전을 고려하여 사람들은 일반적으로 이러한 피해는 어쩔 수 없는 것으로 보고 받아들인다. 오늘날 전쟁으로 인하여 인류가 치러야 할 대가는 러시아나 미국의 세계 권력 장악에서 우리가 기대할 수 있는 발전과 객관적인 균형을 이루지 않으면 안 된다. 그러므로 나는, 그와 같은 결산과 아울러, 지금도 여전히 3,000여만 구의 시신들을 보관하고 있는 이 행성이 우리로 하여금 그 열 배가 넘는 희생을 치르게 만들 대재난을 겪고 나면 대체 어떤 모습이 될지 상상력을 발휘해보는 것이 절대적으로 중요하다고 생각한다.

나는 이런 추론 방식이 순전히 객관적이라는 것임을 지적해두고자 한다. 이것은 우선 이데올로기적이거나 감정적인 판단을 개입시키는 일 없이 현실의 평가만을 고려 대상으로 삼은 것이다. 이런 추론 방식은 어쨌든 경솔하게 혁명을 운위하는 사람들에게 스스로 반성하는 계기가 되어야 할 것이다. 혁명이라는 단어가 '오늘날' 내포하고 있는 의미는 통째로 다 받아들이거나 통째로 다 부정하거나 둘 중의 하나다. 그것을 받아들일 경우, 닥쳐올 전쟁을 의식하고 거기에 대하여 스스로 그 책임을 져야 한다. 그것을 부정할 경우, 자신이 현상 유지의 편임을 선언하든가——이는 역사의 정체를 전제로 한다는 점에서 완전한 유토피아다——아니면 혁명이라는 단어의 내용을 바꾸어야 하는데 이는 이를테면 상대적 유토피아에 동의하는 것이 된다.

이 문제를 어느 정도 생각해보고 난 나의 느낌은 이렇다. 오늘날 세상을 효과적으로 변화시키기를 갈망하는 사람들은, 불을 보듯 뻔히 보이는 시체 더미와 갑자기 정지된 역사라는 불가능한 꿈, 그리고 행동과 인간들에게 동시에 가능성을 부여하는 어떤 상대적 유토피아의 수용 사이에서 선택하지 않으면 안 된다. 그러나 반대로 이 상대적 유토피아가 유일하게 가능한 것이며 유일하게 현실 정신에서 우러난 것임을 알아차리는 것은 어려운 일이 아니다. 우리를 시체 더미에서 구해줄 미약한 가능성은 어떤 것일까, 이것이 다음 글에서 우리가 검토할 내용이다.

국제적 민주주의와 국제적 독재

오늘날의 세상에 고립된 섬이란 더 이상 존재하지 않으며 이제 국경 같은 것은 무의미하다는 사실을 우리는 알고 있다. 대서양을 건너는 데 하루가 채 걸리지 않고 모스크바에서 하는 말이 몇 시간이면 워싱턴에 전해지는 부단한 가속의 세계에서 우리는, 경우에 따라, 서로 연대하거나 공모하지 않을 수 없게 되었다는 사실을 알고 있다. 1940년대에 우리가 터득한 사실은, 프라하의 한 대학생에게 욕을 하면 그 욕은 동시에 파리의 클리시 거리에 살고 있는 노동자에게 피해가 되어 돌아온다는 것, 중부 유럽의 어느 강가에선가 흘린 피는 텍사스의 한 농부로 하여금 한 번도 본 적이 없었던 프랑스의 이 아르덴 지방 흙 위에다가 자신의 피를 뿌리게 만든다는 것이다.[97] 그러니까 이 세계에서는 그 어떤 개별적 고통, 그 어떤 개인적인 고문도 우리의 매일매일의

삶에까지 그 메아리가 전해지지 않은 것은 없었으며 또 앞으로
도 그러할 것이다.

많은 미국인들은 스스로 좋다고 생각하는 그들 자신의 사회
속에 계속 파묻혀 살아가기를 원한다. 많은 러시아인들은 아마
도 자본주의 세계에서 멀리 떨어진 국가사회주의의 경험을 계
속 추구해나가기를 원할 것이다. 그들은 이제 더 이상 그렇게 할
수 없고, 앞으로도 그럴 것이다. 마찬가지로 어떤 경제적 문제
도——그것이 아무리 부차적인 것처럼 보인다 할지라도——오
늘날 여러 나라들 간의 연대성 밖에서 해결될 수 없다. 유럽의
빵은 부에노스아이레스에 있고, 시베리아의 공작 기계들은 디트
로이트에서 제작된다. 오늘날엔 비극마저도 집단적이다.

그러므로 우리 모두가 한 치의 의심도 없이 굳게 믿거니와, 우
리가 모색하는 새로운 질서는 단순히 국가적이거나 심지어 대륙
적인 것일 수도 없고, 특히 서양적인 것이거나 동양적인 것일 수
는 없다. 그 새로운 질서는 범세계적인 것이어야 한다. 이제는 부
분적인 해결이나 양보를 기대하는 것은 불가능하다. 타협, 그것
은 즉 우리가 오늘 살아가고 있는 삶, 다시 말해서 오늘의 고민
이고 내일의 살인이다. 그런데 그 시간 동안 역사와 세계는 가속
화한다. 오늘 평화에 대해 논의하는 스물한 명의 귀머거리들[98],
즉 미래의 전쟁 범죄자들은 시속 1,000킬로로 그들을 심연의 구

---

97) (옮긴이주) 이 두 가지 예는 각기 공산주의 체제의 국제성과 자본주의 체제의 국
제성을 보여주는 것이다.

98) (옮긴이주) 독일의 옛 연합국들과 평화 조약을 다듬어가는 긴 과정의 일환으로,

렁텅이로 이끌고 가는 특급 열차 한가운데에 태연히 앉아서 단조로운 대화를 나눈다. 그렇다, 이 범세계적 질서는 헌법과 선거법에 대한 모든 논쟁을 넘어서는, 오늘의 유일한 현안이다. 그 문제는 우리의 지성과 의지의 모든 자원을 쏟아 붓기를 우리에게 요구한다.

오늘날 이 세계 통합에 도달하고 이 국제적 혁명을 실현하는 방법은 무엇인가? 그리하여 인간의 능력, 원료, 상품 시장, 정신적 부(富)가 보다 잘 재분배될 수 있도록 하는 길은 무엇인가? 내가 보기에 거기에는 두 가지 길밖에 없는 것 같은데 이 두 방법이 우리의 최종 선택을 규정한다. 내가 어제 말했듯이 이 세계는 다른 나라들보다 더 강력한 단 하나의 나라에 의해서 위로부터 통합될 수 있다. 러시아나 미국이 이런 역할을 하겠다고 나설 수 있다. 몇몇 사람들은 러시아나 미국이 자기네 사회의 모습을 본보기로 하여 이 세계를 통합시키고 지배할 수 있는 방법들을 갖추고 있다고 주장한다. 그런데 나는, 그리고 또 내가 아는 사람들 중 그 누구도 그 생각을 반박할 만한 것이라곤 아무것도 갖고 있지 않다. 프랑스인으로서, 더 나아가 지중해인으로서 나는 그 생각에 혐오감을 느낀다. 그러나 나는 이런 감정적 논거는 전혀 고려하고 싶지 않다.

우리가 제기하고자 하는 유일한 반론은 내가 최근의 어떤 글에서 밝힌 그대로 이런 것이다. 즉, 이 통합은 전쟁 없이는, 혹은

히틀러에 대한 승리에 기여한 21개국 대표들이 1946년 7월 29일에서 10월 15일까지 파리에서 모여서 회의를 연다.

적어도 전쟁의 극단적 위험 없이는 이루어질 수 없다는 것이다. 별로 믿어지지는 않지만 나는 그 전쟁이 핵전쟁은 아닐 수 있다는 데도 동의하겠다. 그렇다 해도 역시 내일의 전쟁은 무슨 질서에 대한 생각 그 자체를 결정적으로 시대착오로 만들어버릴 만큼 인류를 너무나도 엄청나게 훼손하고 빈곤하게 만들어놓을 것이라는 데는 변함이 없다. 마르크스는 1870년 전쟁을 정당화했는데 그것은 그럴 수도 있는 것이었다. 그 전쟁은 샤스팟식 소총으로 하는 전쟁이었고 국지전이었다. 마르크시즘의 전망 속에서는 수억 명에 달하는 사람들의 행복을 위한 대가로 10만 명 정도의 죽음은 아무것도 아니다. 그러나 그저 약속일 뿐인 나머지 사람들의 행복을 위해 바쳐지는 수억 명의 틀림없는 죽음은 너무 비싼 대가다. 마르크스가 경험하지 못한 역사적 사실인 저 현기증 나는 군비 확장은 목적과 수단의 문제를 새로운 방식으로 제기하지 않을 수 없게 만든다.

그리하여 여기서 수단은 목적을 산산조각 내버린다. 바라는 목적이 어떤 것이건, 그 목적이 아무리 높고 아무리 필요한 것이건, 그 목적이 인간의 행복을 성스럽게 받들기를 바라건 말건, 정의나 자유를 성스럽게 받들기를 바라건 말건, 그 목적을 달성하기 위하여 사용하는 수단이 너무나 결정적이고 그 규모에 있어서 성공의 가능성과 너무나 균형이 맞지 않는 위험 부담을 요구하는 것이어서 우리는 객관적으로 그 위험 부담을 거부할 수밖에 없다. 그러므로 그 보편적 질서를 담보하는 데 적절한 두 번째 수단, 즉 모든 당사자들의 상호 동의라는 수단으로 눈을 돌릴 필요가 있다. 여기서 우리는 바로 그 수단이 유일하게 가능한 것이라고 보기 때문에 그것의 가능성 여부는 묻지 않을 것이다. 우선 그러한 동의가 어떠한 것인지를 생각해보기로 하겠다.

당사자들 상호간의 이 동의를 우리는 국제적 민주주의라고 부른다. 물론 유엔에서는 모든 사람들이 다 국제적 민주주의를 운위한다. 한데 국제적 민주주의란 대체 무엇인가? 그것은 국제적인 성격의 민주주의이다. 내가 이처럼 뻔한 말을 하는 것을 용서해주기 바란다. 가장 자명한 진실들은 또한 가장 왜곡된 진실들이기도 하기 때문이다.

국가적 민주주의 혹은 국제적 민주주의는 무엇인가? 그것은 모든 사람의 의지의 표현이고 입법부에 의해 대표되는 법이 정부 위에 있는 사회 형태다. 바로 그것이 오늘날 사람들이 만들어보려고 애쓰는 그것인가? 실제로 사람들은 우리에게 어떤 국제적인 법을 마련해주려 한다. 그러나 이 법은 정부들에 의해서, 다시 말해서 행정부에 의해서 만들어지거나 해체된다. 그러니까 우리는 국제적인 독재 체제 속에 있는 것이다. 그 체제에서 벗어나는 유일한 방법은 그 국제적인 법을 정부들 위에 두는 것, 그러니까 그 법을 만드는 것, 그러니까 하나의 의회를 가지는 것, 그러니까 모든 나라 국민들이 참여하는 전 세계 차원의 선거를 통해서 그 의회를 구성하는 것이다. 그런데 우리는 그런 의회를 갖고 있지 않기 때문에, 유일한 방법은 국제적인 차원에서, 그리고 추구되는 목적에 위배되지 않는 수단에 따라, 이 국제적인 독재에 저항하는 것이다.[99]

세계는 빨리 돌아간다

　정치사상이 점점 더 현실의 정세에 대처하지 못하고 끌려간다
는 것은 누구의 눈에나 분명한 사실이 되었다. 예컨대 프랑스인
들은 1870년의 전쟁 수단들을 가지고 1914년의 전쟁을 시작했
고 1918년의 수단들을 가지고 1939년의 전쟁을 시작했다. 하지
만 시대착오적 사상은 프랑스만의 특기는 아니다. 이 자리에서
는, 사실상 오늘날의 주요 정책들이 자본주의적 자유주의와 관
련해서는 18세기에 형성된 원칙들에 의해서, 이른바 과학적이
라고 하는 사회주의와 관련해서는 19세기에 형성된 원칙들에
의해서 세계의 미래를 결정하겠다고 나선다는 점을 강조하는 정
도면 충분할 것이다. 첫 번째 경우에는 현대 산업주의의 초기에
생겨난 어떤 사상이, 두 번째 경우에는 다윈의 진화론과 르낭의
낙관주의의 어떤 현대적 독트린이 원자 폭탄과 급격한 변화의
시대와 니힐리즘 시대의 방정식을 세우는 방안으로 제시된다.
정치적 사상과 역사적 현실 사이의 날이 갈수록 더욱 불행해져
가는 괴리를 이보다 더 잘 드러내 보이는 것은 아무것도 없을 것
이다.

　물론 정신은 항상 실제 세상 돌아가는 모습보다 늦다. 정신이
명상에 잠겨 있는 동안 역사는 달린다. 하지만 이 피할 수 없는
편차는 오늘날 역사의 가속화에 비례하여 커져가고 있다. 오늘

---

99) (옮긴이주) 자유주의적이며 연방주의적인 사고를 바탕으로 한 카뮈의 국제주의
는 1946년 당시에는 아직 그 태동기에 처해 있던 유엔에 대하여 매우 비판적이었다.

날 세계는 그 전 200년 동안에 변한 것보다 지난 50년 동안에 더 많이 변했다. 그리고 오늘날에는 국경이란 것이 추상적인 것임을 모든 나라 국민들이 다 알고 있는데도 세계는 지금 국경 문제들을 해결하는 데 매달리고 있는 것을 볼 수 있다. 21개국 회의에서 외견상 지배적 관심사는 여전히 국적의 원칙이다.[100]

우리는 역사적 현실에 대한 분석에 있어서 이 점을 고려해야 한다. 우리는 오늘날 독일 문제 주변으로 우리의 성찰을 집중시키고 있는데, 그것은 우리를 위협하고 있는 열강들의 충돌에 비하면 부차적인 문제일 뿐이다. 그러나 만약 우리가 내일에 가서야 비로소 러시아-미국 문제와 관련하여 국제적 해결책들을 모색한다면 우리는 또다시 시대에 뒤처질 우려가 있을 것이다. 열강들의 충돌은 문명의 충돌에 비해본다면 이미 부차적인 것이 되어가고 있다. 과연 여기저기서 식민지화된 문명들이 자기 목소리를 내고 있다. 10년 후, 50년 후에는 서구 문명의 우위가 도마 위에 오를 것이다. 그러므로 지금 당장 그 문제를 생각하고 그런 문명들에 세계 의회의 문을 개방하여 열어 그 의회의 법과 그 법이 확립하는 질서가 진정 범세계적인 것이 되게 하는 편이 낫다.

오늘날 거부권으로 인하여 제기되는 문제들은 왜곡되었다. 유엔에서 서로 대립하는 다수나 소수가 왜곡되어 있기 때문이다. 다수라는 것이 자기들 대표자들에 의해 대표되는 국민 다수가

---

100) (옮긴이주) 앞의 주 89 참조.

아니라 장관들의 다수인 한, 그리고 바로 모든 국민들이 거기에서 대표되지 않는 한, 소련은 언제나 다수의 법칙을 반박할 권리를 갖게 될 것이다. 이 다수가 어떤 의미를 갖게 되는 날, 각자가 그 다수를 따르든지 아니면 다수의 법 자체를 거부해야 할 것이다. 다시 말해서 자신의 지배 의지를 공개적으로 선언해야 할 것이다.

마찬가지로, 만약 우리가 세계의 이 가속화 현상을 항상 염두에 둔다면 오늘날의 경제 문제를 제기하는 좋은 방법을 발견할 가능성이 있을 것이다. 1930년에 사람들은 사회주의의 문제를 더 이상 1848년에 다루었던 것처럼 다루지 않았다. 소유권의 폐지에 이어 생산 수단의 공영화 기술이 뒤따랐다. 그리고 실제로 이 기술은 동시에 소유권의 운명을 결정했을 뿐만 아니라 경제 문제가 제기되는, 보다 확장된 척도를 고려에 넣게 되었다. 그러나 1930년 이후 이 척도가 또다시 더 확장되었다. 그리고 정치적 해결이 국제적일 수도 있고 아닐 수도 있는 것처럼, 마찬가지로 경제적 해결은 '우선' 석유, 석탄, 우라늄 같은 국제적 생산 수단들을 대상으로 해야 한다. 만약 생산 수단의 공유화가 이루어져야 한다면 그것은 모든 사람들에게 필요불가결한, 그리고 사실은 그 누구의 것도 아닌 그 자원들에 대하여 이루어져야 한다.

이러한 시각은 어떤 사람들의 눈에는 유토피아적으로 보이지만, 전쟁의 가능성을 받아들이기를 거부하는 모든 사람들에게는 그것이 전적으로 긍정하고 옹호해야 마땅한 일련의 원칙들이다. 한편, 우리가 그와 같은 생각에 접근할 수 있는 길들로 말하자면, 그 길들은 과거의 사회주의자들과 오늘날 전 세계에 걸쳐 개별적으로 흩어져 있는 인간들의 결합 없이는 상상할 수 없다.

어쨌든, 끝으로 한 번 더, 결론적으로, 유토피아적이라는 비난에 답해보기로 한다. 우리 눈에 문제는 간단해 보이기 때문이다. 즉, 낡은 사고방식들이 우리에게 마련해주고 있다시피, 문제는 바로 유토피아냐 전쟁이냐 하는 것이다. 오늘날 세계는 시대착오적 정치사상과 유토피아적 사상 양자 중에서 선택을 해야 한다. 시대착오적 사상은 현재 우리를 죽이고 있다. 우리가 (내가) 아무리 경계하는 태도를 취한다 하더라도 우리는 그러니까 현실적 정신에 따라 그 상대적 유토피아로 되돌아오지 않을 수 없는 형편이다. 그 상대적 유토피아가 같은 종류의 많은 다른 유토피아들처럼 역사 속으로 되돌아오게 되면 사람들은 더 이상 다른 현실은 상상할 수 없을 것이다. '역사'는 절망한 인간이 그들의 꿈들 중에서 가장 통찰력 있는 꿈들에 구체적 모습을 부여하기 위한 절망적 노력일 뿐이라는 생각이 그만큼 절실하게 느껴지는 것이다.

새로운 사회 계약

　간단히 말해보겠다. 모든 나라의 모든 인간들의 운명은 세계 평화와 세계 기구의 문제가 해결되지 않고는 해결되지 않을 것이다. 그 혁명이 이루어지기 전에는 세계 어느 곳에서도 유효한 혁명은 없을 것이다. 오늘날 프랑스에서 그와 다르게 하는 말은 모두 다 쓸데없거나 이해관계가 얽힌 말이다. 심지어 그보다 더 한 말도 할 수 있다. 평화가 이룩되지 않는 한 이 세계 어느 지점에서건 소유 양식은 항구적으로 바뀌지 않을 것이고 그뿐만 아니라 일용할 빵, 유럽의 배를 쥐어짜는 대규모의 굶주림, 석탄 등과 같은 가장 단순한 문제들까지도 아무런 해결책을 찾아낼 수 없을 것이다.

　거짓말과 살인을 정당화할 수 없음을 떳떳하게 인정하는 모든 사유는 조금이라도 진실에 신경을 쓸 경우 이런 결론에 이르게 마련이다. 그러므로 그러한 사유는 또한 이 논리에 조용히 따르는 도리밖에 없다.

　그 사유는 다음과 같은 것을 인정하게 될 것이다. 1. 국내 정치란 그것만 따로 떼어서 고찰할 경우 그야말로 부차적인 것으로, 사실은 생각도 할 수 없는 것이다. 2. 유일한 문제는 마침내 지속적인 구조 개혁을 가져다줄 어떤 국제 질서를 수립하는 것이다. 혁명은 바로 그 구조 개혁에 따라 규정되는 것이다. 3. 국가들 내부에는 이제 일시적으로 해결해야 할, 좀 더 분명하게 표현하자면, 더 일반적이기 때문에 더 효과적인 정치적 해결이 나기 전까지 해결해야 할 행정적 문제들이 존재할 뿐이다.

예를 들어, 프랑스 헌법은 그것이 정의와 대화를 기초로 한 어떤 국제 질서에 도움이 되는지 여부와 관련해서만 평가될 수 있다고 해야 마땅하다. 이러한 관점에서, 가장 단순한 인간의 자유들에 대한 우리 헌법의 무관심은 비난받을 만하다. 식량 보급의 임시 기구가 국유화나 선거 통계보다 열 배는 더 중요하다는 것을 인정해야 할 것이다. 국유화는 단 하나의 국가 내에서는 지속되지 못할 것이다. 그리고 설령 식량 보급 역시 단일 국가 차원에서는 해결될 수 없는 것이라 해도, 그것은 적어도 더 절박한 문제여서 임시적인 궁여지책이라도 동원하지 않을 수 없게 만드는 것이다.

따라서 이 모든 것은 국내 정치에 대한 우리의 판단에 지금껏 결여되어 있었던 평가 기준을 제공할 수 있다. 《로브》지에 실린 30편의 사설이 《뤼마니테L'Humanité》에 실린 30편의 사설과 매달 대립각을 세워봐야 아무 소용 없는 일이다. 그 사설들은 그 일간지들이, 그들을 대표하는 당, 그리고 그 지도자들과 더불어, 국민 투표를 거치지 않고 이루어진 브리그와 탕드의 통합을 용인했다는 것[101], 그리하여 국제적 민주주의에 대한 똑같은 파괴 시도에 함께 가담했다는 사실을 우리로 하여금 잊게 할 수는 없

---

101) (옮긴이주) 주민들의 의사를 물어보지 않은 채 1947년 2월 10일 이탈리아와 맺은 평화 조약은 탕드와 라 브리그 두 마을의 프랑스 합병을 결정하게 된다. 같은 해 10월 12일에 주민들의 동의 없이는 일체의 합병을 금지하는 새로운 헌법 27조를 바탕으로 하는 국민 투표가 실시된다.

을 것이다. 비도 씨[102]와 토레즈 씨[103]는, 선의에서건 악의에서 건, 또한 국제적 독재 원칙을 똑같이 조장하고 있는 것이다. 이 러한 시각에서 본다면, 그리고 사람들이 그에 대하여 어떻게 생 각하건 간에, 그들은 우리 정치에서 현실을 대표하는 것이 아니 라 가장 불행한 유토피아를 대표하고 있다.

그렇다, 우리는 국내 정치에서 그러한 유토피아의 중요성을 제거해야 한다. 코감기에 쓰이는 치료법으로는 페스트를 치료하 는 것이 아니다. 전 세계를 강타하는 위기라면 범세계적인 척도 에서 해결되어야 한다. 개개인에게 비참과 두려움의 무게를 덜 어주는 데 목적을 둔 만인을 위한 질서, 그것이 오늘날 우리의 필연적 목표다. 그러나 그것은 어떤 행동과 희생들, 즉 사람들을 요구한다. 오늘날 드러내지 않은 채 마음속으로 폭력과 살육을 저주하는 사람들은 많이 있지만, 그런 마음에는 마땅히 스스로 의 생각이나 행동의 재검토가 뒤따라야 한다는 것을 인정하려는 사람들은 많지 않다. 그러나 그렇게 노력하려는 사람들의 경우, 거기서 온당한 희망과 어떤 행동의 규칙을 찾아낼 수 있을 것이 다.

그들은 현 정부들에 별로 기대할 게 없다는 것을 인정할 것이 다. 왜냐하면 이 정부들은 살인적 원칙들에 따라 살고 행동하기

---

102) (옮긴이주) 조르주 비도(1899~1983). 레지스탕스 전국평의회 의장, 국무회의 의장, 제4공화국 외무장관 등을 역임한 기독교 민주당계 정치인. 《로브》지의 논객으로 유명해졌다.

103) (옮긴이주) 모리스 토레즈(1900~1964). 정치가, 1930년 공산당 서기장, 1945~1946년 국무위원. 앞의 《뤼마니테》지는 공산당 기관지.

때문이다. 희망이 있다면 더할 수 없이 힘든 수고뿐이니 그것은 바로 불치의 선고를 받은 사회의 내부에서 어떤 살아 있는 사회를 다시 건설하기 위하여 만사를 처음부터 재점검하는 수고라고 하겠다. 그러므로 이러한 사람들 한 명 한 명이 국경 내부에서, 그러나 국경을 초월하여, 보다 합리적인 원칙들에 따라 그들을 서로 결합해줄 새로운 사회 계약을 다시 체결하지 않으면 안 된다.

내가 앞서 말한 평화 운동은 여러 국가들 내부에서는 노동 공동체들을 바탕으로 구체화되고, 국경을 초월해서는 성찰의 공동체들을 바탕으로 구체화될 수 있을 것이다. 전자는 협력 방식에 대한 쌍방 합의 계약에 따라 가능한 한 많은 개인들의 고통을 덜어줄 것이고, 후자는 이 국제적 질서를 지탱하는 동시에 기회 있을 때마다 그 국제 질서를 옹호해줄 가치들을 규정하고자 노력할 것이다.

보다 정확하게 말해서, 이 후자 공동체들의 과제는 공포의 혼란에 대하여 분명한 언어로 대처하는 동시에 평화를 회복한 한 세계에 없어서는 안 될 가치들을 규정하는 일이다. 사형제의 전반적 폐지[104]를 첫 번째 조항으로 하는 국제법, 모든 대화의 문명에 필요한 원칙들의 명시는 그 과제의 첫 번째 목표들이 될 것이다. 이러한 작업은 오늘날의 서구 정신이 애타게 갈망하는 우

---

104) (옮긴이주) '국제적 차원'에서의 사형제 폐지는 카뮈의 폐지 운동의 핵심적 성격들 중 하나다. 1957년에 발표된 《단두대에 대한 성찰》에서는 사형제 폐지가 유럽의 차원에서 거론된다.

정의 욕구에 반드시 필요한 정당화의 가능성을 그 어떤 철학에서도 발견하지 못하고 있는 한 시대의 요구에 부응할 것이다. 그러나 분명 중요한 것은 무슨 새로운 이데올로기를 정립하자는 데 있는 것이 아니다. 중요한 것은 단지 어떤 삶의 양식을 모색하는 일일 것이다.

어쨌든 바로 이러한 것이 성찰해야 할 주제들인바 나는 이 글들의 틀 안에서는 그에 대하여 상술할 겨를이 없다. 다만 조금만 더 구체적으로 말해두자면 이렇다. 그 어떤 상황에서든 권력에 모범으로 맞서고 지배에 설득으로 맞서고 모욕에 대화로 맞서고 계략에 단순한 명예로 맞서기로 각오할 사람들, 현재 사회의 모든 이점들을 거부하고 자신들을 다른 사람들과 이어주는 임무와 과제만을 받아들일 사람들, 지금까지 따져보았던 행동 원칙들에 따라 특히 교육, 그다음으로 언론과 여론의 방향을 이끌어가려고 노력할 사람들, 바로 이런 사람들은 유토피아의 방향으로 행동하는 것이 아니라 가장 정직한 현실주의에 따라 행동할 것이 분명한 것이다. 그들은 미래를 준비할 것이고, 그렇게 함으로써 당장 오늘부터라도 우리를 억압하는 장벽들 중 몇몇을 무너뜨리게 될 것이다. 만약 현실주의가 현재와 미래를 함께 고려하고 최소의 희생으로 최대를 얻는 기술이라고 한다면, 그때 가장 맹목적인 현실이 바로 그들의 몫이리라는 것을 누가 알아보지 못하겠는가?

이러한 사람들이 떨쳐 일어설 것인지 일어서지 않을 것인지 나로서는 전혀 알 길이 없다. 그들 중 대부분이 이 순간에도 깊은 생각에 잠겨 있을 가능성은 충분히 있고 그것은 좋은 일이다. 그러나 그들의 행동의 효력이 용기와 불가분의 관계에 있다는 것은 분명하다. 생명을 구해야 한다는 본질적인 일에만 전념하기 위하여 지금 당장은 자신의 몇몇 꿈들을 포기하는 용기 말이다. 그리고 이쯤에서는 아마도 끝을 맺기 전에 목소리를 높여야 할 것 같다.

대화를 향하여

그렇다, 목소리를 높여야 할 것 같다. 지금까지 나는 감정의 힘에 호소하는 것을 자제했다. 오늘날 우리를 으깨버릴 듯이 짓누르는 것은 하나에서 열까지 다 우리 자신이 만들어낸 어떤 역사 논리인데 그 논리의 매듭이 결국은 우리의 숨통을 조이고 말 것이다. 그런데 당치 않은 이론의 매듭을 끊을 수 있는 것은 감정이 아니라 스스로 알고 있는 자신의 한계 안에서 이치를 따지는 이성이다. 그러나 나는 세계의 미래가 우리의 분노의 힘과 사랑의 힘이 없이도 꾸려질 것이라는 믿음을 끝내 방치해두고 싶지 않다. 사람들이 행동을 개시하기 위해서는 위대한 동기가 필요하며, 목표가 너무나 한정되어 있고 희망의 몫이 지극히 미미한 전투를 위해 그들이 자발적으로 움직이는 것은 어렵다는 것은 나도 잘 알고 있다. 하지만 중요한 것은 사람들을 이끌어 들이는 데 있는 것이 아니다. 그와 반대로 핵심은 누구에게 이끌려서 행동하지 않는 것, 그리고 자기가 지금 무엇을 하고 있는지를 똑똑히 깨닫는 것이다.

미래가 단지 가능한 것으로 남아 있도록 아직 구할 수 있는 것을 구하라, 이것이 바로 우리에게 요구되는 위대한 동기요 열정이요 희생이다. 여기에 요구되는 것은, 다만 사람들이 그것에 대해 진지하게 성찰할 것이며, 여전히 가늠되지 않는 목표들을 위하여 사람들의 고통에 또 다른 고통을 더해야 할 것인지, 세상이 무기로 뒤덮이는 것을, 또다시 형제끼리 서로 죽고 죽이는 것을 용인해야 할 것인지, 아니면 그와 반대로 우리보다 더 훌륭하게 대비가 되어 있을 다음 세대들에게 기회를 주기 위해서라도 가능한 한 유혈과 고통을 면하게 해야 할 것인지 분명하게 결정하는 것이다.

나로 말하자면, 나는 이미 선택을 했다고 분명히 말할 수 있을 것 같다. 그리고, 일단 선택을 하고 난 이상 나는 입을 열어야 하고 나는 결코 더 이상 살인을 용인하는 사람들——그들이 어떤 사람들이든——의 일원이 되지는 않을 것이라고 말해야 하며 그에 합당한 결론을 끌어내야 할 것 같았다. 일이 끝났으니 오늘은 여기서 그치고자 한다. 그러나 그 전에 나는 내가 어떤 정신을 가지고 지금까지 말을 했는지를 여러 사람들이 잘 느끼기를 원한다.

사람들은 우리에게 이러저러한 나라, 이러저러한 국민을 좋아하거나 싫어하기를 요구한다. 그러나 우리는 우리가 모든 사람들과 닮았다는 것을 너무나 잘 의식하고 있기 때문에 그 같은 선택을 받아들일 수가 없는 사람들에 속한다. 톨스토이와 고리키가 말하듯, 러시아 국민이 끊임없이 세상의 누룩으로서 존재해온 것에 감사하는 표시로 그 국민을 사랑하는 가장 좋은 방법은 그들이 강대국의 모험을 감행할 것을 기원하는 것이 아니라, 그토록 많은 시련을 겪고 난 그들이 또다시 끔찍한 피를 흘리는 일이 없도록 해주는 것이다. 미국 국민이나 불행한 유럽의 경우도 마찬가지다. 사람들이 광란의 세월 속에서 잊고 있는 것은 바로 그런 종류의 초보적 진실들이다.

그렇다, 오늘 싸워서 물리쳐야 할 것은 두려움과 침묵, 그리고 그와 함께, 그것에 기인하는 정신과 영혼의 분리다. 지켜야 할 것은 대화, 그리고 인간들 상호간의 보편적 의사소통이다. 예속, 불의, 거짓은 그 의사소통을 저해하고 그 대화를 가로막는 재앙이다. 그렇기 때문에 우리는 그런 것들을 거부해야 하는 것이다. 하지만 오늘날엔 이런 재앙들이 바로 역사의 재료이고, 그렇다 보니 많은 사람들이 그 재앙들을 필요악으로 여긴다. 우리는 역사 속에 목이 파묻힐 정도로 깊이 몸담고 있기 때문에 역사에서 벗어날 수가 없는 것이 사실이다. 그러나 우리는 역사에 속하지 않는 인간적 몫을 보호하기 위해서 역사 안에서 싸울 것을 주장할 수는 있다. 바로 이것이 내가 말하고자 했던 것의 전부다. 어쨌든 나는 논증을 통해서 이러한 태도와 이 글의 정신을 더 잘 규정할 수 있을 것이므로, 끝맺기에 앞서, 나는 사람들이 그 논증에 대하여 한번 공정하게 생각해봤으면 한다.

하나의 엄청난 경험이 오늘날 힘과 지배의 법칙에 따라 세계 모든 나라를 움직이고 있다. 나는 이 경험이 계속되는 것을 막아야 한다고도, 방치해야 한다고도 말하지 않겠다. 그 경험은 우리의 도움을 필요로 하지 않으며, 지금 당장은 우리의 반대를 우습게 여긴다. 그러므로 그 경험은 계속될 것이다. 나는 단지 이런 질문을 던져보고 싶다. "만약 이 경험이 실패한다면, 그럼에도 불구하고 많은 지성이 토대로 삼고 있는 역사의 논리가 어긋나게 된다면 어떻게 될 것인가?" 만약 두세 번의 전쟁에도 불구하고, 여러 세대와 몇몇 가치들의 희생에도 불구하고 우리 자손들이——그런 자손들이 존재한다고 가정할 때——그 범세계적인 사회에 더 가까이 접근하지 못한다면 어떻게 될 것인가? 이 경험에서 살아남은 사람들이 자신들이 맞이한 단말마의 고통을 증언할 힘마저 갖지 못하게 될 수도 있다. 어쨌든 경험은 계속되고 있고, 또 앞으로도 경험은 어쩔 수 없이 계속될 것이므로, 우리를 기다리고 있는 묵시록적인 역사를 따라가는 동안 줄곧, 사람들이 겸허한 성찰을 지속해나가는 것을 자신의 과제로 삼는 것은 나쁘지 않다. 모든 것을 다 해결하겠다고 덤비지 말고, 어느 한순간, 매일매일의 삶에 어떤 의미를 부여할 준비를 갖추게 될 겸허한 성찰 말이다. 가장 중요한 것은 이러한 사람들이 스스로 치러야 할 대가를 똑똑히, 그리고 에누리 없이, 헤아리는 것이다.

이제 나는 결론을 내릴 수 있다. 이 순간 내 눈에 바람직해 보이는 것은 오직, 살인의 세상 한가운데서 사람들이 살인에 대하여 깊이 명상해본 다음 선택하기로 다짐하는 것뿐이다. 그렇게만 할 수 있다면 그때 우리는, 부득이한 경우 하는 수 없이 살인자가 되는 것을 받아들이는 사람들과 온 힘을 다해 살인자가 되기를 거부하는 사람들, 두 부류로 나누어질 것이다. 이런 끔찍한 구분은 분명 존재하는 것이므로, 그 구분을 분명히 하는 것은 적어도 하나의 진전이라 할 수 있을 것이다. 장차 다가올 여러 해 안에 다섯 대륙 전체에 걸쳐 폭력과 포교 사이에서 끝없는 싸움이 이어질 것이다. 폭력이 이길 가능성이 포교가 이길 가능성보다 천 배는 더 큰 것이 사실이다. 그러나 나는 항상, 인간의 조건 속에서 희망을 품는 인간이 미치광이라면, 전개되는 사건들에 절망하는 사람은 비겁자라고 생각해왔다. 그리고 이제부터는 말이 총탄보다 더 강한지 어떤지 마침내 결판을 내게 될 이 가공할 도박을 고집스럽게 밀고 나가는 것이 오직 하나 명예로운 일이 될 것이다.

에마뉘엘 다스티에 드 라 비주리에게
보내는 두 개의 답변[105]

105) (옮긴이주) 1946년 〈피해자도 가해자도 아닌〉이 처음 발표될 무렵에는 세계가 양대 진영으로 분할될 것이 예견되었지만 1년 뒤에는 이미 그 예측이 기정사실화되었다. 사람들은 벌써 3차대전을, 그것도 핵전쟁을 우려했다. 1947년 카뮈는 비공산계 좌파 지식인들과 함께 미소 양쪽에 다 같이 거리를 두고 중립을 지키며 평화를 위해 노력하려는 유럽 차원의 정치 운동에 참가했다. 장 다니엘이 주도한 잡지 《칼리방》에 〈피해자도 가해자도 아닌〉의 텍스트 전체를 전재하도록 허락한 것도 이 운동과 무관하지 않았다. 이 글을 읽은 에마뉘엘 다스티에 드 라 비주리는 그에 대한 비판, 〈피해자를 가해자들의 손에서 빼내라—알베르 카뮈에 답한다〉를 같은 잡지 1948년 3월 15일호에 발표했다. 에마뉘엘 다스티에 드 라 비주리는 전후 가장 주목되는 공산당 '동반자'들 중 한 사람이었다. 1936년까지는 극우파에 가까운 기자로 활동했으나 1940년 패전에 충격을 받아 레지스탕스에 뛰어들어 '리베라시옹 쉬드Libération Sud'를 결성했다. M.U.R.(레지스탕스운동연합)와 M.L.N.(민족해방운동)의 틀 속에서 '콩바', '프랑티뢰르' 등 주류 레지스탕스 운동과 관련을 맺으면서도 '리베라시옹 쉬드'는 공산당 쪽으로 기울어진다. 드골이 앙리 프르네와 같은 자격으로 레지스탕스의 큰 지도자로 간주했던 그는 1943년에서 1944년까지 자유프랑스의 내무위원이 되었다. '붉은 유격대장'이라는 별명을 가진 그는 해방 후 공산당의 재정 지원을 받아 잡지 《리베라시옹》을 창간하여 주간이 된다. 1945~1956년 동안 친공산계 국회의원으로 공산주의 이념으로 뒷받침된 평화 운동에 몰두하나 1956년 소련의 헝가리 개입을 비판하면서 드골파로 돌아섰고 독립주의 정책을 지지했다. 다스티에는 그 첫 번째 비판에서 카뮈에게 정치를 기피하고 모럴 뒤에 숨는다고 지적했다. '몸을 구한다'는 단 한 가지 일에만 매달리면서 카뮈는 결국 자본주의와 부르주아의 공모자가 된다는 것이었다. 이 글은 그에 대한 대답이다.

첫 번째 답변
(《칼리방*Caliban*》, 16호[106])

당신이 당신의 답변에 붙인 제목[107]은 내겐 경망스러워 보이지만 거기에 대해서는 그냥 넘어가기로 하겠습니다. 또한 내가 유리하게 이용할 수 있지만 그러고 싶지 않은 두세 가지 모순점에 대해서도 그냥 넘어가겠습니다. 나는 애써 당신과 맞서 이기려 들고 싶지 않습니다. 나의 관심은 핵심적인 것에 대해서 당신에게 답하는 데 있습니다. 그런데 바로 거기서부터 나의 당혹스러움이 시작됩니다. 다름이 아니라 당신은 핵심을 말하지 않았고, 당신이 내게 의의를 제기한 부분은 대개 가장 지엽적인 것이거나 아니면 근거 없는 것으로 보이니 말입니다. 내가 우선 거기에 대해 답변하려고 하는 것은 단지 자유로운 여지를 확보하기 위해서입니다.

비폭력을 반박하는 것은 나를 반박하는 것이 아닙니다. 나는

---

106) (옮긴이주) 실제로는 17호다.
107) "피해자를 가해자들의 손에서 빼내라".《칼리방》, 15호.

한 번도 비폭력을 옹호한 적이 없습니다. 그것은 논쟁의 편의를 위해 나에게 억지로 덮어씌운 하나의 태도일 뿐입니다. 나는 남이 공격하면 거기에 축복으로 대응해야 한다고는 생각지 않습니다. 나는 폭력이 피할 수 없는 것이라고 생각합니다. 독일 점령시대가 내게 그것을 가르쳐주었습니다. 요컨대 그 당시에는 끔찍한 폭력들이 자행되었지만 그것들은 내게 아무런 문제도 제기하지 않았습니다. 그러므로 나는 무슨 폭력이든 폭력은 다 없애야 한다는 말은 결코 하지 않을 것입니다. 폭력을 없애는 것은 바람직하지만 실제로는 비현실적인 환상입니다. 나는 단지 어떤 폭력이든 폭력을 정당화하는 것은 거부해야 한다고, 그 정당화는 절대 국가의 국시(國是)로부터, 혹은 전체주의 철학으로부터 폭력에 주어지는 것이라고 말합니다. 폭력은 피할 수도 없지만 동시에 정당화될 수도 없는 것입니다. 나는 폭력이 그것 특유의 예외적 성격을 그대로 지니고 있도록 해야 하며, 폭력을 최대한 한정된 범위 안에 제한해놓아야 한다고 생각합니다. 그러므로 나는 비폭력을 부르짖지도 않고——불행하게도 나는 비폭력이 불가능하다는 것을 알고 있으니까요——익살꾼들이 말하듯이 비폭력의 성스러움을 부르짖지도 않습니다.[108] 나는 나 자신을 너무도 잘 알기에 온통 순수하기만 한 덕성을 믿지 않습니다. 그러나 사람들이 정반대되는 논거를 가지고 테러를 정당화하는

---

108) (옮긴이주) 소설 《페스트》를 발표했을 때 그 소설에 등장하는 인물 타루를 통해서 카뮈가 세속적인 '성스러움'을 표방했다는 식의 해석이 널리 퍼져 있었는데 여기서는 그것을 암시한 것이다.

데 혈안이 되어 있는 세계에서 나는 폭력에 어느 정도 제한을 가해야 하고, 폭력이 불가피할 경우 폭력을 어떤 영역에 한정시켜야 하며 폭력이 그 광란의 극에 이르지 않도록 막아서 그 끔찍한 영향을 완화시켜야 한다고 생각합니다. 나는 마음 놓고 저지르는 폭력에 혐오감을 느낍니다. 나는 행동보다 말이 앞서는 사람들에 대하여 혐오감을 느낍니다. 바로 그 점에서 나는 우리의 몇몇 위대한 지성들과 뜻을 달리하게 됩니다. 만약 그들이 몸소 사형 집행을 위해 총을 든다면 나는 살인을 부르짖는 그들을 더 이상 경멸하지는 않을 것입니다.

당신은 글의 첫머리에서 내가 어떤 이유로 레지스탕스 측에 가담했는지 물었습니다. 그것은 나를 포함하는 몇몇 사람들에게는 의미 없는 질문입니다. 나는 레지스탕스가 아닌 다른 쪽에 가 있는 나를 상상할 수가 없었습니다. 그뿐입니다. 내게는 사람이 강제 수용소 편일 수는 없다고 여겨졌고, 지금도 그렇습니다. 그때 나는 내가 폭력보다는 폭력의 제도를 더 증오한다는 것을 알게 되었습니다. 아주 정확히 말하면, 나는 내 마음속에 가득했던 반항의 물결이 절정에 달한 날을 아주 잘 기억하고 있습니다. 어느 날 아침 리옹에서였습니다. 나는 그때 신문에서 가브리엘 페리의 처형 소식을 읽게 된 것입니다.[109]

---

109) (옮긴이주) 가브리엘 페리는 여러 번 공산당 중앙위원을 지냈고 1932~1940년 국회의원을 지냈다. 그는 특히 공산당 밖에서도 《뤼마니테》지에 기고한 국제 문제들에 대한 진지하고 상세한 분석으로 널리 알려졌다. 1940년 프랑스 경찰에 쫓기자 지하에 숨어서 글을 발표했다. 그는 1941년 12월 15일 91명의 다른 인질들과 함께 독일군에게 총살당했다.

내가 속해 있는 몇몇 사람들에게 (그리고 오직 그들에게만, 다스티에!) 현 그리스 정부에 대한 혐오와 경멸을 소리 높여 외칠 권리를[110], 따지고 보면 당신네 것들보다 더 효과적인 방법들로 그리스 정부와 싸울 권리를 부여하는 것은 바로 그것입니다. 아테네의 그 사람들은 비열한 살인자들입니다. 그들만 그런 것은 아니지만, 그들은 이제 막 세계인의 면전에 부르주아 사회의 유죄성을 명백히 드러냈습니다. 대개는 그보다 더 교묘하게 가장한 모습을 보였었는데 말입니다. 나는 당신이 뭐라고 대답할지 압니다. 극단적으로 말해서 당신은 그리스 공산주의자들이 총살당하지 않도록, 필요한 수만큼의 비공산주의자들을 침묵하게 만들거나 죽여야 한다고 주장할 것입니다. 그것은 공산주의자들만이 진실하기 때문에 그들만이 구제받을 자격이 있다는 것을 전제로 하는 말입니다. 그런데 나는, 과연 공산주의자들은 그럴 자격이 있지만, 그들 역시 다른 사람들과 마찬가지로 그럴 자격이 있다고 말합니다. 우리에게 제기되는 불쾌한 문제에 대한 단지 통계에 불과한 해결책은 받아들일 수 없다고 나는 말합니다. 살인자들에 대한 처벌이 단순히 희생자의 증가를 의미할 수는 없는 것입니다. 그리고 반드시 필요한 심판이 일시적인 묵시

---

110) (옮긴이주) 1946년 매우 의심스러운 선거 결과 성립된 그리스 정부에 반대하여 내란이 재발되었다. 소비에트 진영의 인접국들(알바니아, 유고슬라비아, 불가리아)의 지원을 받는 공산주의자들과 1947년부터 트루먼 독트린에 의하여 미국의 지원을 받는 정부 간의 싸움이었다. 여기서 카뮈는 1948년 5월 반란자들에 대한 탄압의 책임자인 당시 법무장관 라다스의 살해에 대한 보복으로 정부군이 270명의 정치범들을 처형한 사건을 거론하고 있다.

록의 아비규환이 되지 않도록 우리는 우리의 내면에서, 우리의 주변에서, 대책들을 (하나의 대책을[111]) 마련해야 합니다. 그 밖의 모든 것은 원시적 모럴이나 광기 어린 오만일 뿐입니다. 설사 당신이 권장하는 폭력이 우리의 철학자–방관자[112]들이 말하듯이 더 진보적이라 할지라도, 나는 여전히 폭력을 제한해야 한다고 말하고 싶습니다. 한데 폭력이 진보적일까요? 이것이 바로 문제의 근본이지만 이것은 뒤에서 다시 언급하기로 하겠습니다.

어쨌든 당신은 나를 체념해버린 자라고 동정하지만 나는 그러한 연민은 터무니없는 것이라고 말할 수 있습니다. 하기야 당신의 잘못된 생각은 변명의 여지가 있습니다. 우리는 고함치는 시대에 살고 있기에 그 안이한 도취를 거부하는 사람은 체념한 자로 보이게 되지요. 나는 불행히도 민간이건 군대건 요란한 퍼레이드를 좋아하지 않습니다. 그러나 진정한 체념은 맹목적 정통성으로, 그리고 절망은 폭력의 철학으로 인도한다는 사실을 목소리 높이지 않고 지적해드리는 것을 허락해주시기 바랍니다. 당신이 이미 동의한 것도 나는 결코 체념하고 받아들이지 않을 것이라고 당신에게 말한다면 충분할 것입니다.

---

111) (옮긴이주) 카뮈가 여기서 말하는 것은 분명 사형 제도의 폐지인 것 같다.

112) (옮긴이주) 메를로-퐁티를 암시한다. 카뮈는 메를로-퐁티가 《현대*Temps Modernes*》지 1947년 7월호에 기고한 글 〈읽기를 배우다〉를 읽고 나서 《작가수첩》에 이렇게 기록한다. "M.P. 혹은 주먹질의 수를 헤아리는 인간형."

지식인이기 때문에 인간의 자유보다는 자신의 내면적인 생활을 보호하는 쪽에 더 신경을 쓴다고 나를 비난하는 것 역시 합당하거나 너그럽다고 생각되지 않습니다. 당신은 늦게 정치적 의식에 눈뜨게 되었다고 했던가요? 나도 그럴 줄 알았습니다. 하지만 그러한 전향이 비록 명예로운 것이라 할지라도, 그것이 그렇다고 다른 사람들이 모든 압제의 힘들에 맞서 싸우는 일에 나름대로 바친 세월을 붓놀림 한 번으로 부정해버릴 특권을 당신에게 부여하는 것은 아닙니다. 그러한 전향은 오히려 당신으로 하여금, 바로 그 사람들이 왜 오늘 폭력의 충동에 맞서서 떨쳐 일어나는지에 대하여 깊이 생각해보게 해야 마땅할 것입니다. 나와 비슷한 사람들이 이익과 권력만을 추구하는 사회를 적극적으로 규탄하고 나선 것은 어제오늘의 일이 아닙니다. 당신도 깊이 생각해보면 아시겠지만, 당신에 반대하여 말을 하다 보면 나는 마치 또다시 부르주아 사회에 반대하며 말을 하고 있는 것 같은 착각이 일어날 지경입니다.

당신 측의 어떤 사람이 내게 마르크시즘에 대한 자신의 저서를 보내면서 정중하게 내가 마르크스를 읽으면서 자유를 배운 것이 아니라고 지적해줍니다.[113] 맞는 말입니다. 나는 가난과 비참 속에서 자유를 배웠으니 말입니다. 그러나 당신들 중 대부분은 그것이 무엇을 뜻하는지 알지 못합니다. 그런데 나는 바로 나와 함께 그 가난을 함께했던 사람들, 그리고 전쟁 속에서는 정의

---

113) (옮긴이주) 로제 키요의 지적에 의하면 그 사람은 철학자 겸 사회학자인 앙리 르페브르일 것으로 생각된다. 그의 《일상생활 비판》의 첫째 권이 1947년에 출간되었다.

를 얻을 수 없다는 것을 알기 때문에 무엇보다 먼저 평화를 원하고 있음을 잘 알고 있는 터인 그 사람들의 이름으로 지금 말하고 있는 것입니다. 당신 말마따나 객관적으로 말해서[114], 그 사람들이 잘못 생각하는 것일까요? 두고 보기로 합시다. 하지만 그렇다면 지식인들이나 내면적인 생활을 비난하지는 마십시오. 그리고 당신들의 체제에서는 의견을 달리하는 지식인만큼이나 반대 의견을 가진 노동자 또한 허용되지 않는다는 것을 인정하십시오. 문제가 되는 것은 반대라는 개념 그 자체라고 솔직하게 말하십시오. 그때에야 비로소 우리는 진실 게임을 할 수 있을 것이고, 그리하여 당신에게는 그 멋진 이론을 정당화하는 일이 남게 될 것입니다. 그리고 우리는 그 정당화에 대하여 대화를 나누게 될 것입니다.

바로 여기서 우리는 진정한 문제에 접근하게 됩니다. 그러나 그에 앞서 나는 당신이 두 번씩이나 되풀이하여 나의 것으로 뒤집어씌우는 입장들을 부인할 필요가 있습니다. 내가 쌍방 모두를 지지하지 않는 것은 자본주의와 사회주의가 아니라(실은 당신도 그 점을 잘 알고 있습니다), 정복자의 모습을 한 그것들의 이데올로기, 다시 말해서 제국주의적 자유주의와 마르크시즘입니다. 그리고 이러한 관점에서 나는 내가 이미 지적한 바와 같이, 한 세기 전에 증기 기관과 행복감에 젖은 과학적 낙관주의와

---

114) (옮긴이주) 다스티에는 그의 글 속에서 "객관적으로"라는 표현을 쓰지는 않았다. 그러나 공산주의자들의 글에서 자주 쓰이는 말 중의 하나가 "객관적으로"이므로 카뮈는 다스티에가 소속되어 있는 진영의 사고방식을 이렇게 암시한 것이다.

더불어 태어난 이 이데올로기들이 오늘날에는 그 시효를 상실한 나머지 현재의 형태로는 원자와 상대성 이론의 세기에 제기되는 문제들을 해결할 능력이 없다는 생각에는 변함이 없습니다.

당신은 증기 기관을 선택했는데, 바로 그 때문에 당신은 예컨대 세계 의회라는 발상이, 당신이 말했듯이 무정부 상태를 코드화한다는 것을 제외하고는, 많은 점에서 반론의 여지가 있다는 것을 알아차리지 못하는 것입니다. 흔한 의미의 무정부 상태는 사회 속에서 개인 각자가 자기가 원하는 것이면 뭐든 다 해버릴 때에만 존재합니다. 그리고 우리 국제 사회의 무정부 상태는 바로 더 이상 단독 국가만의 국가 경제가 존재하지 않는 시대에 각 나라가 오직 자기 나라의 뜻에만 따르는 데 기인하는 것입니다. 오늘날 무정부 상태가 바로 주권(主權)입니다. 그런데 몇몇 부르주아 국가 또는 경찰국가의 간접적 이익을 위하여 그것을 옹호하는 사람이 바로 당신임을 알아차리는 것은 어렵지 않습니다.

하지만 내 눈에는 이러한 오해들이 불가피한 것으로 보입니다. 왜냐하면 당신은 핵심적인 문제를 다루지 않았기 때문입니다. 이제부터 짚고 넘어가야 할 것이 바로 그 핵심입니다.

나는 바로 여기서 진행하고 있는 논의에서 오직 한 가지만을 말했을 뿐입니다.[115] 나는 유럽의 어떤 나라도 이제는 혼자서 마음대로 혁명을 할 수 없으니 혁명은 세계적인 것이 되거나 아니면 아예 불가능하거나 둘 중 하나일 것이라고, 그러나 혁명은 오늘날 반드시 이데올로기 전쟁을 거쳐야 하기 때문에 우리의 해묵은 꿈들의 모습을 띤 것일 수는 없다고 말했습니다. 그리고 나는 단지 아무도 말하고 싶어 하지 않는 그것을 깊이 생각해보라고 요구했을 뿐입니다. 당신은 이러한 분석이 당신이 보기에 옳다고도 틀리다고도 하지 않았지만, 지금부터 토론해봐야 할 것은 바로 그 점입니다. 내가 1789년과 1917년을 포기한다고 말하는 것은 토론이 아니기 때문입니다. 그것은 이치에 맞지 않은 말입니다. 정신과 역사의 사실들 속에는 우리가 포기할 수 없는 유산들이 담겨 있게 마련입니다. 내가 전쟁과 혁명을 같은 것으로 싸잡아 생각한다고 말하는 것 또한 토론이 아닙니다. 나는 단지 1948년 오늘에 있어서 전쟁과 혁명이 혼동되고 있다고 썼을 뿐인데 당신은 당신이 분명 읽었을 그것을 심하게 왜곡시키고 있기에 말입니다. 나의 분석은 인간 해방을 위해 치러야 하는 대가와 쟁점의 중요성을 환기하면서 평화주의를 거론한 것인데도 당신은 평화주의를, 그것도 온당한 평화주의를 거부하는 데 그치고 있습니다. 그리고 아마도 1870년에 마르크스는 전쟁에 대한 칭송 앞에서 뒤로 물러서지 않았을 것입니다. 그는 전쟁이 결과적으로 해방 운동을 진전시킬 것임에 틀림없다고 생각했던 것입니다. 그러나 그것은 비교적 경제적인 전쟁이었고 마르크스는 어린애 장난 같은 무기인 샤스팟식 소총과 관련하여 따져본 것

---

115) (옮긴이주)《칼리방》, 11호.

이었습니다.[116] 그러나 오늘에 있어서 핵전쟁이 일어난다면 미래는 생각도 할 수 없는 것이 되고 3차 세계대전으로 황폐해진 세계에서 인간 해방을 운위하는 것은 일종의 선동이나 마찬가지라는 것을 당신도 알고 나도 압니다. 그러니 생말로나 캉에 살고 있는 주민들[117]에게 3차대전이 그들에게 더 나은 운명을 가져다 줄 것이라고 한번 설명해보십시오!

이론적 차원에서, 우리는 성공 확률이 매우 큰 어떤 정의로운 사회를 이룩하기 위하여 변증법적 유물론이 요구하는 가장 막대한 희생을 받아들일 수 있습니다. 그런데 만약 그 확률이 제로가 된다면, 만약 그 사회가 원자 폭탄으로 파괴된 대륙의 잔해들 속에서 죽어가는 사회라면 이러한 희생이 무슨 의미가 있겠습니까? 제기되는 질문은 오직 그것뿐입니다. 나는 스스로 그 질문을 던져보았고, 전쟁에 반대하여 싸우는 것과 진정한 국제 민주주의를 실현시킬 매우 기나긴 노력 외에 다른 것을 권할 권리가 내게 있다고 볼 수가 없었습니다. 한마디로 말해서 나는 정의를 걱정하고 해방의 이상에 충실한 지식인이 어떻게 그 밖의 다른 것을 선택할 수 있을지 알 수가 없습니다. 그러므로 만약 오로지 정의만의 문제라면, 예컨대 그 어떤 사회주의자도, 어쨌든 그 어떤 정치적 양심도 이 입장의 선택을 거부해서는 안 될 것입니다.

---

116) (옮긴이주) 앞의 〈국제적 민주주의와 국제적 독재〉 참조.

117) (옮긴이주) 1944년 6월 6일 노르망디 상륙 작전 때 캉은 5분의 3이 파괴되고 생말로는 불에 타는 큰 피해를 입었다. 캉은 7월에, 그리고 생말로는 8월에야 해방되었다.

그리고 만약 유럽의 일부 지성이 그 입장을 택하기는커녕 오히려 그것을 논박한다면 그것은 정의의 문제가 아니기 때문입니다. 그 점은 분명합니다. 그 어떤 것이건 힘의 정치가 우리를 사회적 해방이 마침내 실현되는 더 좋은 사회로 인도할 수 있다고 설득하려 드는 그 기만은 바로 여기서 시작되는 것입니다. 힘의 정치는 전쟁 준비를 의미합니다. 전쟁 준비는, 그리고 말할 것도 없이 전쟁 그 자체는, 바로 그 사회적 해방을 불가능하게 만듭니다. 사회적 해방과 노동의 존엄성은 어떤 국제적 질서의 창출에 직결되어 있습니다. 유일한 문제는 거기에 이르는 길이 전쟁을 통해서냐 평화에 의해서냐 하는 것입니다. 바로 그 선택과 관련하여 우리는 하나가 되거나 갈라서야 하는 것입니다. 내게 그 밖의 다른 선택들은 모두 하찮아 보입니다.

당신은 전쟁을 없애기 위해서는 자본주의를 없애야 한다고 말합니다. 좋습니다. 하지만 자본주의를 없애기 위해서 당신은 자본주의와 전쟁을 해야 합니다. 이것은 불합리합니다. 나는 가장 많이 나쁜 것으로 보통 나쁜 것을 물리칠 것이 아니라 가장 덜 나쁜 것으로 보통 나쁜 것을 물리쳐야 한다는 생각에는 변함이 없습니다. 당신은 이것이 마지막 전쟁이다, 이 전쟁으로 모든 것이 다 정리될 것이다라고 말하겠지요. 나는 실제로 이 전쟁이 마지막 전쟁이 될까 봐 몹시 두렵습니다. 어쨌든, 사람들을 이 새로운 모험 속으로 던져 넣으면서 또다시 그대들의 아이들은 더 이상 이런 꼴을 보게 되지 않도록, 일어나 싸워야 한다고 그들에게 말하는 모습을 보게 될까 봐 심히 걱정스럽습니다. 사실 자본주의 사회와 스탈린 자신은 전쟁 앞에서 주저하고 있습니다. 그런데 스스로 사회주의자로 자처하는 당신은 주저하지 않는 것 같습니다. 그것은 겉보기에만 역설적일 뿐입니다. 나는 가능한 한 간단하게 그 까닭을 말씀드리겠습니다.

  내 생각에 마르크시즘의 어떤 비판적 측면은 여전히 유효해 보입니다. 하지만 만약 내가 마르크스주의자라면 나는 기만이라는 큰 개념으로부터 오늘날 마르크시즘의 기초가 되는 의도들을 포함한 가장 선의의 의도들이 기만당할 수 있다는 생각을 도출해낼 것입니다. 마르크스 안에는 어떤 겸손의 교훈이 담겨 있었는데 그것이 오늘에 와서 잊히고 있는 것 같습니다. 그리고 마르크스 안에는 또한 어떤 현실 순응과 경험 앞에서의 겸허함 같은 것이 있었으므로 아마도 그것이 마르크스로 하여금 그의 어떤 관점들을 수정하게 했을지도 모르는데 오늘날 그의 제자들은 그 관점들을 한사코 경직된 도그마 상태로 보존하려고 드는 것입니다. 내가 보기엔, 원자의 핵분열과 파괴 수단들의 가공할 증가에 직면했을 경우에도 마르크스 자신이 혁명이라는 문제의 객관적 조건이 변했음을 인정하지 않았으리라고 생각하는 것은 불가능할 것 같습니다. 그것은 마르크스가 사람들(당신으로서는 사랑하기가 더 쉬운——왜냐하면 지금 여기에 있지 않으므로, 자신들이 원하지 않는 사랑이 어떤 것인지를 구태여 말하는 수고를 하지 않아도 될 테니까요——열두 세대 뒤의 후손들이 아니라 진짜 사람들, 살아 있는 사람들 말입니다)을 사랑했기 때문이기도 합니다.

그러나 어떤 마르크스주의자들은 객관적 조건이 변했다는 것을 인정하려 하지 않습니다. 그리고 지난 50년 동안 그들이 고려하려고 들지 않은 것은 아주 많습니다. 그것은 그들이 역사에 대해 품고 있는 관념을 있는 그대로의 역사보다 더 중시하기 때문입니다. 그것이 합리주의적 약점입니다. 마르크스는 자신이 헤겔을 수정했다고 믿었습니다. 그러나 그가 전파한 헤겔이 그의 후계자들에게 와서 그를 압도해버린 것입니다. 그 이유는 간단합니다. 나는, 거만한 심판자의 태도가 아니라, 스스로 비난받을 일 없이 깨끗하다고 믿기에는 자기 시대 전체에 연루되어 있음을 너무 잘 알고 있어 고뇌하는 자의 태도로, 그 이유를 말해보겠습니다. 20세기의 마르크스주의자들은 (그들만이 아니지만) 오직 유럽의 오만의 역사를 쓰지 않고는 요약할 수 없을 우리 시대 지성의 이 오래된 비극의 끝에 와 있습니다. 레닌 속에는 마르크스와 네차예프[118]가 있었습니다. 그런데 점차 승리를 거두는 것은 네차예프입니다. 그리고 역사가 경험한 가장 절대적인 합리주의가 결국은, 당연하다는 듯이, 가장 절대적인 허무주의와 동일시되고 말았습니다. 당신의 주장에도 불구하고 사실 문제가 된 것은 더 이상 정의가 아닙니다. 문제가 된 것은 바로 인

---

118) (옮긴이주) 한때 바쿠닌의 동지였던, 러시아 테러리스트 그룹의 창립자인 네차예프는 혁명가가 자기 자신, 동지들, 사회 그리고 인민들에 대하여 지켜야 할 규칙의 목록인 《혁명 교본》의 저자로 추정된다. 그는 모든 것이 혁명에 봉사하는 것이 되어야 한다고 믿었다. 1873년 자기 조직의 한 학생을 살해한 죄로 유죄 판결을 받은 그는 10년 뒤인 1882년 11월 21일 옥사했다.

간의 신격화, 오직 인간 이성의 힘만에 의한 세계 지배와 세계 통일이라는 기막힌 신화입니다. 문제가 된 것은 바로 전체주의의 승리인데 러시아는 스스로가 이 신 없는 메시아 신앙의 도구라고 믿는 것입니다. 이 무절제한 신비주의의 시각에서 본다면 정의나 몇몇 세대의 삶이나 인간의 고통 같은 것이 얼마만큼이나 무게를 가지겠습니까? 그야말로 무게랄 것이 없는 것이지요. 엄청난 야망을 품은 어떤 지성들은 믿는 자들의 대군을 성스러운 상상의 땅으로 이끌고 갑니다. 사반세기 동안 마르크스주의자들이 진정으로 세계를 이끌었습니다. 그러나 그때 그들은 눈을 뜨고 있었습니다. 그런데 그들은 여전히 충동적인 힘으로, 그러나 이제는 눈을 감고, 세계를 이끌고 있는 것입니다. 그들이 제때에 눈을 뜨지 않는다면 그들은 오만함이라는 벽에 부딪쳐 깨지고 말 것이며, 무수한 사람들이 이 오만함의 대가를 치르게 될 것입니다. 그릇된 사상은 어느 것이나 결국 끝에 가서 피를 보고 말지만 문제는 그 피가 다른 사람들의 피라는 것입니다. 우리의 몇몇 철학자들이 아무렇지도 않게 아무 말이나 다 하고도 마음이 편한 것은 바로 그 때문입니다.

정의가 당장에 실현되지 못하는 것에 절망한 자칭 정통 마르크스주의자들은 미래의 정의의 이름으로 세계를 지배하는 쪽을 선택했습니다. 어떻게 보면 그들은 겉보기와는 다르게 더 이상 이 땅에 발을 붙이고 있지 않습니다. 그들은 논리에 맞는 셈입니다. 그리고 바로 그 논리의 이름으로 프랑스의 지성사상 처음으로 아방가르드 작가들은 있는 지성을 다하여 총살형 집행자들을 정당화한 것입니다. 그러고 난 다음에 어떤 한정된 범주의 총살당한 사람들의 이름으로 항의를 할지라도 말입니다. 그러는 데는 많은 철학이 필요했지만 결국은 그 일을 해냈습니다. 철학이야 값이 나가는 것이 아니니까요. 왜냐하면 지성의 역사는 이제 더 이상 의미가 없기 때문입니다. 중요한 것은 종교의 역사이며 종교 재판은――거기서 하는 말을 들어보면――오로지 인간들의 진정한 행복을 위해서 인간들을 처형했을 뿐입니다. 나는 당신이 거기에까지 이르게 된 것인지 아닌지는 알지 못합니다. 그렇지만 나는 당신이 바로 이 지성의 살인적 소명을 선택했다는 것을, 그리고 일종의 기이한 절망과 체념 때문에, 그 소명을 선택했다는 것을 당신에게 말하고 싶습니다. 그것이 사실이니까 말입니다.

아마도 당신에게는 이러한 전망들이 지나치다고 여겨질 것입니다. 그러나 이러한 전망들은 진실이고 오늘날의 역사가 그렇게 참혹한 것은 오로지 유럽의 지성이 자신의 유산과 사명을 배반하고 비장미와 열광에 경도되어 과도함을 선택했기 때문입니다. 현재의 진실 속에 머물기 위해서는 이러한 전망들에서 출발해야 합니다. 어쨌든 당신의 글 가운데서 결국 내가 받아들일 수 없는 그 한 부분에 대해 대답하게 해주는 것은 바로 그 전망들입니다. 당신은 내가 부르주아 사회와 무의식적으로 혹은 객관적으로 공모했다고 나를 위협합니다. 나는 이 위협에 부분적으로 대응했습니다. 그러나 이런 비난을 할 권리를 당신에게 허락

할 수는 없다는 말 정도로는 충분치 않을 것 같습니다. 나는 당신에게 스스로의 손은 깨끗하다고 믿을 권리를 줄 수 없습니다. 우리는 역사의 한 매듭에 와 있고, 그 지점에서 총체적인 공모가 이루어지고 있습니다. 당신은 이 예속에서 벗어날 수 없을 뿐만 아니라 예속을 벗어나려는 그 어떤 노력도 하지 않습니다. 내가 당신보다 우위에 있는 것은 오직, 나는 그러한 노력을 할 것이고, 또 나의 직업의 이름을 걸고, 내 동지들 모두의 이름을 걸고, '지금 당장부터' 사람들의 혹독한 고통이 줄어들도록 변호에 임할——과거에 그래야만 했듯이——것이기 때문입니다.

　당신이 이 답변을 끝까지 다 읽고 났을 때, 나는 오히려 당신이, 대체 무엇에 대해 당신 스스로 합의에 의한 공범자가 되었는지 객관적으로 자문해보기를 바랄 뿐입니다. 아마도 그때에야 비로소 당신은 로트레아몽이 세상의 모든 바닷물로도 다 씻을 수 없으리라고 말한 그 지성의 핏자국을 알아보게 될 것입니다. 걱정하지 마십시오, 로트레아몽은 시인이었습니다. 그리고 바닷물이 없으면 그 대신에 뭔가 다른 것이 여전히 당신을 씻어줄 수 있을 것입니다. 바로 무지함의 솔직한 고백 말입니다. 무엇이든 다 안다고, 무엇이든 다 해결한다고 자처하는 사람들은 결국 모든 것을 다 죽이게 됩니다. 그들에게 살인 외에 달리 규칙이 없게 되고, 언제 어느 때나 살인을 정당화하는 데나 쓰이는 보잘것 없는 스콜라 철학 외에 달리 아는 지혜가 없는 그런 날이 언젠가는 오게 됩니다. 그러니 자신들이 모든 것을 다 알지는 못한다는 바로 그 사실을 분명히 인정하는 것밖에 그들에게 다른 해결책은 없습니다. 우리들 중 어떤 사람들이, 내가 앞서 그랬듯이, 두세 가지 점에 대한 자신들의 무지를 털어놓는다고 합시다. 그러면 당신은 거기서 유리한 점을 얻어낼 수도 있겠지요. 그러나 모든 죄 있는 사람들은 마지막 자백의 순간까지 그 유리한 점을 양식으로 삼으니까요. 그러므로 나는 당신의 마음속에 겸손의 미덕이 찾아들기를 기다리겠습니다. 지금부터 그때까지 내가 항상 당신을 절대적으로 비난하지 못하게 하는 것이 있다면 그것은 바로 나 자신의 무지일 것입니다. 사실 내가 어떻게 당신을 절대적으로 비난할 수 있겠습니까? 당신에게 일어날 수 있는 최악의 사태는 당신이 내 앞에서 옹호하고자 애썼던 그것이 승리를 거두는 모습을 보게 되는 것, 바로 그것일 터입니다. 그날 당신은 자신이 옳다는 것을 알게 되겠지만 그건 이 비참한 세상이 기대하는 의미에서 옳은 것일 테니까요. 그러나 당신은 침묵과 시체 구덩이 가운데서 옳은 것입니다. 나는 결코 그런 승리에 대하여 당신을 부러워하지는 않을 것입니다.

두 번째 답변
(《라 고슈*La Gauche*》, 1948년 10월[119])

나의 두 번째 답변이 마지막 답변이 될 것입니다. 당신의 긴

---

119) (옮긴이주) R.D.R.(민주혁명연합)의 격월간 기관지 《라 고슈*La Gauche*》에 실린 이 글의 제목은 "우리는 결코 집단 수용소의 사회주의를 지지하지 않을 것이다—M.

글[120] 속에 담겨 있는 어떤 어조가 나로 하여금 간단히 줄이지 않을 수 없게 만듭니다. 그러나 나는 당신에게 몇 가지 설명을 더 해야겠습니다.

   1. 나는 내가 노동자 가정에서 태어났다는 사실을 당신에게 알려드릴 수밖에 없었습니다. 그것이 무슨 설득 수단이어서 하는 말은 아닙니다(지금까지 나는 이걸 한 번도 설득 수단으로 써먹어본 적이 없습니다). 이것은 그저 사실을 바로잡는 것에 불과합니다.[121] 당신이 나에 대한 답변을 게재한 신문과 거짓을 말한다는 점에서 그 신문과 막상막하인 다른 신문들이 너무나도 여러 번 나를 부르주아의 아들로 소개하곤 했으니, 나로서도 '적어도 한 번은', 공산주의자 지식인들인 당신들 대부분이 프롤레타리아의 처지를 전혀 경험해본 적이 없다는 사실과 당신이

E. 다스티에 드 라 비주리에 대한 답변"이었다. 카뮈는 이 논쟁을 통해서 전후 프랑스에서 비켜 갈 수 없는 정치 세력이요 이데올로기였던 공산주의에 대한 자신의 입장을 분명히 할 수 있었다. 아울러 그에게 이 논쟁은 제도화된 폭력의 거부라는 독창적인 자신의 주장을 다시 한번 더 밝히는 동시에 어떤 정치 체제의 수용 가능성을 판단하는 가장 중요한 기준으로 집단 수용소의 현실을 전면에 내세울 수 있는 기회였다. 반면에 이 논쟁은 자칫 카뮈의 논점을 냉전과 전체주의의 문제 틀 속에 제한함으로써 대전 전부터 카뮈가 구상했던 국제주의적 좌파 이념의 신념을 가려버릴 위험이 있다. 이런 위험은 장차 《반항하는 인간》을 에워싼 사르트르와의 논쟁으로까지 발전하게 된다.

  120) (옮긴이주) 일간지 《악시옹·Action》(1948년 7월 14~20일, 198호)에 여덟 가지 항목에 걸쳐 카뮈를 반박한 글.

  121) (옮긴이주) 다스티에 드 라 비주리는 《악시옹》지에 기고한 글의 서두에서 "상대방 개인을 겨냥한 논거"를 내세운다고 카뮈를 비난했다. 그리고 글의 끝에 가서 이렇게 덧붙였다. "결론적으로 어디 가난에 대하여 말해봅시다…… 당신의 가난은 당신으로 하여금 희망하고 꿈꾸게 만들었습니다. 나의 가난은 나의 무력함을 말로 바꾸어놓는 대신 선택하고 살아내도록 만들었습니다."

우리를 현실을 모르는 몽상가로 취급하는 것은 적절치 못하다는 사실을 상기시켜드릴 필요가 있을 것 같습니다. 문제는 내가 아니라 이번만은 잘잘못을 가려야 할 일반적 논쟁의 논거입니다. 그러므로 그걸로 해서 당신이 언짢아할 일은 아니었습니다.

2. 반대로, 자신이 레지스탕스에서 봉사한 사실들을 늘어놓는다면 그것은 뻔뻔스러운 일이었을 터이고 또 지금도 그렇습니다. 사람은 출생이 아니라 <u>스스로의</u> 행동에서 자격을 얻는 것입니다. 하지만 그 자격을 고스란히 보존하려면 그 행동에 대해 침묵할 줄 알아야 합니다. 요컨대, 과거의 전공을 내세우는 재향군인식 태도는 나와 무관합니다. 그러므로 나는 당신처럼 우리 둘을 놓고 비교하는 것을 뒤따라 되풀이하지는 않겠습니다. 물론 그 비교가 다소 헐뜯는 것 같은 느낌을 주긴 하지만 내가 스스로를 정당화하기를 기대하지는 마십시오. 나는 오히려 당신을 편하게 해주기 위하여 그 모험 속에서 당신에게 더 높은 계급을 양보하는 데 결코 까다롭게 굴 생각이 없습니다. 그러나 당신은 그 모험에 있어서 내가 언제나 그랬듯이 내게 이등병의 계급은 인정해줄 것으로 믿습니다.

하지만 어느 경우든 간에 내가 "나는 행동보다 말이 더 앞서는 사람들을 몹시 싫어한다"라고 말하면서 내가 당신의 행동을 부인하고자 했다고 생각하는 체하지는 말아주십시오. 한 번 더 말하지만, 그것은 나로서는 내세울 줄 모르는 논거입니다. 그리고 그 문장의 문맥이 잘 증명합니다. 그 문장은 단지, 그리고 충분히, 사형 집행을 요구하거나 그것에 동의는 하지만 그 성가신 실제의 일 자체는 다른 사람들의 손에 맡기는, 당신과 연대 관계에 있는 그런 지식인들과 그런 기자들을 내가 몹시 싫어한다는 것을 의미할 뿐입니다.

3. 당신의 공산주의자 친구들이 하는 말을 당신이 했다고 말하는 것을 이상하게 여길 것은 전혀 아니었습니다. 이상하다 여길 일이 전혀 아닌 것이, 실제로 당신은 "나는 프랑스 공산당과의 공모 관계를 인정한다"라고 썼으니까요.

4. 나는 반대할 권리에 대한 나의 질문에 당신이 답하는 방식에 대해서 좋게 생각하지 않습니다. 나는 "당신들의 체제에서는 의견을 달리하는 지식인만큼이나 반대 의견을 가진 노동자 또한 허용되지 않는다는 것을 인정하십시오"라고 했습니다. 당신은 이것이 사실임을 잘 알고 있고, 그저 정직하게 생각해보기만 해도 당신은 이 점을 실토하지 않을 수 없었을 것입니다. 그런데 당신은 오히려 반대라는 개념이 명확하지 않다고 내게 대답합니다. 노동자에게 그의 반대하는 힘을 공개적으로 부인하는 것은 매우 어렵다고 보아야겠지요. 나는 당신이 프랑스 프롤레타리아에게 그처럼 간접적인 경의를 표하는 것을 기쁘게 생각합니다. 그렇다 해도 여전히 그런 답변이 속임수라는 것에는 변함이 없습니다. 바로 얼마 전에 루마니아에서 일곱 명의 반대파 인사들이 '테러리스트'라는 흔해빠진 꼬리표를 달고 처형되었습니다.[122] 그러니 어디 한번 그 소식을 접한 그들의 가족에게, 그들의 친구들에게, 자유인들에게 반대라는 개념이 루마니아에서는

잘 규정되어 있지 않다고 설명하려고 해보십시오.

5. 당신이 원하는 듯하니, 아주 장황하게 늘어놓지는 않기로 하고 나는 당신에게 합법화된 폭력의 좋은 예를 한 가지 제시해 보겠습니다. 강제 수용소들, 그리고 정치적 수감자의 노동력 동원이 그것입니다. 강제 수용소들은 과거에 독일에서 국가 기구의 일부였습니다. 지금은 소련에서 그것이 국가 기구의 일부를 이루고 있다는 것을 당신도 모를 리 없지요. 후자의 경우 그 수용소들이 역사적 필요에 의해서 정당화되고 있다고 합니다. 내가 말하고자 하는 것은 아주 간단합니다. 내가 볼 때 그 수용소들은 어떤 반란의 일시적 폭력이 제시할 수 있는 그 어떤 구실도 갖고 있지 않은 것 같습니다. 역사적이든 아니든, 진보적이든 보수적이든, 이 세상에서 나로 하여금 수용소의 사실을 받아들이게 할 수 있는 근거는 없습니다. 나는 단지 사회주의자들이 미리부터, 그 어떤 경우에든, 통치 수단으로서의 강제 수용소를 거부할 것을 제안했을 뿐입니다. 그 점에 대해 설명하도록 당신에게 발언권을 넘기겠습니다.[123]

6. 여전히 나는 우리가 지금까지 혁명이라는 말로 의미하고자 했던 것이 오늘날에는 전쟁이라는 수단들에 의해서만 성공을 거둘 수 있다는 생각에 변함이 없습니다. 당신은 내게 체코슬로바키아를 예로 들어 보입니다. 당신이 프라하의 혁명이라고 부르

---

122) (옮긴이주) 2차대전 중 독일은 벌써부터 레지스탕스 가담자들을 '테러리스트'라고 규정했다.

123) 이 제안에 대한 답변은 끝내 제시되지 않았다.

는 것[124]은 우선, 우리를 전쟁에 상당히 접근시킨 외국 정치의 추종입니다. 프라하의 혁명은 나의 관점에 대한 증명입니다. 한편, 유고슬라비아의 사태[125]는 아마도 당신에게 고트발트와 체코의 지도자들이 순수하게 국내적인 문제들을 전면에 내세울 가능성들을 조명해줄 것입니다.

이 점에 대한 당신의 답변 가운데서 인간적이고 진지한 것이기에 마음에 닿아오는 단 한 가지는 당신이 스스로 전쟁의 협박에 굴복할 수는 없다고 말한다는 점입니다. 이 점에 있어서 내가 아주 맹목적이라고 생각하지는 말아주십시오. 나도 그 점에 대하여 깊이 생각해본 바 있으니까요. 그러나 사람들이 곧잘 자기 자신에게 가하는 혁명에의 협박도 없지 않습니다. 나는 양대 세력이 경쟁적으로 내놓는 협박에 힘을 실어주지는 말 것을 제안합니다. 협박에 굴복하지 않는 좋은 방법은 패배주의도 아니고 맹목적인 고집도 아닙니다. 그 방법은 전쟁을 반대하고 국제기

---

124) (옮긴이주) 1948년 2월 25일 민주주의파 대통령이 상황에 밀려 공산당 지도자 고트발트에게 공산당이 주도하는 새로운 내각 구성의 권리를 넘긴다. '프라하 정변'이라고 불리는 이 변화를 혁명이라고 부르기는 어렵지만 이를 계기로 소련 쪽으로 힘의 균형이 쏠린 것은 사실이다.

125) (옮긴이주) 1948년 6월 28일 코민포름은 스탈린과 티토의 견해 차이를 백일하게 공개하면서 마르크스레닌주의를 포기하고 민족주의적이고 반소비에트적인 노선을 따르는 유고슬라비아 공산당을 신랄하게 비판한다. 그러나 티토는 정치경제적 압력에 저항하면서 독립적 입장을 고수한다. 이 결단은 다른 공산당들의 소비에트 예속을 더욱 강화시켜 동구 여러 나라에서의 독립적 시도의 싹을 애초부터 제거하는 결과를 가져왔다.

구에 찬성하는 투쟁에 있습니다. 이 긴 노력의 끝에 이르면 혁명이라는 단어가 다시 의미를 갖게 될 것입니다. 그 전에는 안 됩니다. 그렇기 때문에 나는 평화를 위한 운동과 연방주의적 복안만이 그 협박에 효과적으로 저항할 수 있다는 생각을 끊임없이 하게 되는 것입니다. 그리고 당신이 몇몇 다른 사람들과 더불어 너무 멀리 있는 목표들에 대해 또다시 빈정댄다면, 나는 당신이 말하는 것을 말리지는 않겠습니다. 우리에게는 우리가 역겨움을 느끼는 거짓된 자유주의와 당신이 봉사하는 수용소 사회주의 외에는 달리 선택할 수 있는 것이 없었습니다. 당신이 어찌하든 희망은 우리 측에 있습니다.

7. 마지막으로 당신이 내놓은 제안에 대하여 말해보겠습니다. 당신은 최근에 있었던 그리스인들의 처형에 미국이 직접적으로든 간접적으로든 공모한 것에 대해 항의하는 공개편지를 미국 언론에 보낼 것을 내게 권유하면서 그러면 내가 난처해할 것이라고 생각하는 모양입니다. 그건 내게 좀 위안이 되는 일입니다. 왜냐하면 당신이 나의 진정한 입장을 알지 못하고 있다는 방증이니까요. 사실 당신은 내가 몇 주 전 영국에서 몇 가지 아주 구체적인 케이스에 대하여, 그리고 2년 전에는 아메리카에서의 공개 강연 중에 그와 비슷한 케이스에 대하여 분명한 입장을 밝힌 바 있다는 사실을 알 수 없었을 것입니다.[126] 그렇기 때문에 나

---

126) (옮긴이주) 카뮈는 1948년 5월 4일부터 잠시 영국에 머문다. 그의 미국 여행은 1946년 봄의 일이었다. 그는 그곳에서 "인간의 위기"라는 제목의 강연을 포함한 여러 차례의 강연을 가졌다.

는 당신에게 대답하는 것이 전혀 힘들지 않습니다. 여기 이 편지가 있으니 당신 뜻대로 하십시오. 거기다가 나는 유럽의 양심을 거스르는 진정한 범죄인, 스페인에서의 프랑코 체제의 유지에 반대하는 이유 있는 항의를 추가하고자 합니다. 나는 당신에게 이 편지를 발표할 모든 재량권을 주겠습니다. 당신도 온당하다고 여겨주시길 바라는 바이지만, 단 한 가지 조건이 있습니다. 즉 당신 쪽에서도 공개편지를, 그 편지를 실어주지 않을 소련 언론이 아니라 프랑스 언론에 발표하라는 것입니다. 당신은 거기서 수용소 제도와 수감자들의 노동력 동원에 반대하는 입장을 취해야 할 것입니다. 동시에 당신도 상호주의 정신에 입각하여 소련의 수용소에 여전히 갇혀 있는 그 스페인 공화주의자들의 무조건적 석방을 요구해야 할 것입니다.[127] 당신의 동지인 쿠르타드[128]가 그 사람들이 우리 모두에게 어떤 존재인지를 잊은 채, 그리고 아마도 자신은 그들의 신발 끈을 묶어줄 만한 인물도 못 된다는 것을 모르는 듯, 자신이 모욕할 수 있다고 생각했던 바로

---

127) (옮긴이주) 1947년 말 프랑스로 피신하여 레지스탕스에 가담했다가 마타우젠 수용소에 갇혀 있었던 스페인 자유주의파 호세 에스테르의 활동 덕분에 소련의 카라간다 수용소에 스페인 공화파 수용자들이 존재한다는 사실이 알려졌다. 1948년에 그들의 석방 운동이 전개되었다. 11월 19일 에스테르는 카뮈에게 그의 〈두 번째 답변〉에서 그 문제를 거론한 것에 대한 감사의 편지를 보냈다. 1956년에야 비로소 살아남은 수감자들이 석방되었다.

128) (옮긴이주) 작가 겸 기자인 피에르 쿠르타드는 대전 중 《악시옹》지에 입사하여 1944년 편집장의 지위에 오른 후 공산당에 입당했다. 1946년부터 공산당 기관지 《뤼마니테》지에 기고했다. 공산당 지식인으로서 냉전 기간 동안 공산당의 반미 친소 전선에서 맹활약했다.

그 공화주의자들 말입니다. 내가 보기에는 이 모든 것 중 어떤 것도 당신이 자랑하는 혁명 과업과 양립 불가한 것이 아닌 듯합니다. 그렇다면 우리는 곧 이 대화가 무용한 것이었는지 어떤지를 알게 될 것입니다. 과연 그렇게 되면 과연 나는 당신이 분노해 마지않은 악을 고발한 셈이 되고, 당신은 분명 당신에게도 나 못지않은 반감을 불러일으킬 악의 고발을 통해서만 그 만족감에 대한 대가를 지불한 셈이 될 것입니다.[129]

왜냐하면 나는 그 악이 당신에게 반감을 불러일으킬 것이라고 믿고 싶기 때문입니다. 이 논쟁을 매듭짓기 전에 나는 내가 지금 당신을 위해 할 수 있는 유일한 한 가지를 할 생각입니다. 즉, 나는 당신의 말을 믿지 않겠습니다. 당신 뜻과는 무관하게 살육의 시체 구덩이 비극이 재현된다면 당신은 자신이 틀렸다고 인정하기보다는 그 시체 구덩이 가운데서 자신이 옳기를 바랄 것이라고 당신이 말할 때, 나는 당신의 그 말을 믿지 않겠습니다. 그렇지만 이것은 내가 나의 첫 번째 답변에서 당신에게 말한 것을 시인하는 한 방법입니다. 하지만 나는 내가 잘못 생각했기를 바라는 쪽입니다. 왜냐하면 그런 끔찍한 주장을 만천하에 드러내려면 대단한 오만 아니면 상상력의 빈곤이 필요할 테니 말입니다. 사실은 대단한 오만 쪽이지요. 그것은 곧 당신이 봉사하기로 선택한 역사적 이성만이 당신에게는 유일하게 옳은 것으로 보일 뿐 인간은 다른 어떤 것에 의해서도 구제될 수 없다고 단언하는

---

129) 이 제안에 대한 답변은 끝내 제시되지 않았다.

것이니 말입니다. 당신의 이성 아니면 시체 구덩이, 바로 이것이 당신이 그리는 미래입니다. 어느 모로 보나 내가 당신보다 더 낙관주의자이니 나는 당신의 상상력에 문제가 있다고 보겠습니다.

이제 결론을 내리겠습니다. 당신은 당신의 긴 답변에서 많은 것을 경멸하고 있습니다. 나로서는 당신의 경멸 중 몇몇은 인정합니다. 나의 역할은 세계를 변화시키는 것도, 인간을 변화시키는 것도 아니라는 것을 인정합니다. 나는 그런 일을 할 만큼 많은 미덕과 빛을 갖추고 있지 못합니다. 아마도 내가 할 일은 내 자리에서 몇몇 가치들에 봉사하는 일일 것입니다. 심지어 변화된 상태로라도, 어떤 세계를 우리가 살아갈 만한 것으로 만들어주고, 심지어 새로워진 모습으로라도, 어떤 사람을 존중받을 만한 존재로 만들어주는 데 없어서는 안 될 가치들 말입니다. 당신과 헤어지기 전에 당신에게 하고 싶은 말은 바로 이것입니다. 당신은 그 가치들 없이는 살 수 없다는 것, 그리고 당신이 그 가치들을 재창조한다는 생각으로 그것들을 되찾아야 한다는 것 말입니다. 사람은 싸움과 증오만으로는 살 수 없습니다. 사람은 항상 손에 무기를 들고 죽는 것은 아닙니다. 역사가 있고, 또 단순한 행복, 존재들의 열정, 자연의 아름다움 같은, 다른 것들도 있습니다. 그런 것들이 바로 역사가 간과하는 뿌리들인데 유럽은 이런 것들을 잃어버렸기 때문에 오늘날 사막이 되었습니다.[130]
마르크스주의자들은 때때로 자유주의자들의 마음에 걸려 있는 양심의 가책 그 자체라는 사실을 나는 당신에게 인정했습니다. 자유주의자들은 양심의 가책을 필요로 합니다. 하지만 마르크스주의자들은 과연 양심의 가책이 필요 없을까요? 그들에게 양심의 가책이 필요 없다면 세상 누구도 그들을 어떻게 할 수 없는 일이니 결국 우리는 모두 함께 패배를 겪게 될 것이고 유럽 전체가 그에게 남은 피로 그 패배의 대가를 치를 것입니다. 그러나 만약 그들에게 양심의 가책이 필요하다고 한다면, 역사를 멀리하지 않고, 자신들의 한계를 의식하며, 유럽의 불행과 희망의 모습을 힘이 닿는 한 분명하게 그려보려고 애쓰는 이 몇몇 사람들 말고 누가 그들에게 양심의 가책을 심어줄 수 있겠습니까? "그들이야 외톨이들인데 뭘!" 하고 당신은 멸시하는 투로 말하겠지요. 아마도 당장은 그럴 것입니다. 그러나 그 외톨이들이 없으면 당신은 정말 혼자가 될 것입니다.

---

130) (옮긴이주) 반역사주의는 카뮈의 정치적인 글들 속에 항상 등장하는 중요한 관점이다. 여기서 끝나고 있는 논쟁의 발단이 된 〈피해자도 가해자도 아닌〉에서도 두 번에 걸쳐 카뮈는 인간의 삶이 송두리째 '역사'의 몫으로 환원될 수는 없다고 강조한 바 있다.

무신앙자들과 기독교인들

(1948년에 라투르-모부르의
성 도미니카 수도원에서 한 발표의 단편들[131])

여러분이 이 대담을 통해 제기하는 극히 일반적인 문제에 대한 응답을 듣고자 여러분과 믿음을 함께하지 않는 이 사람을 초청해주셨으므로——신앙을 갖지 않은 사람들이 기독교인들에게 기대하는 것으로 여겨지는 바를 여러분에게 말하기에 앞서——나는 몇몇 원칙들을 확인하는 것으로 이 너그러우신 초청에 대한 감사의 뜻을 표하고자 합니다.

먼저, 세상에는 한 가지 세속적 바리세인 기질이 존재하고 있는바, 나는 거기에 휩쓸리지 않도록 노력하고자 합니다. 기독교를 쉽게 생각하여, 밖에서 본 기독교의 이름으로, 자기 자신에게 요구하는 것 이상의 것을 기독교인에게 요구하는 체하는 사람을 나는 세속적 바리세인이라고 부릅니다. 사실 기독교인은 많

---

131) (옮긴이주) 라투르-모부르에서의 실제 발표는 1946년 12월 1일의 모임에서 한 것이지만 카뮈는 나중에 다른 글이나 발표와 중복되는 부분들을 삭제하고 일부는 추가 정정하여 이 글을 새로 작성하여 《시사평론》에 포함시킨 것으로 보인다.

은 의무를 안고 있다고 생각하지만, 그 의무들을 이미 인정하고 있는 이에게 그 의무의 존재를 상기시키는 것은 스스로 그 의무들을 거부하는 사람이 할 일은 아니라고 봅니다. 누군가 기독교인에 대해 뭔가를 요구할 수 있다면 그 사람은 바로 기독교인 자신입니다. 결론적으로 말해서, 만약 내가 이 발표의 말미에 가서 감히 여러분에게 몇 가지 의무를 요구한다고 해도 그 의무는 오직 기독교인이건 아니건 상관없이 모든 인간들에게 요구해야 마땅한 의무일 뿐이라고 하겠습니다.

그다음으로, 나는 자신이 어떤 절대적 진리나 어떤 메시지를 가지고 있다고 느끼지 않으므로 기독교적 진리가 부질없는 것이라는 원칙에서가 아니라 다만 나는 그 진리 속으로 들어갈 수 없었다는 사실에서 출발할 것임을 다시 한번 밝혀두고자 합니다. 이러한 입장을 취하게 된 까닭을 구체적으로 이해시키기 위해서 나는 기꺼이 다음과 같은 일을 고백하겠습니다. 3년 전에 나는 기독교 신자들 중 한 저명하신 인사와 논쟁을 한 적이 있습니다. 최근 몇 해 동안의 흥분된 분위기, 살해당한 두세 친구들에 대한 괴로운 기억이 나에게 이런 주장을 펴게 만들었습니다. 그러나 나는 프랑수아 모리아크의 다소 과도한 언사에도 불구하고 그가 한 말을 끊임없이 심사숙고해보았다는 것을 분명히 말할 수 있습니다. 나는 이 기회에 신자와 비신자 간의 대화가 유용하다는 나의 생각을 여러분 앞에 밝혀두면서 그 심사숙고의 결과, 문제의 핵심에 있어서, 그리고 우리의 논쟁의 대상이 된 바로 그 문제에 있어서, 나와 대립했던 프랑수아 모리아크 씨의 생각이 옳다는 것을 나의 마음속에서, 그리고 여기서 공개적으로 인정하기에 이르렀다는 것을 말씀드리고 싶습니다.

이 점을 분명히 밝히고 나면, 나의 세 번째이자 마지막 원칙을 제시하는 것은 보다 더 쉬워질 것입니다. 그것은 단순하고 분명한 원칙입니다. 나는, 우리 모두에게 다 같이 마음에 드는 타협점을 얻기 위해서 내 생각 가운데 어떤 것이나 (내가 판단하는 한) 여러분의 생각 가운데 어떤 것을 바꾸려 할 뜻은 추호도 없습니다. 오히려 내가 오늘 여러분에게 하고 싶은 말은 이 세상이 진정한 대화를 필요로 한다는 것, 대화의 반대는 침묵 못지않게 거짓이라는 것, 그러므로 있는 그대로의 자신으로서 진실을 말하는 사람들 사이에서만 대화가 가능하다는 것입니다. 바꾸어 말하면 결국 오늘날의 세계가 기독교인들에 대해 그들이 기독교인으로 남아 있기를 요구한다는 말이 됩니다. 얼마 전, 소르본에서 어떤 가톨릭 사제가 마르크스주의자인 강연 연사를 향해 자신 역시 반교권주의자라고 공개적으로 말했습니다. 그런데 말입니다! 나는 스스로를 부끄럽게 생각하는 철학자들 못지않게 반교권론자를 자처하는 사제들을 좋아하지 않습니다. 그러므로 나 역시 여러분 앞에서 기독교인이 되고자 애쓰지는 않겠습니다. 나는 악에 대한 같은 혐오감을 여러분과 공유하고 있습니다. 그러나 나는 여러분의 희망은 함께하지 않으며, 나는 아이들이 고통당하고 죽어가는 이 세계에 맞서 계속 투쟁합니다.

···

내가 다른 곳에서 이미 쓴 말을 여기서라고 왜 못 하겠습니까?

나는 저 끔찍했던 세월 동안 로마에서 어떤 큰 목소리가 터져 나오기를 오랫동안 기다렸습니다. 나 같은 비신자가요? 그렇습니다. 권력 앞에서 규탄하는 소리를 외치지 않는다면 인간 정신은 파멸이라는 것을 나는 알고 있었으니까요. 들리는 말로는 그 목소리는 이미 터져 나왔다고 합니다. 하지만 여러분에게 단언하거니와, 나를 포함한 수많은 사람들은 그 소리를 듣지 못했고, 당시 신자이든 아니든 모든 사람의 마음속에는 하루하루 시간이 지나고 살인자들이 무수하게 늘어남에 따라 고독감은 끊임없이 커져갔습니다.

그 후 나는 규탄하는 의사 표명이 분명히 있었다는 말을 들었습니다. 하지만 그것은 명확하지 않은 교황 회칙의 언어로 표명되었습니다. 규탄하는 뜻은 표명되었지만 그것은 이해되지 못했던 것입니다! 여기서 진정한 규탄이란 어디에 있는 것인지 누군들 알지 못하겠으며 이러한 예 그 자체가 바로 대답의 한 가지 요소를, 아니 어쩌면 여러분이 내게 요구하는 대답 전체를 제공한다는 것을 누군들 알지 못하겠습니까? 세상이 기독교인들에게 기대하는 것은 높고 분명한 목소리로 말하는 것이며, 또한 가장 단순한 사람의 마음속에서도 결코 그 어떤 의심도, 일말의 의심도 일어날 수 없는 방식으로 규탄하는 것입니다. 왜냐하면 기독교인들은 추상화에서 벗어나 있으며, 오늘의 역사가 보여주고 있는 피투성이 모습과 대면하고 있기 때문입니다. 우리가 필요로 하는 연합은 분명하게 말하고 자신의 목숨을 걸기로 결심한 사람들의 연합입니다. 어느 스페인 주교가 정치적 처형을 축성한다고 할 때 그는 더 이상 주교도 아니고 기독교인도 아니며, 심지어 인간도 아닙니다. 그는 이데올로기의 꼭대기에 서서 직접 손을 더럽히지도 않은 채 그 처형을 명령하는 자와 마찬가지로 개일 뿐입니다.[132] 우리는, 그리고 나는 개이기를 원치 않는 사람들, 인간이 개보다 더 나은 그 무엇이 되도록 하기 위해서 치러야 할 대가를 치르기로 결심한 사람들이 연합하기를 기대하는 것입니다.

··

그렇다면 지금 기독교인들은 우리를 위해 무엇을 할 수 있을까요?

먼저 헛된 논쟁들을 끝내는 것인데, 그중 첫째가 비관주의 논쟁입니다. 예컨대 가브리엘 마르셀 씨는 그가 요즘 정신적 혼란을 노정시켜가면서까지 열광하고 있는 사고 형태들을 포기하는 것이 이로울 것이라고 나는 생각합니다. 마르셀 씨는 민주주의자를 자처하면서 동시에 사르트르의 희곡의 금지를 요구할 수는 없는 것입니다.[133] 그것은 모든 사람들을 피곤하게 하는 입장

---

132) (옮긴이주) 스페인 전쟁 중 가톨릭교회의 역할에 대해서 카뮈는 여러 차례에 걸쳐 비판을 쏟아놓았지만 그가 기독교인들인 청중 앞에서 실제로 "개"라는 강한 표현을 입 밖에 내었는지는 확실치 않다.《지식인의 삶La Vie Intellectuelle》지에 실린 이 강연의 소개에서는 "개"가 "살인자"로 바뀌어 있다.

133) (옮긴이주) 당시 기독교적 실존주의의 대표 격으로 간주되었던 철학자 가브리엘 마르셀은 그 자신 극작가인 동시에 연극 평론가였다. 1946년 11월 10일《레 누벨 리테레르Les Nouvelles Littéraires》지에 그는 사르트르의 신작 희곡〈무덤 없는 주검〉과〈존경할 만한 창부〉에 대한 평을 실었다. 그는 특히〈무덤 없는 주검〉에 등장하는 고문 장면의 파렴치함을 비판했다. 그러나 카뮈의 이런 강한 반응은 특히 마르셀이 글의 끝

입니다. 왜냐하면 마르셀 씨는 염치나 인간의 숭고한 진리 같은 절대적 가치들을 옹호하고자 하기 때문입니다. 지금은 그로 하여금 그와 같은 절대적 가치들을 위해 언젠가는, 그리고 마음껏, 싸움을 계속하도록 해줄 몇몇 잠정적 가치들을 옹호해야 할 때인데도 말입니다.

대체 어떤 기독교인이, 대체 어떤 마르크스주의자가 무슨 권리로 예컨대 나를 비관주의라고 비난한단 말입니까?[134] 피조물인 인간의 비참을 창조한 것도, 신성한 저주의 끔찍한 공식들을 창조한 것도 내가 아닙니다. 이 '네모 보누스Nemo Bonus'를 외친 것도, 세례 받지 않은 아이들의 영벌(永罰)을 외친 것도 내가 아닙니다. 인간은 혼자서 스스로를 구원할 수 없다고 말한 것도, 나락의 구렁텅이에 빠져 있는 인간은 신의 은총 안에서만 희망을 품는다고 말한 것도 내가 아닙니다.[135] 널리 알려진 저 마르

에 붙인 '추기'를 보면 이해가 간다. "〈무덤 없는 주검〉이 파리의 무대에 오르기 전에 코펜하겐에서 먼저 상연되었을 때 심각한 사건이 발생했다는 말을 들었다. 여기서 벌써 싸움이 일어났다는 것이다. 젊은 레지스탕스 맹원들이 그들 스스로 겪었던 경험을 그런 식으로 이용하는 것에 분노하여 그 문제에 개입하기로 했다는 것을 나는 잘 안다. 그들의 뜻에 공감하지 않을 수 없다. 사실 그들만이 순교자가 된 동지들의 이름으로 항의할 자격이 있는 것이다. 제대로 된 정부라면 이 극을 초연 바로 다음 날로 상연 금지시켰어야 마땅하다." 이 '추기'는 이 글이 포함된 단행본에서는 삭제되었다. 그런데 카뮈가 이 강연을 할 때 청중 가운데 가브리엘 마르셀도 와 있었다. 강연이 끝난 뒤 사회자는 즉각 그에게 발언권을 주었다. 《지식인의 삶》지의 보고에 따르면 마르셀은 자신이 좀 "과격한 반응을 보인 것"을 인정했다. 그리고 그는 카뮈가 한 말에 동의했다. 그러나 2년 후 카뮈의 극 〈계엄령〉이 나왔을 때 두 사람은 또다시 더 격렬하게 맞붙었다. 그것이 뒤에 나오는 〈왜 스페인인가?〉라는 글을 쓰는 계기가 되었다.

134) (옮긴이주) 앞의 글 〈비관주의와 용기〉 참조.

크스주의적 낙관주의는 어떻습니까! 인간에 대한 불신을 이보다 더 멀리 밀고 나간 이는 아무도 없습니다. 결국 그 세계의 경제적 숙명은 신의 장난보다 더 끔찍해 보입니다.

기독교인들과 공산주의자들은 자신들의 낙관주의가 더 오래 힘을 미친다고, 자신들의 낙관주의가 다른 모든 것보다 우월하다고, 경우에 따라 신 혹은 역사는 자신들의 변증법의 만족스러운 귀결이라고 내게 말할 것입니다. 나에게도 나름대로의 논리가 있습니다. 기독교가 인간에 관해서 비관적이라면 인간의 운명에 관해서는 낙관적입니다. 자! 그런데 나는 인간의 운명에 대해서는 비관적이지만 인간에 대해서는 낙관적이라고 말하겠습니다. 그런데 내가 보기에는 항상 좀 모자라 보이는 터인 휴머니즘의 이름으로가 아니라 그 어떤 것도 부정하지 않으려 하는 어떤 무지의 이름으로 그렇다는 것입니다.

그러므로 그것은 곧 비관주의와 낙관주의라는 단어들의 의미가 분명하게 규정될 필요가 있다는 것을, 그리고 그렇게 될 수 있을 때까지 우선 우리는 우리를 갈라놓는 것보다는 우리를 연합하게 하는 것을 인정해야 한다는 것을 의미합니다.

....

바로 이것이 내가 말해야 했던 전부인 것 같습니다. 우리는 악

---

135) (옮긴이주) 악과 은총의 문제에 모아진 카뮈의 기독교에 대한 성찰은 그가 대학 시절 D.E.S. 논문에서 연구했던 성 아우구스티누스의 모습과 무관하지 않다. 그는 이 성인의 인간적이고 예술가적인 모습을 높이 평가한다. 그는 이 성인을 파스칼과 아울러 기독교 독트린의 '최정상' 중 하나로 본다.

을 앞에 두고 있습니다. 그리고 나로서는 나 스스로가 어쩐지 "나는 악이 어디에서 오는지 찾고 있었고 악에서 벗어나지 못하고 있었다"[136]라고 했던 기독교 이전의 아우구스티누스와 비슷하다는 느낌이 드는 것이 사실입니다. 하지만 나는 다른 몇몇 사람들과 함께, 악을 줄이기 위해서는 못 된다 할지라도 적어도 악을 더 늘리지는 않기 위해서 무엇을 해야 할 것인지를 알고 있는 것 또한 사실입니다. 우리는 아마도 이 피조물의 세계가 어린이들이 고통 당하는 세계인 것을 막을 수 없습니다. 그러나 우리는 고통 당하는 어린이들의 수는 줄일 수 있습니다. 그런데 우리가 그 일을 하는 데 여러분이 도와주지 않는다면 이 세상에서 대체 그 누가 도울 수 있겠습니까?

공포의 힘과 대화의 힘 사이에서 엄청나고 불공평한 싸움이 시작되었습니다. 이 싸움의 결과에 대해 내가 가진 것은 이성적인 환상뿐입니다. 하지만 나는 그 싸움을 치러야 한다고 생각하며, 인간들이 적어도 그 싸움에 임할 각오를 하고 있다는 것을 알고 있습니다. 나는 단지 그들이 때때로 좀 외롭다고 느끼는 것이, 그들이 실제로 외롭다는 것이, 그리고 여러 차례 반복된 소크라테스의 희생을 2,000년의 간격을 두고 이제 다시 목격하게 될 위험이 있다는 것이 걱정스러울 따름입니다. 내일의 프로그램은 대화를 주고받는 이 사회냐 아니면 이 대화의 증인들의 엄숙하고 의미심장한 죽임이냐 양자택일입니다. 내가 답변을 마치

---

136) (옮긴이주) 《참회록》 제7권.

고 나서 이제 내가 기독교인들에게 묻고자 하는 것은 이런 것입니다. "소크라테스는 여전히 혼자일 것인가? 그리고 소크라테스의 마음속에는, 그리고 여러분의 교리 속에는 여러분을 우리와 합류하게 만들 만한 것이 아무것도 없는 것인가?"

기독교는 여기에 대하여 부정적으로 대답할지도 모릅니다. 나도 잘 압니다. 아! 여러분의 입을 통해서 부정하는 것은 아닐 테지요. 하지만 기독교는 타협을 고집하거나 혹은 끝끝내 교황 회칙의 애매한 형태로 규탄에 임하려 할지도 모릅니다. 사실 그럴 가능성이 더 높습니다. 기독교는 아주 오래전에 기독교의 것이었던 반항과 분노라는 덕목이 뽑혀 나가도록 끝내 내버려두려고 할지도 모릅니다. 그때 기독교인들은 살 것이나 기독교는 죽을 것입니다. 그때 실제로 희생을 치르게 될 사람들은 다른 사람들일 것입니다. 기독교가 내 마음속에서 희망과 고통으로 휘저어 놓는 모든 것에도 불구하고 어쨌든 그것은 내가 결정할 수 있는 것이 못 되는 어떤 미래입니다. 나는 오로지 내가 아는 것에 대해서만 말할 수 있을 뿐입니다. 그리고 내가 아는 것, 때때로 내가 그려 마지않는 것, 그것은 만약 기독교인들이 그렇게 하기로 마음먹기만 한다면, 이 세상에서 종교도 법칙도 지니지 못한 채 오늘날 거의 모든 곳에서 쉬지 않고 어린이들과 인간들을 위하여 변호하고 있는 한 줌의 고독한 사람들의 외침에 수백 수천만의, 아시겠습니까, 수천 수백만의 목소리들이 더해지리라는 것입니다.

세 개의 인터뷰¹³⁷⁾

I

(이 인터뷰는 에밀 시몽과 가진 것으로 1948년에 《렌 뒤 케르 *Reine du Caire*》[138]에 실렸다. 여기서는 에밀 시몽의 길고 적절한 질문들을, 왜곡하지 않도록 유의하며, 짧게 줄였다.)

…… 행복이라는 관념은 어떤 사람들의 머릿속에서는 유감스럽게도 태만, 쾌락, 유복한 생활 따위와 혼동되곤 하지만, 이 행복이라는 관념을 토대로 극히 순수한 모럴을 구축하는 것이 가능하리라고 생각지 않는가? 그래도 행복은 역시 매우 높고 실현하기가 매우 힘든 덕목이다(사실 행복한 사람보다 더 희귀한 것이 있겠는가?)…….

"행복에 대해서는 찬성이다. 하지만 배제가 없는 행복이어야 한다. 잘못은 항상 배제에서 생긴다고 파스칼은 말했다. 오로지

---

138) (옮긴이주) 1938년에 창간된 문학, 역사와 관련된 월간 잡지. 이 인터뷰는 "카뮈와의 만남"이라는 제목으로 1948년 6월호에 실렸다. 여기 실린 글에서 질문은 실제로 많이 생략, 요약되었다.

행복만을 추구하면 안일함에 이르게 된다. 오로지 불행에만 관심을 쏟다 보면 자기만족에 빠져들게 된다. 이 두 경우가 다 가치의 하락이다. 그리스인들은 세상에는 어두운 면도 있고 밝은 면도 있다는 것을 알고 있었다. 오늘날 우리는 이제 어둠밖에 보지 않는다. 절망하지 않으려는 사람들이 하는 일은 빛을, 삶의 정오를 다시 불러오는 것이다. 하지만 그것은 전략의 문제다. 어쨌든 목표로 삼아야 하는 것은 완성이 아니라 균형과 제어다."

……어린아이들의 이 고통——이 얼마나 무용하며 얼마나 끔찍하고 부당한 것인가——은 당신으로 하여금 기독교인들이 신의 섭리라고 부르는 것을 믿기를 거부하고 천지 창조를 실패한 걸작으로 간주하게 만든 명백한 사실들 중 하나라고 결론을 내려도 되는가?

어린아이들의 고통에 대하여 기독교인들이 내세울 수 있는 것은 오직 어떤 신앙 행위뿐이다…… 하지만 이 기독교인의 신앙 행위, 가장 어처구니없는 불의에 이성을 굴복시키는 이런 행위는 기권이요 도피 행위일 뿐이다. 이때 기독교인이 믿음을 받아들이는 것은 자신이 구원받기 위해서고 자신의 영혼의 평화를 얻기 위해서다.

유일하게 인간다운 태도는, 마음속에서조차도 악과 타협하는 것을 거부하고 자신의 지성과 마음의 모든 역량을 다 동원해서 고통을 인간의 영역들 밖으로 몰아내려 하는 리외 씨와 같은 태도이다.

이것이 당신의 생각의 본바탕이 아닌가?

"내가 보기에 넘을 수 없는 장애는 과연 악의 문제인 것 같다. 그러나 그것은 전통적 휴머니즘에 있어서의 현실적 장애이기도

하다. 신의 독단을 의미하는 어린이들의 죽음이 있는가 하면 또한 인간의 독단을 나타내는 어린이 살해도 있다. 우리는 이 두 독단 사이에 끼어 있다. 성립 가능한 한, 내 개인적인 입장은, 만약 인간들이 죄 없이 순수한 존재는 아니라 해도 그들은 오직 무지하다는 죄가 있을 뿐이라고 보는 것이다. 이 점은 앞으로 발전시킬 여지가 있는 생각일 듯하다.

그러나 나라면 당신처럼 기독교 신앙이 일종의 기권이라고 말하기 전에 좀 생각을 해볼 것이다. 성 아우구스티누스나 파스칼 같은 이에게 이런 말을 쓸 수 있을까? 하나의 교리는 그것의 아류들이 아니라 그 최고의 모습을 보고 판단하는 것이 정직한 태도다. 더군다나, 나는 비록 이 문제들에 대해 아는 것이 거의 없긴 하지만 신앙이란 평화라기보다는 비극적 희망이라는 것이 내가 받는 인상이다.

그러니까 나는 기독교인이 아니라는 말이다. 나는 가난하지만 행복한 하늘 아래서, 사람들로 하여금 적대감이 아니라 일체감을 느끼게 하는 자연 속에서 태어났다. 그러므로 나는 고통이 아니라 충만함으로 시작했다. 그다음에는……. 그러나 나는 그리스적인 마음의 소유자라고 느낀다. 그렇다면 그 그리스 정신 속에 기독교가 인정할 수 없는 것으로 무엇이 있을까? 많은 것들이 있지만 특히 이 점이 있다. 즉 그리스인들은 신을 부정하지 않았지만 '그들은 신들의 몫을 신중하게 측정했다[139]'. 기독교는, 유행하는 말을 빌리건대, '전체적' 종교이므로, 기독교적 시각에서 볼 때, 당연히 자리를 온통 다 차지해야 할 것임에도 불구하고 오직 그 자리의 한 부분만을 할당하는 식인 그리스 정신은 그 기독교로서는 인정할 수 없는 정신인 것이다. 하지만 반대로 이런 그리스 정신은 기독교의 존재를 충분히 인정할 수 있다. 지적인 기독교인이라면 누구나, 그렇다면 마르크시즘이 차라리 더 낫다고 말할 것이다. 다만 마르크시즘이 그를 원할 경우에 말이다.[140)

이상이 교리에 대한 내 생각이다. 교회 문제가 남았다. 하지만 나는 교회의 영적 지도자들이 만인의 언어를 말하고 대다수의 사람들과 마찬가지로 위험하고 비참한 삶을 몸소 살게 될 때 그 교회를 진지한 대상으로 생각할 것이다."

한 작가에게 있어서 글을 쓰거나 창작한다는 단순한 사실만으로 부조리를 몰아내고, 금방이라도 자신을 짓이길 듯이 내리누르는 시지프의 바위를 굴러 떨어지지 않도록 정지시켜놓기에 충분할까? 당신은 글 쓰는 행위의 초월적인 힘을 믿는가?

"인간의 반항은 창조와 혁명적 행동이라는 두 가지로 표현된다. 처음에 인간이 자기 안에서, 자기 밖에서 맞닥뜨리게 되는 것은 무질서와 통일성의 부재다. 질서가 없는 상황 속에 자기가

---

139) (옮긴이주) 신들이 모든 것을 다 차지한다고 보는 '전체주의적' 시각이 아니라 신들이 '일정한 몫'만을 차지한다고 보는 인간주의적인 시각이 그리스인들의 태도라는 말이다.

140) (옮긴이주) 여기서 볼 수 있는 바와 같은 기독교-그리스 정신 사이의 비교는 1948년에 발표된 산문집 《여름》에 실린 〈헬레네의 추방〉(《결혼·여름》, 책세상 카뮈 전집, 133쪽)에서 보다 폭넓게 발전되고 있다.

할 수 있는 한 질서를 부여하는 것이 바로 인간이 할 일이다. 하지만 이 이야기는 계속하자면 너무 길어질 것 같다."

우리의 내면에서 부조리의 감각을 자극하는 것, 우리 운명의 지리멸렬함을 더욱 악화시키는 것, 그것은 바로 우리가 겪고 있는 이 끔찍한 사건들이라고 생각지 않는가?

"우리의 문학을 관통하고 있는 비극성의 감정은 어제오늘의 것이 아니다. 그러한 감정은 그것이 존재해온 이래 모든 문학을 관통하고 있었다. 하지만 오늘날에 와서는 역사적 상황이 그 감정의 강도를 높이고 있는 것이 사실이다. 그 까닭은 오늘날 이러한 역사적 상황이 범세계적 사회를 전제로 하고 있기 때문이다. 장차 헤겔은 자신의 말에 대한 확증을 얻게 되거나 아니면 상상할 수 있는 가장 피비린내 나는 반증에 부딪히게 될 것이다. 그러나 오늘날 눈앞에 벌어지고 있는 사태는 이러저러한 국가 안의 삶이나 개인적인 운명이 아니라 인간의 조건 전체를 위태롭게 하고 있다. 우리는 심판 전야에 와 있지만 이것은 인간이 인간 스스로를 심판하게 되는 문제다. 바로 그렇기 때문에 어떤 의미에서 우리는 저마다 혐의자가 되어 고발당하고 있듯이 각자가 따로따로 자기 생각 속에 고립되어 있는 것이다. 그러나 진실은 분리 고립에 있는 것이 아니다. 진실은 통합에 있다."

오늘날의 작가들 중 가장 탁월한 이들은 개인의 자유와 권리라고 하는 것을 지키기 위해서 빠짐없이 서로 연합해 있다.

……아마도 절대적이고 추상적인 의미에서 그것들을 옹호함으로써, 우리는 사실상 자신도 모르는 사이에 그 가치들의 시대착오적이고 유효 기간이 지난 형태들에 발목이 잡혀 있는 것인지도 모른다.

……과거에 여러 시대들이 존재해왔지만, 아마도 우리는 지금 또 다른 시대를 경험하기 직전에 와 있는 것 같다. 한 작가의 위대함이 사회적 환경에 대한 그의 결속력이나 그 환경을 대표하는 능력과 직접적으로 관련되어 있는 그런 시대 말이다. 오직 붕괴되고 있는 사회에서만 한 작가의 정신적 힘이 그의 반체제 능력과 함수 관계를 맺는 것이다.

"사람들은 어떤 자유를 지킬 때, 그 대가를 치르지 않으면 안 되는 순간까지는, 항상 추상적인 의미의 자유를 지킨다. 나는 반항을 위한 반항에는 취미가 없다. 그러나 당신이 말하는 것은 예컨대 히틀러가 지배했던 나라에서 《니벨룽겐》을 창작하는 독일 국가주의 작가에게 정당성을 부여하게 될 것이다. 그렇게 하여 《니벨룽겐》은 살해당한 수많은 사람들의 유골 위에 성립되는 작품일 터이다. 내가 너무 비싼 대가를 지불하고 얻는 합의라고 여기는 것이 바로 그것이라는 걸 구태여 지적할 필요가 있을까?[141]

141) (옮긴이주) 가장 널리 알려진 시적 형식으로서의 독일 서사시 《니벨룽겐》은 13세기로 소급된다. 19세기 낭만주의는 이 서사시를 새로이 번역하고 각색했다. 그리하여 리하르트 바그너는 1876년에 그것을 주제로 하여 3부작 〈니벨룽겐의 반지〉를 작곡했다. 20세기 나치 시대에 와서 오페라의 작곡가로서뿐만 아니라 인종 차별적인 책자의 작자로서 그의 책임에 대한 논란이 일어났다. 카뮈는 다소 결정론적인 색채가 없지

당신은 작가가 요구하는 자유는 무엇과 관련해서 볼 때 추상적이라고 생각하는가? 사회적 요구와 관련해 볼 때 그렇다. 하지만 만약 여러 세기에 걸쳐서 표현의 자유를 쟁취하지 못했다면 오늘날 사회적 요구는 아무런 내용도 갖추지 못했을 것이다. 정의는 권리들을 전제로 한다. 권리들은 그 권리들을 지킬 자유를 전제로 한다. 행동하기 위해서 인간은 말을 해야 한다. 우리는 우리가 무엇을 지키고 있는지 알고 있다. 그리고 각자는 합의의 이름으로 말한다. 모든 '아니오'는 어떤 '예'를 전제로 한다. 나는 경제적 억압에 의해서든 경찰의 억압에 의해서든, 침묵을 강요하지 않는 사회를 위해서 말을 한다."

공산주의 사회――더욱 정확하게는 소련 사회――는 작가에게 우리가 예술의 가치들이라고 부르는 것의 추구에 열중하는 것을 허락하지 않는다.

오늘날의 프랑스 예술가들이나 작가들 중 어떤 이들은 그런 사고방식에 동조했다.

예술 작품의 본질적 힘이 어디에 있는지를 깨닫지 못했다는 바로 그 이유 때문에 그들이 문화를 위험에 빠뜨리고 있다고 생각지 않는가?

"그것은 잘못 제기된 질문이다. 리얼리스트 예술이란 없다.

않은 대담 상대방의 말을 반박하면서 예술가가 그가 살고 있는 사회와 맺는 관계의 복잡성을 강조한다. 카뮈는 이때 바그너가 그 3부작 오페라를 나치 체제하에서 작곡한 것은 아니므로 그에겐 책임이 없다고 보는 입장이다. 반면에 그는 반유대적인 입장에 대한 책임을 면할 수는 없다고 본다.

(심지어 사진도 리얼리스트 예술이 아니다. 사진은 선택이니까.) 그리고 당신이 말하는 그 작가들은 그들이 뭐라고 하건 간에 예술의 가치들을 이용한다. 선전 팸플릿 아닌 그 무엇인가를 쓰는 그 순간부터 공산주의 작가는 한 사람의 예술가이며, 그런 점에서 그가 하나의 이론이나 하나의 선전과 '완전히' 일치하는 것은 전혀 불가능하다. 바로 그런 이유 때문에 문학을 지휘하는 것은 불가능하고 기껏해야 문학을 아예 폐지할 수 있을 뿐인 것이다. 러시아는 문학을 폐지하지 않았다. 러시아는 작가들을 이용할 수 있다고 믿었던 것이다. 하지만 이 작가들은, 심지어 선의의 작가들까지도 항상 그가 맡은 역할 그 자체로 인하여 이단자가 될 수밖에 없는 것이다. 내가 말하는 것은 문학적 숙청의 이야기들 속에서 아주 잘 나타나 있다. 그러므로 이 작가들은 당신의 말과는 달리, 문화를 위험에 빠뜨리는 것이 아니다. 오히려 그들을 위험에 빠뜨리는 것이 문화다. 이건 부조리한 그리스도 수난도(圖) 앞에서처럼, 그리고 강요된 연대감을 가지고, 반어적으로 하는 말이 아니다."

II
대화를 위한 대화
(《인간의 옹호*Défense de l'Homme*》, 1949년 7월)

— 미래가 매우 어두워.

— 왜. 두려워할 게 없는데. 우리는 이제 최악의 난관을 헤쳐 나왔잖아. 그러니까 이젠 희망의 이유, 그리고 투쟁의 이유들만 남은 거야.

— 누구와 투쟁해?

— 평화를 위해서.

— 무조건적인 평화주의자인가?

— 상황이 변할 때까지는 무조건적인 저항자지. 우리에게 다가오는 모든 광기에 맞서는.

— 요컨대, 시쳇말로, 당신은 시대 조류에 따르지 않는다 이거군.

— 이 시대 조류에는.

— 그다지 편하진 않겠군.

— 아니지. 나는 당당하게 조류에 따르려고 노력했지. 그러다 보니 표정이 엄숙해지더군! 그리고 체념했지. 범죄인 것을 범죄라고 불러야 하니까. 나는 다른 시대 조류에 몸담고 있는 거야.

— 전적인 부정이군.

— 전적인 긍정이지. 물론 더 현명한 사람들도 있어. 있는 그대로의 것과 맞춰나가려고 애쓰는 사람들 말이야. 나로선 전혀 반대할 까닭이 없어.

— 그래서?

— 그래서 나는 입장의 다양함을 지지해. 자기가 옳다고 확신하지 않는 사람들의 당을 만드는 것이 가능할까? 만약 그런 당이 있다면 그게 나의 당이야. 어느 경우건 나는 나와 함께하지

않는 사람들을 욕하지 않아. 그게 나의 유일한 독창성이지.

— 좀 더 분명하게 말한다면?

— 분명하게 말하기로 하지. 오늘날의 러시아, 미국, 때로는 유럽 정부 지도자들은 뉘른베르크 법정이 내린 정의에 따르면 전범들이야.[142] 이런저런 방식으로 그 정부 지도자들을 지지하는 모든 국내 정치, 영적이든 아니든, 세계를 제물로 삼는 기만을 고발하지 않는 모든 교회들은 그 죄를 면할 수 없어.

— 무슨 기만?

— 힘의 정치는, 그것이 어떠한 것이건, 사회 해방이 마침내 실현될 수 있는 더 좋은 사회로 우리를 인도할 수 있다고 우리를 설득하려 드는 그런 기만. 힘의 정치는 전쟁 준비를 의미해. 전쟁 준비는, 그러니까 전쟁 그 자체는 더욱, 이 사회 해방을 불가능하게 만들 뿐이야.

— 당신은 뭘 선택했지?

— 나는 평화 쪽에 걸어. 그것이 내 식의 낙관주의야. 하지만 평화를 위해서 뭔가 해야 하는데 그게 만만치 않을 거야. 그것이 바로 나의 비관주의지. 어쨌든 오늘날 국제적 차원에서 발전을 모색하는 평화 운동만이 내가 지지하는 대상이야. 진정한 현실주의자들은 바로 그들 가운데 있어.

---

142) (옮긴이주) 2차대전 승전 연합국들은 살아남은 제3제국의 주된 책임자들을 뉘른베르크 재판에 회부했다(1945년 11월 20일부터 1946년 10월 1일까지). 그들은 전쟁범죄뿐만 아니라 반평화죄, 반인류죄로 기소되었다. 뒤의 두 가지 범죄는 새로운 것이라고 여겨질 수 있는 것이어서 일사부재리 원칙에 의해서 반대하는 사람들이 많았다. 카뮈는 여기서 20세기 국제법의 이 새로운 국면에 대하여 말하고 있는 것이다.

— 뮌헨[143]을 생각해봤어?

— 생각해봤지. 내가 아는 사람들은 그 어떤 대가를 치르든 상관없이 평화를 얻으려 하지는 않을 거야. 그러나 그들은 모든 전쟁 준비에 수반되는 불행과 새로운 전쟁이 가져올 상상도 못할 대재난을 고려할 때 모든 가능성을 골고루 다 시험해보지 않고는 평화를 포기할 수 없다고 보는 거야. 그리고 뮌헨 협정은 이미, 그것도 두 번이나 조인되었어. 얄타[144]와 포츠담[145]에서. 오늘날에 와서 한사코 싸우기를 원하는 바로 그 사람들이 서명한 거지. 동구 인민민주주의 성향의 자유주의자, 사회주의자, 무정부주의자들을 소련의 법정에 넘겨준 건 우리가 아니야. 페트코프[146]를 교수형에 처한 건 우리가 아니야. 그건 세계의 분열을 기정사실화하는 협정의 조인 당사자들이야.

---

143) (옮긴이주) 히틀러가 독일어를 사용하는 주민들이 살고 있는 체코의 영토들을 합병하려 들면서 야기된 심각한 정치적 위기를 타개하기 위하여 1938년 9월 29일, 30일 뮌헨에서 회의가 열렸다. 히틀러, 무솔리니, 체임벌린(영국), 달라디에(프랑스) 등이 여기에 참석했다. 회담은 체코의 합병을 용인함으로써 전쟁의 위협을 피할 수 있었다. 뮌헨은 이때부터 호전적인 독재자에 대한 모든 '유화 정책'은 결국 애초에 피하고자 했던 것보다 더욱 끔찍한 또 다른 전쟁에 이르게 된다는 생각을 상징하게 되었다.

144) (옮긴이주) 1945년 2월 4일에서 11일 사이에 크림의 얄타에서 처칠, 루스벨트, 스탈린이 회의를 열었다. 독일의 항복과 점령, 폴란드, 러시아의 대일본 전쟁 개입, 미래의 국제 연합의 조직 등이 의제였다. 거기서 거부권의 원칙이 결정되었는데 카뮈는 항상 이 원칙에 반대했다.

145) (옮긴이주) 앞의 글 〈모럴과 정치〉 XI의 주 52 참조.

146) (옮긴이주) 불가리아에 소련군이 들어오자 공산당과 연합한 정부가 정권을 잡았다. 농본당 당수였던 니콜라이 페트코프(1893~1947)도 그 정부의 요인이었다. 그는 1945년 사임하고 1946년에 왕정이 붕괴된다. 야당을 제거하려는 목적으로 공산당 정부는 반역죄 재판을 열어 페트코프를 교수형에 처한다.

— 바로 그 사람들이 당신을 몽상가라고 비난하는데.

— 개인적으로 나는 몽상가 역할을 받아들일 용의가 있어. 직업적 살인자가 되는 데는 취미가 없으니까.

— 살인자도 필요한 거라고 사람들은 말할걸.

— 그쪽에 지원자가 부족하진 않지. 건장한 사람들이 많다는군. 그렇다면 일을 나눠서 할 수 있겠지.

....

— 결론은?

— 내가 말한 사람들은 평화를 위해 일하는 동시에, 사형 제도 폐지, 형기가 정해지지 않은 형벌, 법률의 소급, 그리고 수용소 제도의 폐지 등 폭력에 대한 제한을 명확히 하게 될 어떤 규범이 국제적으로 승인받도록 노력해야 할 거야.

— 또 뭐가 있지?

— 명확성을 기하기 위한 어떤 다른 틀이 필요하겠지. 하지만 이 사람들이 기존의 평화 운동들에 대규모로 가담하고 그 운동들을 국제적 차원으로 통합하고자 애쓰고 우리가 필요로 하는 새로운 사회 계약을 말과 모범을 통해 작성하고 확산시키는 것이 이미 가능했다면, 나는 그들이 진실에 대한 채무도 정리할 수 있으리라고 믿어.

시간이 있다면, 나는 그 사람들이 역사에 속하지 않는 기쁨의 몫을 그들의 개인적 삶 속에서 지키려고 노력해야 한다는 것 또한 말해두고 싶어. 사람들은, 오늘날의 세계가 필요로 하는 이들은 그들의 독트린과 완전히 하나가 되고 그들의 신념에 전적으로 복종하며 최종적인 목표를 추구하는 그런 사람들이라고 우리로 하여금 믿게 하려 들지. 나는 오늘날의 세계가 처한 상황에서 그런 종류의 인간들은 이로움보다 해를 더 많이 끼칠 거라고 생각해. 하지만 그런 인간들이 아득한 미래의 어느 날 마침내 선이 승리하게 만들고 만다는 것을 인정한다고 해도——나는 그렇게 믿지 않지만——, 그리하여 설령 완전한 사회가 실현된다고 해도, 한편에 그와는 다른 사람들도 존재해야 한다고 믿어. 그 사람들의 아이들이 결국에 가서는 필요로 하게 될 가벼운 뉘앙스, 삶의 멋, 행복의 기회, 사랑, 그리고 이루기 어려운 균형 같은 것을 지키는 데 주의를 게을리 하지 않는 또 다른 종류의 사람들 말이야.

III
(미발표 인터뷰)

　"물론 자신이 혁명가라면서도 한편으로는 사형, 자유의 제한, 그리고 전쟁을 거부하는 것은 무의미한 행동이다. 그러니 당장은 아무 말도 하지 말기로 하자. 다만 한마디. 혁명가로 자처하면서 사형, 자유의 금지, 그리고 전쟁을 찬양하는 것, 그것은 요컨대 가장 객관적이고 별로 신명날 게 없는 의미에서 자신이 반동적임을 고백하는 것이라는 점만 말해두자. 우리가 오늘날 범세계적으로 반동적 역사를 경험하고 있는 것은 동시대 혁명가들이 이런 식의 언어를 용납했기 때문이다. 얼마 동안이나 계속될 지 아직은 알 수 없지만 어느 한동안 역사를 만드는 것은 국민의 이익과 인간의 진실에 대립하는 경찰력과 금력이다. 그러나 아 마도 바로 그런 이유 때문에 희망을 가지는 것이 가능하다. 우리 는 더 이상 혁명적인 시대에 살고 있지 않으니까, 적어도 반항자 들의 시대를 사는 법을 배우기라도 하자. 아니라고 말할 줄 아는 것, 주어진 자리에서 각자, 어떤 개혁에서도 없어서는 안 될 살 아 있는 가치들을 창조하고자 매진하는 것, 유지할 가치가 있는 것을 유지하는 것, 살아볼 가치가 있는 것을 준비하는 것, 정의 만을 지향하는 무서운 열의가 좀 누그러지도록 몸소 행복을 시 험해보는 것, 이런 것들이 바로 재생과 희망의 모티프들이다.

  ……이제부터 어떤 협박은 더 이상 통하지 않을 것이다. 이제 부터 우리는 어떤 기만들은 묵과하지 않고 거칠게 폭로할 것이 다. 우리는 살롱과 성직의 기독교가 감옥의 기독교를 망각해도 아무 탈 없을 것이라고는 더 이상 믿지 않을 것이다. 하지만 기 독교 정부들은 공모의 소질을 가지고 있기 때문에 우리는 마르 크시즘이 고발의 독트린이라는 것을, 그 독트린의 변증법은 오 직 재판의 세계 속에서만 득세한다는 것을 잊지 않고 기억할 것 이다. 그리고 우리는 강제 수용소는, 비록 그것이 사회주의라 하 더라도, 강제 수용소라고 부를 것이다.

  우리는 우리 사회가 거짓 위에 세워져 있다는 것을 알고 있다. 하지만 우리 세대의 비극은 희망이라는 거짓으로 윤색된 새로운 거짓이 과거의 거짓에 포개어지는 것을 목도했다는 데 있다. 적어도 이제는 그 무엇도 더 이상 압제자들을 구원자라고 부르도록, 어린이 살해를 인간의 안녕이라는 구실로 정당화하도록 우리에게 강요하지는 못한다. 그래서 우리는 비록 잠정적으로라도 정의가 자유의 말살을 요구할 수 있다고 생각하지는 않을 작정이다. 저들의 말을 들어보면 압제는 늘 일시적이라는 것이다. 사람들은 우리에게 반동적 압제와 진보적 압제 사이에는 커다란 차이가 있다고 설명한다. 이리하여 역사가 나아가는 방향으로 가는 강제 수용소들이 있고, 희망을 전제로 하는 강제 노동 제도가 존재한다는 것이다.[147] 설령 그것이 사실이라고 가정하더라도 우리는 적어도 그 희망이 과연 얼마나 지속되는 것인지에 대하여 자문해볼 수는 있을 것이다. 비록 진보적인 압제라 하더라도 만약 압제가 한 세대 이상 지속된다고 한다면 수없이 많은 사람들에게 그 압제는 오직 노예로서의 일생을 의미할 뿐 그 이상도 이하도 아닌 것이다. 그 일시적이라고 하는 것이 한 사람이 살아 있는 생애 전체에 걸친 것이라면 그 사람에게 있어서 그것은 돌이킬 수 없는 것이다. 게다가 우리는 여기서 궤변에 걸려든 것이다. 권리 없는 정의는 없다. 그 권리의 자유로운 표현 없이는 권리도 없다. 오늘날 무수한 사람들이 정의를 위해 죽고 죽인다. 우리가 그 정의에 대하여 그토록 오만하게 말할 수 있는 것은 오로지 긴 역사에 걸쳐 소수의 자유로운 정신의 소유자들이 저마다의 생각을 표현할 권리를 우리들에게 쟁취해주었기 때문

---

147) (옮긴이주) 카뮈는 여기서 메를로-퐁티와 그의 저서 《휴머니즘과 공포》를 염두에 두고 말하는 것이다.

인 것이다. 나는 지금 사람들이 경멸적인 어조로 지식인들이라
고 부르는 사람들을 변호하는 중이다."

왜 스페인인가?
(가브리엘 마르셀에게 보내는 답변)

《《콩바》, 1948년 12월[148])

나는 여기서 당신이 《레 누벨 리테레르Les Nouvelles Littéraires》지에 쓴 〈계엄령〉에 대한 글의 두 구절에 대해서만 답하겠다.[149] 그러나 나는 당신이나 다른 사람들이 연극 작품으로서의 이 희곡에 대해 가한 비판에는 결코 답하고 싶지 않다. 어떤 공연물을 무대에 올리거나 어떤 책을 출판하도록 맡길 때는 벌써 스스로 비판받는 입장에 놓이는 것이니 우리는 자기 시대의 검열을 받아들일 수밖에 없는 것이다. 사람들이 뭐라 하건 그러니까 그때에는 침묵하지 않으면 안 된다.

그렇지만 전체주의적 압제에 관한 희곡이라면 동유럽 국가들을 무대로 해야 더 좋았을 터인데 스페인이 무대여서 의외라고

---

148) (옮긴이주) 이 기사는 사실상 1948년 11월 25일자 신문에 실렸다.

149) (옮긴이주) 이 글은 철학자 가브리엘 마르셀이 《레 누벨 리테레르》지 1948년 11월 11일자에 카뮈의 극 〈계엄령〉의 초연에 대하여 쓴 평에 대하여 대답하는 형식이다. 희곡 〈계엄령〉은 물론 그 당시의 매우 민감한 주제인 '전체주의'의 문제를 상징적으로 다룬 극이다.

하는 것을 보면 당신은 이미 비평가로서의 특권을 넘어서버렸다는 것을 알 수 있다. 그리고 당신은 그것이야말로 용기와 정직성의 결여라고 씀으로써 결정적으로 나에게 발언권을 넘겨주고 있다. 사실 당신은 고맙게도 그 선택이 나의 책임은 아니라고(번역하자면, 이미 여러 가지 중대한 과실들로 얼룩진 저 못된 바로 Barrault에게 책임이 있다고) 생각해준다.[150] 불행하게도 이 희곡이 스페인을 배경으로 전개되는 것은 내가, 오로지 나 혼자서, 곰곰이 생각한 끝에, 실제로 스페인을 배경으로 일어난 일로 선택했기 때문이다. 그러므로 기회주의적이고 정직하지 못하다는 당신의 비난은 내가 감당하지 않으면 안 된다. 사정이 이러하고 보면 당신은 내가 당신에게 답하지 않을 수 없다고 느끼는 것에 놀라지는 않을 줄 안다.

사실 당신이 만약 스페인같이 심각한 주제를 건드리지만 않았더라면 나는 그런 비난들에 맞서서 나 자신을 옹호하려고 나서지 않았을 가능성이 높다(오늘날 과연 누구 앞에서 자신을 정당화한단 말인가?). 왜냐하면 정말이지 내가 〈계엄령〉을 쓸 때 그 누구에게 잘 보이려고 애쓴 것은 아니라는 사실을 굳이 말할 필요는 없으니 말이다. 나는 우파든 좌파든 가리지 않고 전체주의적 방식으로 조직되었고 지금도 조직되고 있는 정치적 사회의

---

150) (옮긴이주) 마르셀은 그의 평문의 서두에서 "카뮈는 위험천만하게도 장 루이 바로 씨의 부추김을 받았다"라고 단언한다. 그 무렵 배우 겸 연출자인 장 루이 바로는 1948년 8월 폴란드에서 창립된 공산주의 계열의 평화 운동에 가담하여 열심히 활동하고 있었다. 그는 파블로 피카소, 폴 엘뤼아르, 페르낭 레제 등의 좌파 예술가들과 가까이 지냈다.

한 유형을 정면으로 공격하고자 한 것이었다. 진실한 관객이라면 누구나 이 희곡이 러시아든 독일이든 스페인이든 전체주의 국가의 추상(抽象)과 공포에 맞서 개인, 고귀한 의미에서의 육체, 그리고 끝으로 지상적인 사랑의 편을 들고 있다는 것을 의심할 수 없을 것이다. 진지한 박사 석학들이 매일 우리 사회의 쇠퇴에 대해 성찰하고 그 쇠퇴의 심오한 이유들을 찾으려 한다. 그 이유들은 아마 존재할 것이다. 하지만 우리들 중 가장 단순한 사람들의 시각에서 보면 시대의 악은 그것의 원인이 아니라 결과에 의해서 규정되는 것이다. 그 악의 이름은 국가다. 그것은 경찰국가일 수도 있고 관료 국가일 수도 있다. 더없이 다양한 이데올로기적 구실 아래 모든 나라에서 증식되고 있는 악, 억압의 기계적, 심리적 수단들을 통해서 그 악이 확보하는 모욕적인 안정감은 우리 각자 안에 존재하는 최선의 몫에는 치명적인 위험이 된다. 이러한 관점에서 보면 현대의 정치적 사회는 그 내용이 어떤 것이건 경멸당해 마땅하다. 나는 다른 말은 하지 않았다. 그렇기 때문에 〈계엄령〉은 그 어떤 것에 대해서도 예외를 두지 않는 하나의 단절 행위다.

이 점 분명히 밝혔으니, 자 그렇다면 왜 스페인인가? 솔직히 고백하거니와, 당신을 대신하여 내가 이런 질문을 던지자니 좀 부끄럽다는 생각이 든다. 왜 게르니카인가[151], 가브리엘 마르셀?

---

151) (옮긴이주) 1937년 4월 26일 독일 전투기들은 세 시간에 걸쳐 바스크 지방의 작은 마을 게르니카를 무차별적으로 폭격하여 엄청난 피해를 입혔다. 이 비극은 거의

왜 스스로의 안락과 한심한 윤리 속에 파묻혀 아직도 잠을 자고 있는 한 세계의 면전에서, 처음으로 히틀러, 무솔리니, 프랑코가 아이들에게 전체주의의 기술이 무엇인지를 보여준 그 만남인가? 그렇다, 왜 우리와도 무관하지 않은 그 만남인가? 내 나이의 사람들은 처음으로 역사 속에서 의기양양 득세한 불의와 맞닥뜨리고 있었다. 그때 바리세인 같은 위선의 요란한 장광설 속에서 무고한 사람들의 피가 흐르고 있었는데 그 수다는 지금도 여전히 계속되고 있다. 왜 스페인인가? 왜냐하면 우리는 그 피로 손을 씻지 않을 얼마 안 되는 몇 사람들이기 때문이다. 그 이유가 무엇이건——나는 그 좋은 이유들을 알고 있다——반공산주의가 우리네 정부들과의 공모하에 영속적으로 이어지는 이 불의를 망각할 정도로 스스로의 믿음에 빠져드는 한 우리는 반공산주의를 인정하지 못할 것이다. 나는 러시아의 집단 수용소들에 대하여 내가 어떻게 생각하는지를 최대한 큰 목소리로 말했다. 그러나 그 때문에 내가 다하우를, 부헨발트를, 그리고 무수한 사람들의 이름 없는 고통을, 스페인 공화국의 명줄을 끊어버린 끔찍한 탄압을 잊을 수는 없는 것이다. 그렇다, 우리의 위대한 정치인들이 느끼는 연민의 정에도 불구하고 고발해야 하는 것은 바로 그런 모든 것들이다. 그리고 나는 페스트가 가장 광범위한 지역에 걸쳐 동유럽을 유린하고 있다는 이유 때문에 서유럽에 이 끔찍

즉각적으로 전체주의의 야만성의 상징으로 떠올랐다. 공산당의 선전은 이를 즉각 활용했고 한편 가톨릭계의 일부는 이를 계기로 프랑코 체제의 폭정에 눈을 뜨게 되었다. 피카소는 이에 대한 그 유명한 그림 〈게르니카〉를 그려 1937년 만국 박람회에 내걸었다.

한 페스트가 침범하는 것을 용납하지는 않을 것이다. 제대로 된 정보를 접하고 있는 사람들이 볼 때 현재 인간의 존엄성을 중시하는 사람들을 절망시키기에 가장 알맞은 소식은 스페인에서 전해져오고 있는 것이 아니라고 당신은 쓰고 있다. 당신은 제대로 된 정보를 접하지 못하고 있다, 가브리엘 마르셀. 어제도 다섯 명의 정치적 반대자들이 그곳에서 사형 선고를 받았다.[152] 그러나 당신은 망각을 배양함으로써 이미 잘못된 정보를 접할 준비가 되어 있었던 셈이다. 당신은 전체주의적 전쟁의 첫 번째 무기들이 이미 스페인의 피로 물들었었다는 사실을 잊어버린 것이다.[153] 당신은 1936년에 반란을 일으킨 장군이 그리스도의 이름으로 무어인 부대를 소집하여 스페인 공화국의 합법적 정부에 맞서 싸우는 전장에 투입했으며, 용서받을 수 없는 살육을 자행한 끝에 불의가 승리를 거두게 만들었고, 그리하여 그로부터 10년간 지속되었던, 그리고 아직도 끝나지 않고 있는 참혹한 탄압을 시작했다는 사실을 잊어버렸다. 그렇다, 정녕 왜 스페인인가? 왜냐하면 다른 많은 사람들과 더불어 당신이 그 기억을 잃어버렸기 때문이다.

---

152) 이 무렵, 《르 몽드》는 바르셀로나의 군사법정에서 8명의 "테러리스트"들이 사형 선고를 받았고(10월 29일자), 코로뉴에서는 2명의 공산주의 지도자가 사형 집행되었다고(11월 9일자) 보도했다.

153) 스페인에 관련된 모든 정치적 텍스트들에서 카뮈는 항상 2차대전은 1936년 프랑코의 반란으로 소급된다는 생각을 견지했다. 이 생각은 1944년 9월 7일자 《콩바》의 사설에 처음 표현되었다. "지금부터 8년 전 스페인에서 시작된 이 유럽의 전쟁은 스페인 없이 종식되지는 않을 것이다."

또한 소수의 몇몇 프랑스 사람들과 함께 나도 아직 내 나라가 자랑스럽지 않은 때가 있기 때문이다. 나는 프랑스가 러시아 정부에 소련 반대자들을 넘겨준 일이 있는지 알지 못한다. 아마도 그런 일이 일어날 수도 있을 것이다. 우리 지식인들은 무슨 짓이든 할 준비가 되어 있으니 말이다. 그러나 그와 반대로 스페인의 경우, 우리는 이미 그런 행동을 저질렀다. 휴전의 가장 불명예스러운 약정 조항에 따라 우리는 히틀러의 명령으로 프랑코에게 스페인 공화주의자들을 넘겨주었다. 그들 중에는 저 위대한 루이스 콤파니스[154]도 포함되어 있었다. 그리고 콤파니스는 그 끔찍한 거래의 와중에 총살당했다. 물론 그것은 비시 정부의 소행이었지 우리가 한 짓은 아니었다. 우리는 단지 1938년에 시인 안토니오 마차도를 강제 수용소에 넣었을 뿐이다. 그는 그곳에서 죽어서 나왔다.[155] 그러나 프랑스 정부가 전체주의적 살인자들의 모집관으로 변신하던 그날에 누가 목소리를 높였던가? 아무도 그러지 않았다. 그것은 아마도 소리 높여 항의할 수 있었을 사람들이, 가브리엘 마르셀, 당신처럼, 러시아 체제 안에서 벌어

---

154) (옮긴이주) 루이스 콤파니스는 1934년 카탈루냐 납세구의 대통령이 되어 스페인공화국을 향하여 완전 독립을 선언했다. 유죄 판결을 받고 사면된 그는 공화파 쪽에 가담하여 싸웠다. 그는 내란 전쟁 말기에 프랑스로 넘어왔다가 라볼에서 독일군에 체포되어 비시 정권에 의하여 스페인 당국으로 넘겨졌다. 그는 1940년 11월 15일 바르셀로나에서 총살되었다.

155) (옮긴이주) 이 시인의 마지막에 대한 정보들은 서로 엇갈린다. 1938년 마차도는 바르셀로나에 있었던 것 같다. 전쟁이 끝나갈 무렵, 다수의 공화파들이 그랬듯이 그 역시 어머니와 누이와 함께 국경을 넘었다. 1939년 2월 22일 그는 병들고 지친 몸으로 프랑스 땅 콜리우르에 도착하여 죽었다.

지고 있는 가장 혐오스러운 사태에 비하면 그런 모든 것쯤은 별것 아니라고 보기 때문일 것이다. 사정이 그러하다면, 총살당하는 사람이 하나 더냐 하나 덜이냐의 문제가 아닌가 말이다! 하지만 총살당한 사람의 얼굴은 그게 바로 추악한 상처이고 보니 거기에 결국 탈저(脫疽)가 생기고 말았다. 탈저는 번져나갔다.

그렇다면 콤파니스를 살해한 자들은 지금 어디에 있는가? 모스크바에, 아니면 우리나라에? 대답은 우리나라에다. 우리는 우리가 콤파니스를 총살했다는 것을, 그리고 그 이후에 일어난 일들에 대해 책임이 있다는 것을 인정해야 한다. 우리는 그 일로 인해 우리가 치욕을 느낀다고 말해야 한다. 그것을 만회할 단 한 가지 방법은 지난날에 자유로웠던 스페인, 그러나 우리가 저버리고 만 스페인의 기억을, 보잘것없는 것이지만 우리의 자리에서 우리의 방법으로 그렇게 할 수 있었듯이, 간직하는 데 있다고 분명히 말해야 한다. 사실 그 스페인을 배반하지 않은 강대국은 하나도 없다. 정면에서 스페인 사람들을 총으로 쏘아 죽인 독일과 이탈리아 외에는 말이다. 하지만 이것은 위안이 될 수 없고, 자유 스페인은 침묵으로 계속 우리에게 사죄를 요구하고 있다. 나로서는 보잘것없는 것이지만 내가 할 수 있는 것을 했다. 그런데 그것이 당신의 빈축을 사는 것이다. 내게 더 많은 재능이 있었다면 더 크게 사죄할 수 있었을 것이다. 이것이 내가 말할 수 있는 전부다. 비열함과 협잡은 바로 공모하는 것이었을 것이다. 하지만 나는 이 점에 대해서는 이 정도로 그치겠다. 당신에 대한 존경의 표시로 나의 감정을 드러내지는 않겠다. 내가 당신에게 기껏 할 수 있는 말이 있다면, 감정을 가진 사람이라면 누구도 수치와 독재의 어둠에 맞서서 스스로의 의사를 표현하도록 육체와 자긍심을 지닌 국민을 선택해야 할 때에 내가 스페인 국민을 선택했다는 것에 놀라지는 않았으리라는 사실이다. 그래도 나는《리더스 다이제스트》의 국제적 독자들이나《삼디 수아르 *Samedi-Soir*》와《프랑스 디망슈*France-Dimanche*》지의 독자들을 선택할 수는 없는 일이었다.[156]

그러나 당신은 아마도 내가 가톨릭교회에 부여한 역할에 대한 나의 해명이 궁금하여 조바심이 날 것이다. 이 점에 대해서는 나는 짧게 말하겠다. 당신은 내 소설에서는 그렇지 않았는데 여기서는 그 역할이 추악한 것이었다고 생각하는 것이다. 하지만 내 소설에서는 내가 독일 점령기에 어느 정의로운 전투에서 만났던 기독교인 친구들[157]의 역할을 정당하게 평가할 필요가 있었다. 반대로 희곡 작품에서는 스페인 가톨릭교회의 역할이 어떤 것이었는지 말하지 않으면 안 되었다. 그런데 내가 그 역할을 추악한 것으로 만든 것은 세계 앞에서 스페인 가톨릭교회가 했던 역

---

156) (옮긴이주) 1922년 미국에서 창간된《리더스 다이제스트》는 1947년 불어판《셀렉시옹*Selection*》을 내놓았다.《삼디 수아르*Samedi-Soir*》와《프랑스 디망슈*France-Dimanche*》는 대량의 발행 부수를 자랑하는 통속 주간지로 생 제르맹 데 프레의 실존주의파에 대한 흥미 본위의 르포 기사들로 프랑스 지성사의 한 자리를 차지했다.

157) (옮긴이주) 특히 카뮈가 여러 가지 글에서 언급한 시인 르네 레노와 레몽 레오폴드 브뤼베르제 신부를 들 수 있다. 소설《페스트》에서 파늘루 신부는 첫 설교에서, 여기〈계엄령〉이 다시 다루고 있는, 속죄 의식을 강조하지만 점차 역병을 퇴치하려는 투쟁에 능동적으로 참가한다.

할이 실제로 추악했기 때문이다. 그 진실이 당신에게 아무리 견디기 힘든 것이라 할지라도 당신은, 유럽인들의 의식을 여전히 괴롭히고 있는 그 장면은 10년 전부터 계속되고 있는 데 반하여, 당신이 거북스럽게 여기는 그 장면은 겨우 일 분 정도에 그치고 있다는 것을 생각하면서 자위하는 것이 좋을 것이다. 그리고 만약 초기부터 두 사람의 위대한 기독교인, 즉 이제는 고인이 된 베르나노스[158]와 자기 나라에서 추방당한 호세 베르가민[159]이 목소리를 높이지 않았더라면 가톨릭교회 전체가 처형용 총검들을 축성하는 스페인 주교들의 어처구니없는 파렴치 행위에 연루되었을 것이다. 베르나노스라면 당신이 이 문제에 대하여 쓴 것과 같은 글을 쓰지 않았을 것이다. 그는 내가 쓴 장면을 끝맺는 한마디, "스페인 기독교인들이여, 당신들은 버림받은 것이다"라는 말이 당신의 신앙을 모독하는 것이 아니라는 것을 알고 있었다. 그 말과 다른 말을 하거나 침묵한다면 그것이야말로 진실에 대한 모독이라는 것을 그는 알고 있었다.

〈계엄령〉을 다시 쓴다 해도 나는 또다시 스페인을 배경으로 삼을 것이라는 게 나의 결론이다. 그리고 오늘이 그렇듯 내일도, 스페인을 통하여 그 작품이 던지는 비난이 겨냥하는 대상이 모

---

158) (옮긴이주) 앞의 글 〈모럴과 정치〉 참조.
159) (옮긴이주) 작가 겸 문학 비평가인 호세 베르가민은 공화파 쪽을 선택한 스페인 가톨릭에 속한다. 1939년에 그는 멕시코로 망명하여 잡지를 창간하고 출판사를 설립한다.

든 전체주의적 사회들이라는 것은 누구에게나 명백하게 느껴질 것이다. 그러나 그것은 적어도 무슨 부끄러운 공모를 대가로 한 것은 아니었을 것이다. 결코 다른 식으로가 아니라 바로 그런 식으로 우리는 공포에 저항할 권리를 간직할 수 있을 것이다. 바로 그런 이유 때문에, 정치적 차원에 있어서는 우리의 의견 일치는 절대적이라고 당신이 말할 때 나는 당신의 생각에 동의할 수 없는 것이다. 왜냐하면 당신은 또 다른 테러와 더욱 잘 겨루기 위하여 어떤 한 가지 테러에 대해서는 침묵하는 것에 동의하기 때문이다. 우리 몇몇 사람들은 그 어떤 것에 대해서도 침묵하기를 원치 않는다. 우리로 하여금 구역질을 느끼게 하는 것은 우리의 정치적 사회 전체다. 그렇기 때문에 아직도 어떤 값어치가 있는 사람들 모두가 그 사회를 송두리째 포기하고 해결 불가능한 모순들 가운데가 아닌 다른 곳에서 혁신의 길을 찾으려 할 때에만 구원이 가능할 것이다. 그런 날이 올 때까지 우리는 싸워야 한다. 단, 전체주의적 압제는 전체주의자들의 덕목을 바탕으로 하여 성립되는 것이 아니라는 것을 알면서 싸워야 한다. 그것은 자유주의자들의 오류를 바탕으로 하여 성립되는 것이다. 탈레랑의 말은 경멸할 만한 것이다. 과오가 범죄보다 더 나쁜 것은 아니다. 하지만 과오는 결국에 가서 범죄를 정당화하고 범죄에 알리바이를 제공하게 된다. 그래서 과오는 피해자들을 절망케 하며 그리하여 유죄가 되는 것이다. 내가 동시대의 정치적 사회에 용서할 수 없는 것은 바로 이 점, 즉 그 사회는 사람들을 절망케 하는 기계라는 점이다.

당신은 아마 사소한 것을 구실로 어지간히도 열을 올린다고 생각할 것이다. 그러니 이번만은 내가 내 스스로의 이름으로 말할 수 있도록 해주기 바란다. 내가 몸담고 사는 세계에 대하여 나는 혐오감을 느끼지만 나는 그 세계에서 고통을 겪는 사람들에 대하여 연대 의식을 느낀다. 세상의 어떤 야망들은 나와 무관한 것들이어서, 나는 이 세상과 적당히 타협하는 사람들에게나 할애된 보잘것없는 특권들에 기대어 나의 길을 찾아야 한다면 마음이 편치 않을 것이다. 하지만 내가 보기에 세상에는 모든 작가들이 품어 마땅할 또 다른 야망이 한 가지 있는 듯하니 그것은 바로 힘이 닿는 한, 우리의 능력이 허락하는 한, 우리와 마찬가지로 얽매여 사는 사람들을 위해서 증언하고 소리 높여 외치는 것이다. 당신이 당신의 글에서 비난한 것은 바로 그러한 야망이므로, 어떤 사람이 살해당했을 때, 오직 그 사람이 당신의 생각을 공유하는 경우에만 비로소 그 살해 사실이 당신의 분노를 자아낸다면 나는 언제까지건 계속해서 당신에게 그런 비난을 할 권리를 거부할 것이다.

자유의 증인[160)]

160) (옮긴이주) 이 《시사평론》의 결론부에 해당하는 동시에 예술가와 그의 사회의 관계에 대한 카뮈의 성찰을 잘 드러내는 글이다. 그는 이 기회에 한편으로 예술가가 한 시민으로서 하는 말과 행동, 다른 한편으로 예술가와 예술 작품 사이의 관계를 규명하려 노력하면서 2년 전 〈피해자도 가해자도 아닌〉에서의 분석을 바탕으로 하여 예술가가 살고 있는 당시 세계의 어두운 상황을 조망하고 이어 예술가의 소명과 그가 몸담고 있는 공동체의 요청 사이의 모순으로 고민하는 가운데, 창조 행위는 예술가 자신이나 인간 자체에게는 무엇보다 우선 자유의 행위임을 강조하는 한편, 역사를 거부하는 동시에 역사에 참여해야 하는 예술가의 모순된 입장을 투철하게 의식한다. 이런 생각의 흐름은 1949년 남미 여행 중의 강연 〈살인자들의 시대〉로 이어지고 1953년 《반항하는 인간》의 〈창조와 혁명〉, 그리고 《시사평론 II》의 〈예술가와 그의 시대〉, 1954년 이후 같은 제목으로 행한 일련의 강연들을 거쳐 마침내 1957년 노벨 문학상 수상 연설에서 그 절정에 달한다. 《여름》에 실린 산문 〈헬레네의 추방〉도 같은 흐름의 생각을 보다 서정적으로 번역하고 있다.

(1948년 11월 플레엘에서 열린 한 국제 작가 집회[161])에서 가진 연설로, 1948년 12월 20일《라 고슈》지에 발표되었다.)

우리는 보잘것없지만 흉포한 이데올로기들에 떠밀린 사람들이 무엇이나 다 부끄럽게 여기는 데 길이 든 그런 시대에 살고 있다. 자기 자신이 부끄럽고, 행복한 것이 부끄럽고, 사랑하는 것이나 창조하는 것이 부끄러운 것이다. 라신이 〈베레니스〉를 부끄러워하고 렘브란트가 〈야간 순찰〉을 그린 자신에 대해 용서를 구하기 위해 구역 상시 개설 창구로 등록 신청

---

161) (옮긴이주) 집회의 주체는 '사르트르와 루세의 당'으로 잘못 알려진 R.D.R.(민주혁명연합)으로 정당이라기보다는 지식인 운동이었다. 1948~1949년이라는 짧은 기간 동안 존속했던 이 모임은 동서 양대 진영의 분할을 거부하면서, 자본주의도 공산주의도 다 같이 배격하는 좌파 지식인들의 단체였다. 《콩바》, 《프랑티뢰르》, 《에스프리 *Esprit*》 등의 신문, 잡지의 지원을 받았다. 카뮈는 공식적으로 이 모임에 속하지 않았지만 그 취지에 공감하는 편이어서 이 강연 내용뿐만 아니라 다른 글들도 R.D.R.의 격월간지 《라 고슈》에 실었다. 실제로는 12월 13일에 있었던 이 강연 연사들의 면면은 화려했고 청중들의 호응도 뜨거웠다. 이튿날 《프랑티뢰르》지는 이 모임을 "플레엘에 4,000명의 파리 사람들"이라는 제목으로 보도했다. 카뮈 외에도 앙드레 브르통, 사르트르, 미국 작가 리처드 라이트(그의 강연은 시몬 드 보부아르가 번역했다), 독일 작가 테오도어 플리에비에, 이탈리아의 카를로 레비 등이 강연했다.

을 하러 달려가는 그런 시대다.[162] 오늘날의 작가들과 예술가들은 그처럼 병약한 의식을 갖고 있고, 우리들 사이에서는 우리의 직업에 대해 양해를 구하는 것이 유행이다. 사실 사람들은 우리가 그렇게 하도록 조장하는 데 은근히 열을 올린다. 우리 정치계의 구석구석에서 우리를 향해 커다랗게 외치는 소리가 터져 나오면서 우리 스스로에 대한 변명을 강요한다. 우리는 자신의 무용함을 변명하고, 동시에 바로 우리의 그 무용성 자체에 의해서 천박한 목적들에 이용되는 것을 변명하지 않으면 안 된다. 그리고 우리가 그처럼 모순되는 비난들에서 벗어나기가 너무 어렵다고 대답하면 사람들은 우리에게 말한다. 모든 사람의 눈에 골고루 다 정당화되는 것은 불가능하지만 우리가 몇몇 사람들의 편을 들면——과연 사람들의 말을 들어보면 그 편이 유일한 진리라는데——그들로부터 관대한 용서를 얻을 수 있다고 말이다. 이런 종류의 논리가 잘 통하지 않게 되면 사람들은 또 예술가에게 말한다. "세계의 비참한 모습을 보라. 당신은 그것을 위해 무얼 하고 있는가?" 이 파렴치한 공갈에 예술가는 이렇게 대꾸할 수 있을 것이다. "세계의 비참? 내가 거기에 거드는 건 없다. 당신들 가운데 과연 누가 그런 말이라도 할 수 있겠는가?" 그렇긴 하지만 우리 중 누구도, 그가 좀 엄격한 인간이라면, 절망한 인간에게서 터져 나오는 호소를 모른 체하고 지낼 수는 없는 것이 사실이다. 그러므로 최대한 죄의식을 느껴야 한다. 이리하여 바

---

162) (옮긴이주) 공산당의 상시 개설 창구를 암시한다.

야흐로 우리는 세상에서 가장 나쁜 것인, 세속적 고해 성사에 말려드는 것이다.

그러나 그게 그리 간단한 것이 아니다. 사람들이 우리에게 요구하는 선택은 저절로 되는 것이 아니다. 선택은 앞서 이루어진 다른 선택들에 의해서 결정된다. 그런데 예술가가 내린 첫 번째 선택, 그것은 바로 예술가가 되겠다는 것이다. 그리고 그가 예술가가 되기로 선택했다면 그것은 자신이 어떤 사람인지를 고려해서, 자신이 예술에 대해 갖고 있는 어떤 관념 때문에 한 선택인 것이다. 그리고 만약 그에게 이러한 이유들이 그가 내린 선택을 정당화하기에 알맞은 것으로 보였다면 그 이유들은 계속해서 역사에 대한 자신의 입장을 규정하는 데 도움이 되기에 아주 알맞은 것일 가능성이 있다. 적어도 이런 것이 내 생각이다. 어차피 우리는 자유롭게 이야기를 나누고 있으니, 개인적으로 나는, 내가 느끼지도 않는 양심의 가책을 강조할 것이 아니라, 세계의 비참을 눈앞에 보면서 바로 그 비참 때문에 내가 우리들의 직업에 대하여 품게 되는 두 가지 감정, 즉 감사와 자긍심을 강조함으로써 오늘 저녁 나름대로의 별난 생각을 말해보고자 한다. 스스로를 정당화해야 한다니, 나는 우리가 지닌 능력과 재능의 한계 안에서 어떤 직업을 행사하는 데 왜 어떤 정당화가 있어야 하는 것인지를 말해보았으면 한다. 증오 때문에 메말라버린 한 세계의 한복판에서 우리들 각자에게 자신은 그 누구의 치명적인 적도 아니라고 태연하게 말할 수 있게 해주는 직업을 행사하는 데 말이다. 그러나 이것은 설명을 필요로 하는바, 그 설명을 위해서 우선 나는 우리가 살고 있는 세계에 대해, 그리고 또 우리네 예술가 작가들이 그 세계에서 하도록 되어 있는 것에 대해 어느 정도 말할 필요가 있다.

우리를 둘러싼 세계는 불행 속에 빠져 있고, 사람들은 우리에게 그 세계를 바꾸기 위해 뭔가를 하기를 요구한다. 그러나 그 불행이란 대체 어떤 것인가? 언뜻 생각하기에 그 불행은 간단히 정의될 수 있을 것 같아 보인다. 즉 최근 몇 년 동안 세상에서 많은 살인이 저질러졌고 어떤 사람들은 앞으로도 더 살인이 저질러질 것으로 본다는 식으로 말이다. 그토록 많은 사람들이 죽었으니 그것은 결국 분위기를 무겁게 만들어버린다. 물론 그것은 새로운 일은 아니다. 공적인 역사는 항상 대살인자들의 역사였다.[163] 그런데 카인이 아벨을 죽이는 것은 어제오늘의 일이 아니다. 그러나 논리의 이름으로 카인이 아벨을 죽이고 나서 레지옹 도뇌르 훈장을 요구하는 것은 오늘날에 와서의 일이다. 이해를 돕기 위하여 예를 하나 들어보겠다.

1947년 11월의 대규모 동맹 파업[164] 동안에 신문들은 파리의 사형 집행인 역시 그가 하던 일을 중단할 것이라고 보도했다. 내

---

163) (옮긴이주) 카뮈는 1948년 봄에 처음으로 시몬 베유의 《뿌리내리기》를 읽었다. 거기에는 이렇게 기록되어 있다. "역사는 살인자들이 그들의 피해자들과 자기 자신들에 대하여 쓴 공술서의 편집에 불과하다."

164) (옮긴이주) 1947년에는 여러 차례의 파업이 이어졌다. 심각한 경제적 어려움은 물론 냉전 체제 초기 공산당이 야당의 지위로 복귀한 것이 그 이유였다. 11월의 파업은 민중 봉기를 우려할 만한 수준에 이르렀다.

느낌으로는 사람들이 우리 동포의 그 같은 결정을 충분히 주목하지 않은 것 같다. 그의 요구는 분명한 것이었다. 그는 물론 사형 집행을 할 때마다 특별 수당을 지급할 것을 요구했다. 이는 어느 기업에서나 기본에 속하는 것이다. 하지만 특히 그는 사형 집행부서의 부서장 지위를 강력하게 요구했다. 실제로 그는 자기가 열심히 봉사하고 있다고 여기는 터인 국가로부터 한 현대 국가가 그 충복들에게 제공할 수 있는 유일한 인정, 유일하고 가시적인 영예, 다시 말해서 행정적인 지위를 부여받기를 원했던 것이다. 이렇게 하여 역사의 무게에 짓눌려 우리의 마지막 자유 직업들 중 하나가 종말을 고해가고 있었다. 실제로 그건 분명 역사의 무게에 눌린 것이었으니 말이다. 야만적 시대들에는 어떤 무시무시한 후광이 사형 집행인을 세상의 한쪽으로 멀찍이 밀쳐놓고 있었다. 그는 직무상 생명과 육체의 신비에 위해를 가하는 사람이었다. 그는 하나의 공포의 대상이었고 자신이 그런 존재임을 알고 있었다. 그리고 이 공포는 동시에 인간의 생명의 가치에 대한 인정이었다. 오늘날에 와서 그는 오직 수치심의 대상일 뿐이다. 그러니 나는 이런 상황에서, 그가 손톱이 깨끗하지 않다는 이유 때문에 더 이상 부엌에서 푸대접받는 신세가 되고 싶지 않으려 하는 것은 당연하다고 생각한다. 살인과 폭력이 이미 독트린이고 이제는 제도가 되려고 하는 판인 문명에서는 사형 집행인들도 행정적 틀 안으로 들어갈 권리가 충분히 있다. 사실 우리네 프랑스인들은 다소 지각을 한 셈이다. 이 세상 도처에서 사형 집행자들은 이미 행정부에 자리를 틀고 앉아 있다. 그들은 단지 도끼 대신 스탬프로 바꾸어 들고 있을 뿐이다.

죽음이 통계와 행정에 관한 건이 된다면 그것은 실상 세상의 일들이 제대로 돌아가지 않기 때문이다. 그러나 죽음이 추상적인 것이 된다면, 그것은 삶 또한 추상적이기 때문이다. 그리고 사람들이 삶을 어떤 이데올로기에 복종시킬 생각을 하는 순간부터 각자의 삶은 추상적일 수밖에 없다. 불행은 우리가 이데올로기의 시대를, 그리고 전체주의적 이데올로기의 시대를 살고 있다는 사실이다. 다시 말해서, 자신의 지배 속에서만 세상의 구원이 가능하다고 볼 만큼 스스로에 대해, 그 어리석은 대의 혹은 그 군색한 진실에 대해 너무나도 자신하는 이데올로기 말이다. 그리고 어떤 사람이나 어떤 것을 지배하고자 한다는 것은 곧 그어떤 사람의 불모, 침묵 혹은 죽음을 바라는 것이다. 우리의 주변을 둘러보기만 해도 그것을 충분히 확인할 수 있다.

대화 없이는 삶도 없다.[165] 그런데 오늘날 이 세상 어디를 가나 대화는 대부분 논쟁으로 대체되어 있다. 20세기는 논쟁과 모욕의 세기다. 나라들과 개인들 사이에서, 예전에는 이해관계와 무관했던 영역들에서, 전통적으로 사려 깊은 대화가 차지했던 자리를 논쟁이 차지한다. 무수한 목소리들이 밤이고 낮이고 각자 자기 쪽에서 소란스러운 독백을 계속해나가면서 국민들에게 기만적인 언사, 공격, 방어, 흥분의 물살을 쏟아낸다. 그렇다면 대체 논쟁의 메커니즘은 어떤 것인가? 그것은 상대방을 적으로 간

---

165) (옮긴이주) 카뮈에게 가장 중요한 문제 중의 하나는 '대화'와 '소통'이다.

주하고, 따라서 그를 단순화하며, 그를 쳐다보기를 거부하는 데 있다. 내가 상대방을 모욕하게 되면 나는 그의 눈이 무슨 색인지, 그가 더러 미소를 짓기도 하는지 어떤 방식으로 미소를 짓는지 더 이상 알지 못한다. 논쟁의 세례를 받아 4분의 3은 눈이 멀게 된 우리는 더 이상 사람들 가운데가 아니라 실루엣의 세계에서 사는 것이 된다.[166]

설득이 없으면 삶도 없다. 그런데 오늘날의 역사는 협박밖에 모른다. 사람들은 언제나 서로 나눌 수 있는 공통된 그 무엇인가를 갖고 있다는 생각을 바탕으로 하여 살고 있고, 오직 그런 생각 위에서만 살 수 있다. 하지만 우리는 세상에 설득이 되지 않는 사람들이 있다는 것을 알게 되었다. 강제 수용소에 갇힌 희생자로서는 자신을 능욕하는 사람들에게 그러면 안 된다고 설명하는 것이 불가능했고 지금도 여전히 불가능하다. 그들은 더 이상 인간을 대표하는 것이 아니라 가장 굳은 의지의 고온에까지 달구어진 어떤 이념을 대표하기 때문이다. 지배하려 드는 사람은 귀머거리다. 그 사람 앞에서는 맞서 싸우든지 죽든지 해야 한다. 오늘날의 사람들이 공포 속에서 살고 있는 것은 그 때문이다. 《사자의 서》를 보면 용서받을 자격이 있는 정의로운 이집트인이라면 "나는 그 누구에게도 두려움을 안겨주지 않았다"라고 말할

---

166) (옮긴이주) 《작가수첩 II》(책세상 카뮈 전집, 287쪽) 참조. "논쟁-추상화의 요소로서. 한 인간을 적으로 간주할 때마다 우리는 그를 추상화한다. 우리는 그에게서 멀어진다. 그가 너털웃음을 웃곤 하는 사람임을 알고 싶어 하지 않는다. 그는 한갓 실루엣이 되고 만다."

수 있어야 했다는 말을 읽을 수 있다.[167] 이러한 조건이라면 최후의 심판의 날에 신의 축복을 받은 사람들의 반열 속에서 우리의 위대한 동시대인들을 찾으려 해봐야 아무 소용이 없을 것이다.

이제는 눈멀고 귀먹고 겁먹은 채 배급표로 연명하고 그 일생이 송두리째 경찰 기록 속에 요약되어 있는 그런 실루엣들이 나중에는 익명의 추상들로 취급된다 한들 어찌 놀랍다 하겠는가. 그런 이데올로기들에서 생겨난 체제들은 제도적으로 그 주민들을 그들의 땅에서 뿌리 뽑아서 오로지 통계 숫자 속에서 보잘것없는 생명을 취할 뿐인 핏기 없는 상징들인 양 유럽의 지표상으로 이리저리 끌고 다니는 체제들이라는 사실을 확인하게 되는 것은 흥미로운 일이다. 그 잘난 철학들이 역사 안으로 들어온 이래, 과거에는 저마다 자기만의 악수하는 방식을 가지고 있었던 무수한 사람들이 지극히 논리적인 어떤 세계가 그들을 위해 고안해낸, 국외 망명자용의 두 개 머리글자[168] 아래 결정적으로 매몰되고 만 것이다.

그렇다, 이 모든 것이 다 논리적이다. 세계 전체를 하나의 이론의 이름으로 통합하려 할 때는 그 세계를 그 이론 자체만큼이나

---

167) (옮긴이주)《작가수첩 II》(295쪽) 참조. "이집트 사람들에 따르면, 정의로운 사람은 죽은 뒤에 이렇게 말할 수 있어야 한다. '나는 아무에게도 고통을 준 일이 없습니다.' 그렇지 못하면 벌을 받아야 하니까."

168) (옮긴이주) "두 개 머리글자"란 'D.P.' 즉 영어로 'Displaced Person'의 약자다. 이는 전후 유럽의 정치적 난민들을 지칭하는 말이었다. 카뮈는 1949~1950년 '국제연락그룹'에서의 활동의 일환으로 프랑스에서 그 난민들을 돕는 일을 했다.

눈멀고 귀먹고 뼈만 남은 것으로 만드는 것 외에 다른 방법이 없다. 인간을 삶과 자연에 붙들어 매어주는 뿌리 그 자체를 잘라버리는 것 외에 다른 방법이 없다. 그러니 도스토옙스키 이래 위대한 서구 문학 속에서 풍경들을 발견하지 못하게 된 것은 우연이 아니다.[169] 오늘의 의미 있는 책들이 마음의 미세한 뉘앙스와 사랑의 진실들에 관심을 갖는 대신에 재판관과 재판과 소송, 그리고 고소의 기계 장치에만 몰두하는 것은, 세계의 아름다움을 향해 창문을 여는 대신에 고독한 사람들의 고뇌만 가득한 방의 창문들을 꼭꼭 닫아거는 것은, 우연이 아니다. 서구 사상 전체에 영감을 불어넣고 있는 오늘의 철학자가, 오직 현대 도시만이 인간 정신으로 하여금 스스로를 의식하도록 해준다고 쓴 철학자, 심지어 자연은 추상적이고 이성만이 구체적이라고까지 말한 철학자인 것은 우연이 아니다. 실제로 그것은 헤겔의 관점[170]으로, 그것은 결국 모든 것을 죽이고 마는, 저 엄청난 지적 모험의 출발점이다. 자연이라는 위대한 스펙터클 속에서 이 도취한 지성들은 자기 자신 외에는 더 이상 아무것도 보지 못한다. 그것이 최후의 실명(失明)이다.

왜 더 나아가야 하는가? 유럽의 파괴된 도시들을 알고 있는 사람들은 내가 무슨 말을 하는지 안다. 그 도시들은 오만으로 인하여 살이 빠지고 야윈 세계, 어떤 단조로운 묵시록을 따라 망령들

---

169) (옮긴이주) 〈헬레네의 추방〉, 138쪽. "도스토예프스키 이후 유럽의 위대한 문학 작품들 속에서는 풍경을 찾아볼래야 찾아볼 길이 없다."

170) (옮긴이주) 〈헬레네의 추방〉, 138쪽 참조.

이 자연과 존재들과의 잃어버린 우정을 찾아 헤매는 그런 세계의 이미지를 보여준다. 유럽인의 엄청난 비극은 그와 그의 역사적 변화 생성의 사이에 더 이상 자연의 힘도 우정의 힘도 끼어들 여지가 없다는 데 있다. 뿌리가 잘리고 사지가 말라버린 그는 이미 그에게 약속된 교수대와 다를 것이 없다. 그러나 적어도 이 어처구니없는 상황의 절정에 이른 지금, 이성의 제국을 추구하고 있는 것처럼 보이지만 실은 잃어버린 사랑의 이유들을 찾아 헤매고 있을 뿐인 이 세기의 기만을 우리가 고발하는 것을 막을 것은 아무것도 없는 것이다. 그리고 하나같이 끝에 가서는 윤리라는 이름의, 이 불행하고 메마른 사랑의 아류를 표방하는 우리 작가들은 그것을 잘 알고 있다. 오늘날의 사람들은 아마도 자신의 내면에서 모든 것을 다 통제할 수 있는 것 같다. 그것이 바로 그들의 훌륭한 점이다. 하지만 그들 중 대다수가 결코 되찾지 못할 것이 적어도 한 가지 있는데, 그것은 바로 그들이 잃어버린 사랑의 힘이다. 바로 이것이 실제로 그들이 부끄러움을 느끼는 이유다. 그리고 분명 예술가들 역시 거기에 일조했으므로 이 부끄러움을 함께 느낀다. 그러나 적어도 그들은 자신들이 부끄러워하는 것은 그들 자신이지 그들의 직업이 아니라고 말할 줄 안다.

결국 예술의 존엄성을 이루는 모든 것은 그와 같은 세계를 반대하고 거부한다. 예술 작품은 그것이 존재한다는 사실 자체에 의해서 이데올로기의 성과들을 부정한다. 내일의 역사가 나아가는 방향들 중 하나는 정복자들과 예술가들 간의 이미 시작된 싸움이다.[171] 그러나 양자는 모두 다 같은 목표를 추구하고 있다. 정치적 행동과 창조는 세계의 무질서에 대한 반항의 양면이다. 두 경우 모두 세계에 통일성을 부여하고자 한다. 그리고 오랜 동안 예술가의 신조와 정치적 개혁자의 신조는 구별이 되지 않았다. 보나파르트의 야망은 괴테의 야망과 같은 것이다. 그러나 보나파르트는 우리들의 고등학교에 북을 남겼고 괴테는《로마의 비가》를 남겼다. 그러나 기술에 기댄 효율성의 이데올로기들이 개입하기 시작한 이래, 미묘한 운동을 통해서 혁명가가 정복자로 변신한 이래, 사상의 두 가지 흐름이 방향을 달리한다. 좋든 싫든, 정복자가 추구하는 것은 무엇보다 먼저 서로 반대되는 것들의 조화인 통일성이 아니라 차이의 말살인 전체성이기 때문이다. 정복자가 똑같은 것으로 평준화하는 바로 거기에서 예술가는 서로 다른 것을 구별하려고 노력한다. 육체와 정념의 차원에서 살고 창조하는 예술가는 세상의 그 어떤 것도 단순하지 않다는 것을, 타자가 존재한다는 것을 알고 있다. 정복자는 타자가 존재하지 않기를 바란다. 그의 세계는 바로 우리가 살고 있는 세계, 즉 주인들이 있고 노예들이 있는 어떤 세계인 것이다. 예술가의 세계는 살아 있는 저항과 이해의 세계다. 우리는 증오의 제국들을 알고 있지만 반면에 나는 오직 증오만을 바탕으로 하여 구축한 위대한 작품은 하나도 본 적이 없다. 정복자가 바로 자신

171) (옮긴이주)《반항하는 인간》의 〈반항과 예술〉의 장에서도 같은 맥락의 표현들을 읽을 수 있다.

의 태도의 논리 그 자체에 의해서 처형자가 되고 경찰이 되는 시대에, 예술가는 협력 거부자가 될 수밖에 없다. 현대의 정치적 사회에 직면하여 예술가가 예술을 포기하는 것 말고 취할 수 있는 단 한 가지 조리 있는 태도는 에누리 없는 거부다. 예술가는, 설령 그러고 싶어도, 동시대 이데올로기들의 언어나 수단들을 사용하는 사람들의 공모자가 될 수 없다.

바로 이런 이유 때문에 우리에게 정당화와 참여를 요구하는 것은 부질없고 가소로운 것이다. 참여로 말하자면, 본의는 아니지만 우리는 이미 참여되어 있다. 그리고 결국, 우리를 예술가로 만드는 것은 투쟁이 아니다. 우리를 투사가 되지 않을 수 없게 만드는 것이 예술이다. 예술가는 바로 그가 맡은 기능에 의해서 자유의 증인인데, 자신의 정당화를 위해서 그는 비싼 대가를 치르게 된다. 예술가는 바로 그의 기능에 의해서, 인간의 육체조차 숨 막혀 하는, 극도로 착종된 역사의 심층 속으로 끌려들어간다. 세계가 그러하고 보니, 어떤 대가를 치르게 되건 간에 우리는 이 세계에 개입되어 있으니, 우리는 본질적으로 오늘날 이 세계를 지배하고 있는 추상적 우상들——그것이 국가건 당파건——의 적이다. 사람들은 도덕과 덕의 이름으로 적이 되었다고 믿게 하려 들지만 그런 것이 아니라 어떤 추가적인 속임수에 의해서 그렇게 된 것이다. 우리는 덕이 있는 사람들이 아니다. 우리 개혁자들의 세계에서 덕이 보여주는 인체 측정식 인상으로 미루어 보건대 그걸 아쉽게 생각할 것은 아니다. 우리는 인간의 이성 안에 있는 가장 한심한 것으로 뒤덮인 이 시도들을 인간이 지닌 독특한 면에 대한 열정의 이름으로 언제나 거부할 것이다.

그러나 이것은 동시에 만인에 대한 우리의 연대를 규정한다. 우리가 이제 더 이상 고독한 외톨이가 될 수 없는 것은 바로 우리가 저마다의 고독해질 권리를 옹호해야 하기 때문이다. 우리는 서둘러야 할 입장이라 혼자서 고독하게 일할 수 없다. 톨스토이는 자기가 참가하지 않은 전쟁에 대해서, 문학 전체를 통틀어 가장 위대한 소설을 쓸 수 있었다. 우리 시대의 전쟁은 전쟁 그 자체 이외의 그 어떤 다른 것에 대해서도 쓸 시간을 우리에게 남겨주지 않으면서, 그와 동시에 페기Péguy[172]와 그 밖의 수많은 젊은 시인들을 죽인다. 바로 이러한 이유 때문에 나는 우리들 서로간의 커다란 차이에도 불구하고 오늘 저녁 이 사람들의 모임은 그 차이를 초월하여 의미 있는 것이라고 생각하는 것이다. 경계를 넘어서, 때때로 그런 줄도 모른 채, 그들은 전체주의적 창조와 마주 보며 솟아오르게 될 어떤 하나의 작품의 수많은 모습들을 함께 다듬는 것이다. 모두 다 함께, 그렇다, 그리고 시정의 떠들썩한 소란 속에서 창조의 소리 없는 형상들을 높이 세우려 애쓰는 저 수많은 사람들과 함께. 그리고 지금은 여기에 없지만 언젠가 어쩔 수 없이 우리에게 합류하게 될 또 다른 사람들과 함께. 또한 다른 사람들, 즉 자신들이 하는 작업 속에서는 예술의 힘에 밀려 프로파간다 같은 것은 산산조각이 되어버리고, 그들

---

172) (옮긴이주) 샤를 페기. 프랑스의 시인이자 작가로 투철한 드레퓌스 파였고 개성적인 사회주의자였다. 지극히 신비주의적인 이 시인은 열정적인 가톨릭 신앙으로 회귀했다. 1차대전 초기 마른 전투에서 전사했다.

스스로 진정한 종복이 되어 섬기는 통일성을 부르짖는가 하면, 그들을 일시적으로 부리는 사람들에겐 경계의 표적인 동시에 우리의 어쩔 수 없는 동지애의 표적이 되고 있는데도, 여전히 그들의 예술적 수단을 가지고 전체주의적 이데올로기를 위하여 일할 수 있다고 믿는 그 다른 사람들 또한 함께.

진정한 예술가들은 훌륭한 정치적 승리자는 되지 못한다. 왜냐하면 그들은 상대편의 죽음을, 아, 나는 그걸 잘 알고 있다, 가볍게 받아들이지 못하니까 말이다! 그들은 죽음의 편이 아니라 삶의 편이다. 그들은 법 쪽의 증인이 아니라 육체 쪽의 증인이다. 그들은 자신들의 소명에 의해 자신들의 적인 것까지도 이해하도록 선고받은 사람들이다. 이는, 짐작과는 달리, 그들이 선악에 대한 판단 능력이 없다는 뜻은 아니다. 하지만 가장 극악무도한 죄인에게서도, 다른 사람의 삶을 살아내는 특유의 소질 덕분에, 그들은 언제나 인간들을 정당화해주는, 고통이라는 이름의 이유를 알아볼 줄 안다. 바로 이것이 우리로 하여금 절대적인 판결을 내리지 못하게 하고, 결국 절대적인 징벌에 동의하지 못하게 하는 것이다. 지금 우리가 살고 있는 세계, 인간을 사형에 처하는 이 세계에서, 예술가들은 인간 속에 죽기를 거부하는 것을 위해 증언한다. 사형 집행인의 적이라면 모를까, 예술가는 그 누구의 적도 아니다! 바로 이 점 때문에 이 영원한 지롱드당원들은 사무용 토시[173)를 낀 우리 시대의 산악파들[174)의 위협과 공격의 표적이 될 것이다. 따지고 보면 이 불리한 입장은 바로 그 불편함에 의해서 그들의 위대함이 된다. 언젠가 모든 사람이 그것을 인정하게 될 날이 올 것이다. 그때, 우리들 서로간의 차이를 존중하는, 우리 가운데서도 가장 가치 있는 사람들은 지금처럼 서로 분열하지 않게 될 것이다. 그들은 자신들의 가장 깊은 사명이 자신들과 견해를 같이하지 않는 상대들의 권리를 끝까지 지켜주는 데 있음을 인식할 것이다. 그들은 자신들의 입장에 따라, 침묵과 시체 더미 가운데서 옳은 것보다, 아무도 죽이지 않고 다른 사람들에게 말할 기회를 주면서 틀린 것이 차라리 더 낫다고 선언할 것이다. 그들은, 혁명의 성공이 폭력에 의해서 이루어질 수 있다면 혁명의 유지는 대화에 의해서만 실현될 수 있음을 증명하고자 노력할 것이다. 그리고 그들은 그때 이 기이한 사명이 자신들에게 가장 감동적인 형제애를 만들어준다는 것을 알게 될 것이다. 그것은 불확실한 투쟁에서의 형제애, 위협받는 위대함에서 맛보는 형제애, 모든 지성의 시대들에 걸쳐 역사의 추상화에 맞서 모든 역사를 초월하는 것, 다시 말해서 고통스러운 것이건 행복한 것이건 간에, 육체라는 것을 긍정하기 위한 싸움을 결코 멈추지 않았던 형제애, 그런 형제애다. 거만한 모습으로 우뚝 서 있는 오늘날의 유럽은 다 같이 그들에게 그런 시도는 하찮고

---

173) (옮긴이주) 이제 머지않아 이 '토시'를 한 번도 본 일이 없는 사람들의 시대가 될 것이다. 한때 관공서나 민원인을 맞는 공공 사무실의 사무원들은 서류를 다루거나 펜에 잉크를 찍어 글씨를 쓰는 동안 옷의 소매를 더럽히지 않기 위하여 오른쪽 소매에 토시라고 하는 헝겊 덮개(주로 검은색)를 끼고 일을 했다. 그리하여 이 '토시'와 앞에 언급된 '스탬프'는 상부의 명령을 기계적으로 수행하는 맹목적 관리, 행정 시스템의 상징이었다.

174) (옮긴이주) 관료화되고 제도화된 혁명꾼들.

부질없는 것이라고 외친다. 그러나 우리 모두는 그 반대를 증명하기 위해 이 세상에 있는 것이다.

해설

혁명에서 반항으로

김화영

"악튀엘Actuelles"

'사르트르-카뮈 논쟁'으로 프랑스 지성계가 소용돌이치던 1952
년 8월, "알베르 카뮈에게 답한다"라는 제목의 글에서 사르트르는
카뮈가 파리의 지성계에 혜성처럼 떠오르던 전쟁 직후의 시절을 이
렇게 회상한다.

"우리들에게 당신은 하나의 인물, 하나의 행동, 하나의 작품의 기
막힌 결합이었습니다. 1945년이었지요. 사람들은 《이방인》의 저자
카뮈를 발견했듯이 레지스탕스의 투사 카뮈를 발견한 것입니다. 그
리고 지하 신문 《콩바》의 그 논객과 자신의 어머니, 자신의 정부(情
婦)를 사랑한다고 말하기를 거부할 정도로까지 정직함을 밀고 나가
는, 그리하여 우리 사회가 사형에 처해버린 그 뫼르소를 나란히 놓
으면서, 그리고 무엇보다도 당신이 지금도 변함없이 그 양쪽 다라
는 사실을 알게 되면서, 겉으로 보이는 이 모순은 우리들 자신과 세

계에 대한 우리의 인식을 한 걸음 더 나아가게 했으니, 당신은 가히 모범적이라 할 만했습니다. 당신은 당신 속에 시대의 갈등을 요약하고 있었고 그 갈등을 몸소 살아가려는 열정을 통해서 그 갈등을 초극하였습니다. 당신은 가장 복합적이고 가장 풍부한 하나의 페르소나였습니다." (《상황 IV》, 111쪽).

1950년에 나온 《시사평론》은 사르트르가 이처럼 짧은 몇 마디로 적절하게 요약하고 있는 시대적 배경 속에 그 당시 카뮈의 '복합적' 이미지와 함께 복원시켜놓았을 때 비로소 그 참다운 의미가 읽히는 책이다. 이 책은 저자가 서문에서 밝히고 있듯이 "4년 동안 자기 나라의 공적 생활에 가담했던 한 작가의 경험을 요약"하는 "증언"인 동시에 일종의 "결산 보고서"이기 때문이다.

우리가 편의상 "시사평론"으로 번역한 이 정치 평론집의 프랑스어 제목은 "악튀엘Actuelles"이다. '현재의', '시사적인', '현대의', '현실의' 같은 의미를 지닌 형용사 'actuel'의 여성 복수형을 명사화하여 사용하고 있는 이 특이한 제목은 책 첫머리의 제사(題辭)를 제공한 니체와 깊은 관련이 있다. 니체의 중요한 초기 저작 *Unzeitgemässe Betrachtungen*은 우리나라에서는 "반시대적 고찰"로 번역되어 있지만 프랑스에서는 "비시사적 고찰", "시대를 거스르는 고찰" 등으로 번역되곤 한다. 따라서 'actuelles'이라는 프랑스어 원제의 여성 복수 형용사는 앞에 '여러 가지 고찰'이 생략된 것이라고 볼 수 있다. 그러나 고찰이라는 명사를 생략하고 형용사만으로 된 제목을 붙였다는 사실은 특별히 음미해볼 가치가 있다. 그 유명한 '부조리'의 경우에도 명사형의 부조리성Absurdité보다는 부조리의 감정이나 형용사 상태의 부조리l'Absurde를 선호했던 것과 마찬가지로 여기서도 카뮈는 명사형 속에 갇혀 굳어진 개념보다는 살아 움직이고 변화하는 삶, 시시각각 모순을 일으키며 변화 생성하는 현실의 움직임에 주안점을 두고 있다는 사실을 알 수 있다. 어쨌든, 니체가 자신의 '시대와 대립하여', 반시대적으로, 당대에 함축되어 있는 미래의 가능성을 파악하려 했다면 카뮈는 자신의 시대 속에서, 자신의 시대와 함께, 살고 싸우고 성찰하고 증언한 기록에 '시대적 고찰' 즉 "시사평론"이라는 제목을 붙였다. 그리고 그 정확한 시대를 적시하기 위하여 "1944~1948년 연대기"라는 부제를 추가했다.

1950년 5월에 이 제목을 결정한 이래 그는 자신의 정치적인 글들에 같은 제목을 붙여 모두 3권의 책을 세상에 내놓았다. 여기 소개하는 《시사평론》 제1권에 이어, 1953년에 "1948~1953년 연대기" 제2권이, 1958년에 알제리 문제와 관련된 글만을 따로 모은 "알제리 연대기 1939~1958" 제3권이 나왔다. 제4권은 준비 중에 작가가 사망하였으므로 미발표 원고들로 남았다. 이렇게 하여 20세기 프랑스 문학사에서는 사르트르에게 《상황Situations》이 있듯이, 모리아크에게 《블록 노트Blocs‐Notes》가 있듯이, 카뮈에게는 《시사평론 Actuelles》이 존재하게 되었다.

카뮈와 레지스탕스와《콩바》

그렇다면 책의 구체적인 내용을 살펴보기에 앞서 우선 독자들의 이해를 돕기 위하여 카뮈와 2차대전, 항독 레지스탕스, 그리고 지하에서 지상으로 이어지는 신문《콩바》의 관계에 대하여 알아볼 필요가 있다. 1939년 9월 3일 2차대전이 발발하자 카뮈는 자신의 시대와 나라에 대하여 강한 연대 의식을 느끼고 즉시 전쟁에 참가하기 위하여 입대를 원했지만 건강상의 이유 때문에 뜻을 이루지 못했다. 당시 그가 일하던 신문《알제 레퓌블리캉》이 정치적인 이유로 발행을 중지당하자《수아르 레퓌블리캉》으로 제목을 바꾸어 새로이 발행을 시도하면서 카뮈는 이 신문의 편집 책임을 맡는다. 그러나 이듬해인 1940년 1월 이 신문마저 발행 금지 처분을 당한다. 3월, 실직 상태의 카뮈는《알제 레퓌블리캉》지의 발행인이었던 파스칼 피아의 주선으로《파리 수아르》지의 편집부 직원으로 채용되면서 바다를 건너 파리로 간다. 5월 초 소설《이방인》을 탈고한다. 그러나 독일군의 파리 점령이 임박해지자 카뮈는《파리 수아르》편집부 직원들과 함께 프랑스 중부 클레르몽페랑으로 피난한다. 12월, 그는 피난지 리옹에서 오랑 출신의 수학 교사 프랑신 포르와 결혼한다. 그러나 이내《파리 수아르》감원으로 카뮈는 또 일자리를 잃는다. 1941년 초, 젊은 부부는 알제리의 오랑으로 돌아가 어려운 신혼 생활을 꾸려간다. 2월,《시지프 신화》탈고. 한편 파리에서는 11월에 파스칼 피아, 앙드레 말로의 추천으로 갈리마르 출판사가《이방인》의 출판을 결정했다.

1942년 2월 폐결핵이 재발하자 카뮈는 요양할 곳을 물색하다가 8월 중순에야 처가 사람들의 소개로 프랑스 중부 산악 지대 샹봉쉬르리뇽 근처의 작은 부락 파늘리에로 간다. 그사이 5월에 파리에서는 첫 소설 《이방인》이 출간되어 호평을 받는다. 10월, 임시 교사인 아내 프랑신이 개학에 즈음하여 알제리로 돌아가고 카뮈는 혼자 남는다. 갈리마르사에서 철학적 에세이 《시지프 신화》가 출판되었다. 11월에 연합군이 모로코와 알제리에 상륙하고 이에 응수하여 독일군은 프랑스 본토의 이른바 '자유 지역'이었던 남부 지역마저 점령한다. 이리하여 카뮈 부부는 당분간 지중해를 사이에 두고 헤어져 지내지 않으면 안 되었다. 1943년, 혼자 남은 카뮈는 산간 지역 파늘리에에서의 쓸쓸한 요양 생활을 계속하는 한편, 치료를 위하여 기차로 리옹을 오가며 그곳에서 시인 르네 레노, 루이 아라공, 엘자 트리올레와 만나 알게 되고 가끔 파리로 가서 사르트르, 시몬 드 보부아르와 만난다. 이 무렵부터 그는 레지스탕스 조직과 관련을 맺게 된 것 같다.

후일 카뮈는 《시사평론》에서 자신의 레지스탕스 활동과 관련하여 이렇게 말했다. "당신은 글의 첫머리에서 내가 어떤 이유로 레지스탕스에 가담했는지 물었습니다. 그것은 나를 포함하는 몇몇 사람들에게는 의미 없는 질문입니다. 나는 레지스탕스가 아닌 다른 쪽에 가 있는 나를 상상할 수가 없었습니다. 그뿐입니다. 내게는 사람이 강제 수용소 편일 수는 없다고 여겨졌고, 지금도 그렇습니다. 그때 나는 내가 폭력보다는 폭력의 제도를 더 증오한다는 것을 알게 되었습니다. 아주 정확히 말하면, 나는 내 마음속에 가득했던 반항의 물결이 절정에 달한 날을 아주 잘 기억하고 있습니다. 어느 날 아침 리옹에서였습니다. 나는 그때 신문에서 가브리엘 페리의 처형 소식을 읽게 된 것입니다." 카뮈가 지하 조직 '콩바'와 접촉하게 된 것은 1943년 11월경으로 추정된다. 사실 카뮈의 레지스탕스 행적은 추적하기가 그리 쉽지 않다. 그는 한 번도 자신의 당시 행적을 밝히지도 내세우지도 않았다. 그는 그 어두웠던 시절, "표적이 되어 쓰러진 사람들", "말할 권리를 얻었으되 그 권리를 행사할 수 없게 된 최상의 사람들"에게 진정한 공적이 돌아가야 한다고 생각하기 때문이다. 그는 이렇게 말한다. "자신이 레지스탕스에서 봉사한 사실들을 늘어놓는다면 그것은 뻔뻔스러운 일이었을 터이고 또 지금도 그렇습니다. 사람은 출생이 아니라 스스로의 행동에서 자격을 얻는 것입니다. 하지만 그 자격을 고스란히 보존하려면 그 행동에 대해 침묵할 줄 알아야 합니다. 요컨대, 과거의 전공을 내세우는 재향 군인식 태도는 나와 무관합니다."

카뮈가 《콩바》에 직접적으로 가담한 계기는 이번에도 역시 역시 파스칼 피아였다. 레지스탕스 지하 조직의 책임자였던 앙리 프르네가 임시 정부의 장관으로 임명되어 알제로 가자 클로드 부르데가 신문의 책임을 맡는다. 1943년 가을, 카뮈는 레지스탕스 전국위원회(C.N.R.)의 책임자 클로드 부르데를 만나 비밀 지하 신문 《콩바》의 활동에 가담한 것으로 알려져 있다. 그에게 알베르 마테Albert Mathé라는 이름의 위조 신분증(1911년 5월 7일, 슈아지 르루아 출생, 1943년 5월 20일 발행)이 지급되었다. 카뮈는 이미 알제에서 1938년 10월~1939년 8월에 《알제 레퓌블리캥》지 기자, 1939년 9월

~1940년 1월에《수아르 레퓌블리캥》지 편집장으로 일한 바 있고 1940년《파리 수아르》편집국 기자로 교정, 조판 일을 해본 경험이 있어서 곧《콩바》의 편집과 보급에 투입되었다. 새로이 개편된 레지스탕스 통합운동(M.U.R.)의 지도자들과 자클린 베르나르 등《콩바》의 팀 일부가 오트루아르 지역에서 파리로 이동할 때는 카뮈는 이미 적극적으로 레지스탕스에 가담 중이었다. 그는 11월에 갈리마르 출판사 편집위원에 위촉되었으므로 그의 사무실은 이 조직의 연락 장소의 역할을 한다. 카뮈가 레지스탕스 활동의 일환으로 쓴 가장 중요한 글은《독일 친구에게 보내는 편지》라는 에세이였다. 그 첫 번째 편지는《르뷔 리브르Revue libre》(1943년 제2호)에 처음 발표되었다. 이 글은 그의 레지스탕스의 성격을 잘 말해준다. 그는 증오 때문이 아니라 행복에 대한 긍정과 열망 때문에 투쟁 속으로 뛰어들었다. 카뮈는 자신이 반대하는 것은 독일이 아니라 나치라는 점을 분명히 한다.

지하 신문《콩바》의 초기 편집진은 조르주 비도, 프랑수아 드 망통, 피에르 앙리 테트장, 레미 루르, 세르프 페리에르, 앙리 프르네, 자클린 베르나르, 책임자는 클로드 부르데, 홍보와 배포 책임자는 파스칼 피아였다. 부르데가 지하 운동 조직에 전념하고 나중에는 체포되자 파스칼 피아가 신문을 맡는 동시에 이 모든 지하 운동을 통괄하던 C.N.R.의 새 위원이 된다.《콩바》는 "우리의 유일한 리더는 드골이고 유일한 전투는 우리의 자유를 위한 투쟁"이라고 명시하는 가운데 레지스탕스 연합체의 기관지 역할을 했다.

원래 '콩바'는 레지스탕스 조직의 이름인 동시에《리베르테》와

《베리테》두 가지 지하 선전물을 통합하여 발행하기 시작한 신문의 이름이다. 콩바 조직의 시초에는 프랑스군 대위 출신인 항독 운동 대장 앙리 프르네가 있었다. 그는 1941년 초 베르티 알브레히트, 자클린 베르나르, 그녀의 남동생 장-기 베르나르와 함께 최초의 비밀 운동 중 하나인 '민족해방운동(M.L.N.)'을 조직하고 그 활동을 위한 프린트 선전물을 발행했는데 이것은 같은 해 7월 북부 지역의 다른 기관지와 통합하여 《베리테》라는 신문이 되었고, 그 발행 부수는 한때 6,000부에 이르렀다. 11월 프랑수아 드 망통이 이끄는 조직 '리베르테'와 통합, 민족해방운동이 '프랑스해방운동(M.L.F.)'으로 개편되면서 12월부터 지하 신문《콩바》를 발행하기 시작했다. 이렇게 탄생한 이 지하 언론은 히틀러의 《마인 캄프Mein Kampf》에서 영감을 받아 그와의 싸움을 상징하기 위하여 '전투'라는 의미의 '콩바'로 제호를 정하고 "군대의 패배에 뒤이어 정신의 승리를"의 기치 아래 발행하기 시작한 레지스탕스의 가장 영향력 있는 신문이었다. 이 조직에 관여하던 인물 중 카뮈의 친구이며 시인인 르네 레노는 파리 해방을 불과 2개월 앞둔 1944년 6월 13일, 베르티 알브레히트와 앙드레 볼리에는 같은 해 6월 17일《콩바》58호를 준비하는 중 리옹에서 체포, 처형되었다. 카뮈는 갈리마르 출판사 사주 가스통의 결정에 따라 편집위원회에 참석하는 한편 레지스탕스에 더욱 적극적으로 가담한다. 파스칼 피아가 다른 임무를 맡고 자리를 비우자 그는 지하 신문《콩바》의 편집 책임을 맡게 되었다. 6월 리옹의 인쇄 공장이 파괴되어 인쇄가 불가능해지자 등사판으로 발행을 이어갔다. 7월 11일 자클린 베르나르가 체포된다. 카뮈 피신. 9월, 프랑신에게 보낸 편지에 자신은 공적 생활에서 사라졌음을 알린다.

파리 해방과 햇빛 속에 등장한《콩바》

그러면 이제부터 지하의 신문《콩바》가 파리 해방과 더불어 백일하의 지상으로 올라오는 과정을 잠시 살펴보기로 하자. 해방을 기대하게 해주는 신호는 역시 1944년 6월 6일, 연합군의 노르망디 상륙이었다. 이에 지하의《콩바》팀은 해방을 맞이하여 장차 햇빛을 보게 될 일간지《콩바》의 발행을 준비하기 시작한다. 당시 카뮈는 파리 갈리마르 출판사에서 그리 멀지 않은 바노 가(街)에 위치한 앙드레 지드의 아파트 일부를 빌려 살고 있었다.《콩바》의 편집 팀은 카뮈의 방에서 토론을 벌이며 지상에 내놓을 신문의 조판을 대부분 완성해놓고 제호 밑에 "레지스탕스에서 혁명으로"라는 부제를 지어 붙였다. 이 당시 '혁명'이란, 1944년 3월 15일 레지스탕스 전국위원회가 채택한 해방 후 행동 계획에 의거하건대, "배신자의 처벌과 숙청, 보통 선거와 자유의 회복, 진정한 경제적 사회적 민주주의의 확립"을 의미하는 것이었다.

8월 10일 철도 파업, 15일 경찰 파업에 이어 8월 18일에는 마침내 총파업이 전개되었다. 1944년 8월 19일 파리 시민들은 레지스탕스 전국위원회의 지시에 따라 봉기했다. 바로 이날, 알제 임시 정부의 허가를 받아《콩바》는 파리의 레오뮈르 가 100번지, 과거《랭트랑지장》지가 사용하다가 점령 시절 독일인들이《파리지어 차이퉁》을 발간하던 건물에 진입하여 신문을 발행할 채비를 갖추었다.

8월 21일 마침내 첫 호가 나왔다. 블랭과 레노 등 몇몇 동지들이 목숨을 바치고 클로드 부르데, 자클린 베르나르는 수용소로 끌려가는 희생을 거치며 고난 속에서 발간을 계속해온 지하 신문 58호에 이어 지상에서 나올 신문은 제59호였다. 발행인은 파스칼 피아, 편집국장은 30세가 갓 넘은 알베르 카뮈,《알제 레퓌블리캥》시절의 환상의 2인조였다. 알제의 신문이 폐간된 지 5년만이었다. 그러나 지난 시절과 마찬가지로 그들은 가난했다. 그래서 젊은 초년생 기자들을 많이 고용했다. 지난날 알제에서 파스칼 피아가 아무런 경험도 없는 청년 카뮈를 채용했을 때와 마찬가지였다.

그러나 신문에 기고하는 인사들의 면면은 화려했다. 사르트르, 시몬 드 보부아르, 말로, 앙드레 지드, 베르나노스, 조르주 바타유, 미셸 레리스, 장 폴랑……. 신문 편집의 엄격함, 지적 수준, 도덕적 요청, 그리고 피아의 인격과 독특한 개성, 점령 중의 파리에서《이방인》과《시지프 신화》를 발표한 지성적 작가 카뮈의 빛나는 명성으로 인하여《콩바》는 공산당을 제외한 대다수 대학생 및 지식인들에게서 열광적인 관심을 모았다. 그들은 이 신문이야말로 프랑스 언론사에서 전무후무한 실험이라는 것을 깨달았다. 언제나 독특한 개성을 자랑하는 파스칼 피아는 말하곤 했다. "우리는 조리 있는 신문을 만들 생각이다. 그런데 세상은 부조리하니까 이 신문은 곧 망할 것이다." 과연 머지않아 그의 예상은 적중했다. 한편 카뮈는 젊은 기자들을 발탁하면서 말했다. "나는 여러분들에게 골치 아픈 일들을 시킬 것이다. 그러나 절대로 더러운 일은 시키지 않을 것이다." 이 말은 곧 이 신문의 재정적 어려움에 대한 고백인 동시에 이 신문만이 표방하는 예외적인 언론 윤리 선언이었다.

두 사람은《알제 레퓌블리캥》의 경험을 통해서 공권력과의 싸움, 그리고 자신들에게 자금을 댄 출자자의 자본과 그 영향력에 대항하여 싸우는 방법을 배웠다. 그리고《파리 수아르》에서는 직업인으로서의 능력을, 그리고 무엇보다도 소녀 취향의 경박한 신문에 대한 혐오를 배웠다. "소녀 취향"이란 말은 카뮈의 글에서 자주 등장한다. 이는《파리 수아르》의 경박함, 천박함과 제3공화국의 무책임을 싸잡아 표현한 말이다.《콩바》의 공격 목표 중 하나는 제3공화국과 급진 사회주의의 상징인 에두아르 에리오, 다시 말해서 "무능한 엘리트" 계층의 "미온적인 심장"이었다.

피아와 카뮈는 편집, 인쇄, 수송, 보급, 연락 등 지하 신문의 발간을 위해 비밀리에 활동하다가 목숨을 걸거나 잃은 사람들에 대한 채무를 잊지 않으려고 노력했다. 그래서 돈에 굴복할 수도 없었고 권력을 따를 수도 없었다. 엄격한 자기 검열과 희망에 불타는 신문이지만 레지스탕스로부터 해방과 동시에 지상으로 올라온 다른 신문들과 마찬가지로 이 모든 희망은 머지않아 현실에 배반당한다. 그러나 끊임없는 자아비판을 전제로 하는 "비판적 언론"의 경험은 귀중한 것이었다. 8월 25일 파리 해방.

"스스로 통제하는 정보 제공"을 표방하는 신문《콩바》는 이제 더 이상 레지스탕스 조직으로부터 재정 지원을 받을 수 없게 되었으므로 독자들에게 신문의 질과 가치로 호소하지 않으면 안 되었지만 일체의 재정적 의존 없이 의사 표현의 자유와 독립성을 유지할 필요가 있었다. 동시에 진부한 광고성 인기와 센세이셔널리즘으로부터 자유롭고자 했다. 8월 22일부터 12월 8일까지 이 신문의 사설에는 필자의 서명이 없다. 적어도 이때까지는 거의 대부분의 사설이 카뮈의 글일 가능성이 크다. 12월 8일부터 피에르 에르바르, 알베르 올리비에 마르셀 지몽, 브뤼엘 등의 서명이 추가로 등장한다. 1945년 2월 10일부터 서명이 사라지고 무명씨의 사설이 계속된다. 한편 카뮈는 일련의 알제리 관련 기사에 서명했다.

해방 정국에서 제4공화국 수립까지(1944~1946)

나치라는 동일한 적을 상대로 싸우던 시절에 지하 공동체가 누릴 수 있었던 결속감은 곧 권력과 정치라는 구체적 현실 앞에서 분열하기 시작했다. 국내 레지스탕스와 국외에서 활동해온 드골파(자유프랑스)의 지도자들 간에는 타협점을 찾기가 쉽지 않았다. 국내 레지스탕스 운동들은 드골의 통합 의지에 맞서 독립성을 견지하고자 한다. 드골이 차례로 구축해가는 프랑스 전국위원회, 임시 정부, 제헌 의회 등에 국내파들이 포함되어 있기는 했지만 양쪽은 서로를 충분히 이해하지 못했다. 한편, 국내파 역시 민족해방운동——《콩바》도 이 산하에 있었다——과 공산당 계열인 인민전선(F.N.) 양대 계열로 갈라져 있어서 통합의 전망을 가로막았다. 또 한편에서는 전쟁 전의 모든 무책임한 행태와 인물과 정당을 거부하고자 하는 사람들 앞에 제3공화국 정당과 인물들이 복귀하려는 움직임을 보인다. 레옹 블룸의 노력에도 불구하고 사회당은 개혁에 실패했고 공산당과 인민공화운동도 전쟁 전의 정치 공간으로 돌아가고자 한다. 노동당을 창설하려던 민족해방운동의 움직임도 '레지스탕스 민주사회주의연합(U.D.S.R.)'이라는 어정쩡한 구조로 낙착되고 말았다. 결국 1946년은 나치에 대하여, 비시 정권에 대하여 '노'라고 말했던 사람들의 통합과 개혁 노력의 대실패로 마감되고 말았다. 급기야 1월 20일 드골이 하야하고 그 앞서 가을에 성립된 제4공화국 안에서는 각종 정당들이 각축한다. 카뮈도 《콩바》를 떠난 지 여러 달째였다. 그는 1년 남짓 동안 레지스탕스를 대변하는 젊고 뜨거운 목소리였다. 그는 이제 겨우 30세. 그러나 전전과 전중의 피나는 경험 속에서 단련된 젊은이, 앙드레 브르통의 말을 빌리건대 "이 폐허의 시대를 압도하며 솟아오른 가장 낭랑하고 가장 명확한 목소리, 그것은 진정으로 잠시 걷힌 맑은 하늘"이었다.

냉전의 시작(1947~1948)

이 무렵부터 그 조짐이 나타나기 시작한 냉전의 분위기는 프랑스처럼 중간 정도 크기의 나라에 있어서 국제적 차원의 문제가 국내적인 것에 우선한다는 사실을 웅변적으로 증명해주었다. 1946년 가을에 이미 〈피해자도 가해자도 아닌〉이라는 일련의 글들을 통해서 이 사실을 적시한 것은 바로 카뮈의 예외적 통찰력이었다. 처칠이 "철의 장막"이라는 말을 처음 사용한 것은 1946년 3월이었지만 상황이 심각하게 변질되어가기 시작한 것은 그 이듬해부터다. 적군(赤軍)에 점령당한 동구 여러 나라들의 소비에트화가 시작되는 한편 미국의 트루먼 대통령은 국제 공산주의의 확장을 더 이상 좌시하지 않겠다는 의미의 트루먼 독트린을 발표한다. 평화 조약은 조인되었지만 승전국들에게 독일이라는 먹이는 너무나 중요한 것이어서 1947년 3, 4월의 모스크바 회담이 합의에 이르기 어려웠다. 이렇게 동서 양대 진영으로 분열하기 시작한 세계는 1948년 프라하 침공, 베를린 봉쇄 시작, 티토가 이끄는 유고슬라비아 축출로 이어지면서 각 진영 내의 경제, 문화, 군사적 결속이 더욱 공고해지는 결과를 낳았고 동시에 동구에서는 탄압과 재판이 날로 심해져갔다.

한편 프랑스에서는 종래의 식민 제국에 균열이 일어나고 냉전 체제의 신호탄인 양 1947년 5월 공산당계 장관들이 정부에서 축출된다. 이에 공산당은《뤼마니테》,《스 수아르》,《레 레트르 프랑세즈》,《악시옹》,《유럽》등의 신문과 잡지, 그리고 널리 알려진 지식인들을 동원하여 대공세에 나선다. 레지스탕스, 스탈린 승리 등에 가담하여 획득한 높은 위상과 문화계를 지배하는 실질적 권력, 그들이 표방하는 혁명 이념의 독점 등으로 인하여 공산당의 영향력은 당시 좌파 지식인, 즉 '동반자'들에게 있어서 막강한 것이었다. 이 무렵 카뮈가 볼 때 이들 친 공산계 좌파 지식인의 대표는 에마뉘엘 다스티에 드 라 비주리와 철학자 메를로 퐁티였다. 다른 한편 그 반대 진영에서는 1947년 4월에 드골이 창당한 프랑스 국민연합(R.P.F.)이 앙드레 말로, 클로드 모리아크, 그리고《콩바》쪽의 파스칼 피아, 알베르 올리비에, 레몽 아롱 등을 규합했다. 그리고 전쟁을 통해서 더욱 강화되어 나타난 또 하나의 주축은 분명 가톨릭계였다. 제도권의 교회 자체는 전쟁 동안 적극적인 태도를 보이지 않았지만 상당수의 교인들은 레지스탕스에 참가하여 카뮈의 친구인 르네 레노처럼 목숨을 바쳤다. 이들 독립적인 가톨릭 지식인으로《르 피가로》지의 프랑수아 모리아크, 보다 독립적인 소설가 베르나노스, 철학자 가브리엘 마르셀,《에스프리》지의 에마뉘엘 무니에 등이 있었고 옛 레지스탕스 전사들로 조르주 비도, 피에르 앙리 테트장, 프랑수아 드 망통 등 사회당의 우파 계열이 있었다.

당시 사르트르에게 의사 표현의 수단으로《현대》가, 레몽 아롱에게《르 피가로》가, 무니에에게《에스프리》가 있었다면 1947년 6월《콩바》를 떠난 카뮈에게는 그런 수단이 따로 존재하지 않았다. 그러나 모든 정치 행동에 빠짐없이 참가하여 목소리를 내는 사르트르와 달리 카뮈는 신문 기자로서의 활동과 작가로서의 소명 이외에 다른 어떤 것도 원하지 않았다. 그는 추상적인 양분법을 거부했고 인간의 삶에는 "역사"에 속하지 않은 개인적인 귀중함이, "인간 속에 죽기를 거부하는 것"이 따로 있다는 것을 굳게 믿었고 실천적 모범과 증언의 가치를 중시했으며 일체의 직업적인 전술과 문화 권력을 멀리하고자 했다. 젊은 시절 알제에서 공산당원으로 활동했던 경험(1935년 말~1937년 초) 이후 그는 일체의 중요한 정치 단체에 가입하지 않았다. 그는 "세계 시민"을 표방하는 게리 데이비스 같은 작은 그룹이나 알제리의 자유파, 스페인의 공화파와 같은 억압당하고 있는 "가난한 세계"와 연결을 가지고 그들과 함께하고자 했다. 이 무렵 그의 개입과 입장은 주로 장 다니엘의 잡지 《칼리방》, 《라 고슈》, 《프랑티뢰르》, 《콩바》 등에 그 메아리가 반영되었다. 그러나 1948년 유럽에서는 저마다 이 세기의 남은 반세기가 어떤 모습을 갖출 것인지를 이해하려고 노력했고 수많은 지식인 미팅, 회합, 회의 등을 통해서 공통된 언어를 찾으려는 모색이 가능했다. 그러나 머지않아 서로 간의 소통의 다리는 끊어지고 만다. 이것이 '냉전'의 본얼굴이다. 1951년 《반항하는 인간》을 발표하고 나자 카뮈는 혼자가 되고 말았다. 아시아에서는 한국 전쟁이, 프랑스에서는 사르트르-카뮈 논쟁이 벌어졌다.

《시사평론 I》에 실린 대부분의 글들은 해방 후에 발간되기 시작한 《콩바》지에 실린 사설과 기사들이다. 당시 신문에 실린 사설들 중에서 어느 것이 카뮈의 글인지를 확인하는 것은 쉽지 않다. 대부분의 사설에 서명이 없고, 카뮈는 사설이 집단의 의견을 반영한 것이기를 원했다. 따라서 여러 편집자들이 사설을 쓸 수 있었다. 게다가 카뮈의 문체는 전염성이 강해서 모두가 그의 문체를 모방하곤 했다. 그러나 독자들은 곧 《콩바》의 익명의 사설 집필자가 바로 소설 《이방인》과 철학적 에세이 《시지프 신화》의 저자라는 사실을 알게 되었다. 후일 많은 언론계의 대표적 지성들은 《콩바》에 실린 카뮈의 사설들이야말로 기자를 지망하는 젊은이들의 '성서'요 진정한 교과서였다고 술회했다.

오후가 되면 카뮈는 파스칼 피아와 함께 사설의 주제에 대하여 토론을 한 뒤 조그만 사무실에 틀어박혀 대개는 연필로, 그것도 독일인들이 내던《파리지어 차이퉁》의 헤드가 찍힌 낡은 종이에 사설을 썼다. 그는 그 조그만 신문사에서 사설 외에 다른 기사도 썼다. 그는 칼리굴라 황제의 전기 작가의 이름을 딴 '수에톤'이란 필명을 즐겨 썼다. 그뿐 아니라 그는 자신이 가장 큰 행복을 맛보았다고 술회하게 될 연극, 축구에서처럼 신문 일에서도 공동 작업의 분위기를 좋아해서 신문의 조판에도 기꺼이 참여했다. "나는 이른바 사설이라고 하는 일종의 설교 집필보다는 인쇄공들과 함께 조판대에서 판을 짜는 일을 더 좋아했다"고 그는 고백했다. 그는 신문사의 모든 사람들에게 무슨 일이든지 도와줄 준비가 되어 있는 열정적인 친구였다. 그가 사망했을 때 그에게 바친 가장 귀중한 경의의 표시 중 하나는 교정공, 조판공 등 신문사 인쇄 노동자들이 낸 작은 책《알베르 카뮈에게, 그의 인쇄공 친구들로부터》였다. 해방 후 원호청 장관이었던 앙리 프르네와 강제 수용소에서 돌아온 클로드 부르데가 신문사의 자리로 복귀하려 했지만 불가능했다. 그만큼 피아와 카뮈의 영향력이 신문사 안에서 절대적이었다.

그러나 카뮈는 신문의 편집국장직과 갈리마르의 총서 편집 책임자의 일을 동시에 수행했고 북아메리카, 남아메리카 여행, 건강상의 문제, 단순한 피로, 그리고 무엇보다 소설, 희곡 등 작품 집필로 신문사를 비우는 경우가 많았다. 1945년 이후 그의 기여는 부정기적이 되었다. 1946년 11월 그는 〈피해자도 가해자도 아닌〉의 일련의 글로 센세이션을 일으켰다. 가장 많이 찍을 때는 18만 부를 기록했던《콩바》는 신문의 판매 경쟁이 심해지면서 고전을 면치 못한다. 1947년 2~3월 인쇄공들의 파업은 이 가난한 신문사로서는 거의 치명적이었다. 1947년 3월 말, 처음으로 며칠간의 휴가로 자리를 비웠던 파스칼 피아가 전보로 자신은 신문사로 복귀하지 않을 것임을 통고한다. 그러자 하는 수 없이 카뮈는 신문사로 돌아와 발행 전체의 책임을 맡는다. 신문사를 아예 접어버리기를 바라는 피아와 달리 카뮈는 온당한 매수자를 찾아내어 사원들의 직장을 보호해주어야 한다는 생각이었다. 지방 신문 《라부아 뒤 노르》가 매수를 제안하는가 하면 신문의 어려움을 보다 못한 드골이 파스칼 피아의 책임하에 발행할 것을 전제로 무조건의 재정 지원을 약속했으나 카뮈는 완강히 거부했다. 신문사는 결국 클로드 부르데에게 넘어갔고(자본은 자클린 베르나르, 알베르 카뮈, 알베르 올리비에, 파스칼 피아, 장 블로크-미셸 5인의 것) 주식의 반이 튀니지 자본가 앙리 스마자에게로 넘어갔다가 클로드 부르데 역시 제거되었다.

1947년 6월 3일, 카뮈가 편집진의 교체를 알리는 마지막 기사에 서명했다. "물론 지난 3년간 우리는 여러 가지 오류를 범했을 가능성이 있다. (매일같이 말을 하면서 잘못 생각하지 않는 사람이 어디 있으랴?) 그러나 우리는 우리 직업의 명예가 되는 것이면 어느 것 하나 포기하지 않았다. 왜냐하면 이 신문은 다른 신문들과는 전혀 다른 신문이었기 때문이다. 그 세월 동안 이 신문은 우리의 긍지였다. 이것이 오늘 우리가 《콩바》를 떠나면서 느끼는 감정이 어떠한 것인가를 말하는 유일한 방식이다."

불과 3년 전인 1944년 8월, 카뮈는 그 여름의 더위와 전투의 불꽃 속의 파리에서 최초의 사설을 썼었다. 그 사설 〈전투는 계속된다〉

는 그의 《시사평론》에 포함되지 않았다. 이 책의 첫머리에 실린 사설은 8월 24일자 글이다. 서정적이면서도 열정에 끓고 있는 이 장엄한 글은 이미 《독일 친구에게 보내는 편지》의 주요 관심사를 보여주는 동시에 그가 신문에서 활동한 기간 동안 변함이 없었던 태도를 말해주고 있다.

《시사평론》의 구성

《작가수첩 II》에 따르면, 카뮈는 1949년 2월에서 6월까지의 작업 계획을 세우면서 그 속에 희곡 〈정의의 사람들〉과 철학적 에세이 《반항하는 인간》 외에 세 권의 에세이를 포함시킨다. 그중 하나가 "정치적 에세이"인데 그 내용은 "서문 ― 10개의 사설 + 지성과 용기 + 가해자도 피해자도 아닌 + 다스티에에게 대답한다 + 왜 스페인인가 + 예술가와 자유"로 되어 있다. 여기서 사설들 중 "10개의 사설"만을 선택하고 있다는 사실로 미루어 카뮈는 《콩바》에 쓴 사설과 몇몇 다른 글들을 단순히 한데 모아 책을 내겠다는 생각이 아니었음을 알 수 있다. 한편 "1944~1948년 연대기"라는 부제에 비추어 볼 때 이 책에 포함된 한두 개의 텍스트는 이 시기를 벗어난다는 것을 알 수 있다. 즉 〈대화를 위한 대화〉는 1949년 7월에 쓴 글이고 '발표되지 않은 인터뷰'는 원래 이 책의 서문을 위한 메모이고 보면 1949년 혹은 1950년에 쓴 것으로 보인다.

카뮈는 1944~1948년 사이에 《콩바》에 실었던 사설, 기사, 토론,

강연, 인터뷰 등 그 출처가 다양한 텍스트들을 단순히 연대순으로 배치하는 대신 자신의 정치적, 사상적 투쟁의 중요한 모멘트들을 조명할 수 있는 주제와 논리적 맥락에 따라 배열했다. 그 주제란 1. 새로운 비판적 언론, 2. 해방 후의 새로운 헌법의 필요성, 전전 세력인 에두아르 에리오에 대한 강한 비판, 사회주의 운동의 개혁 등을 포함하는 정치 철학, 3. 공산주의에 동의하는 면과 반대하는 면, 4. 드골과의 관계 정립, 5. 알제리 문제, 6. 프랑코의 스페인 문제에 대한 입장, 7. 숙청의 문제, 브라지야크의 처형과 관련한 모리아크와의 논쟁, 8. 예술가와 자유 등을 꼽을 수 있다. 새로운 공화국의 미래를 좌우할 제도의 문제나 국유화 같은 몇 가지 주제가 빠져 있는 것은 카뮈가 1945년 가을에서 1946년 말, 혹은 1947년 초 사이에 신문사를 떠나 있었다는 사실에 기인한다. 한편 1945년 5월 알제리의 세티프와 겔마에서 일어난 원주민의 항의 시위에 대한 유혈 진압 사태와 관련된 6개의 기사와 6월 15일 사설 또한 이 책에서는 제외되어 있다. 알제리 문제는 그 복잡 미묘한 성격으로 보아 이 책의 한 장으로 편입되는 데는 한계가 있었다. 알제리 문제와 관련된 글들은 후에 《시사평론 III》에 따로 묶이게 된다.

책은 전체 12개 장으로 구성되어 있다. 그 핵심은 역시 "피해자도 가해자도 아닌"이라는 제목이 붙은 장이다. 제1장 〈파리의 해방〉은 지상에 등장한 《콩바》의 기자가 눈앞에서 이루어지고 있는 역사의 함성을 시시각각 받아 적은 생생한 기록이다. 이 사설들은 신문이라는 '지적 집단'의 의사 표명인 동시에 레지스탕스의 목소리요 정의와 자유가, 윤리와 정치가 조화를 이루는 '혁명'의 예고다. 카뮈는 열정적으로 말한다. "오늘 저녁 싸우고 있는 파리는 내일을 지배하고자 한다. 권력을 위해서가 아니라 정의를 위해서, 정치를 위해서가 아니라 윤리를 위해서, 자기 나라를 지배하기 위해서가 아니라 그 나라의 영광을 위해서." 뒤에 나오는 〈모럴과 정치〉의 11개 텍스트는 이 '혁명'의 쟁점과 의미를 따져보게 될 것이다.

제2장 〈비판적 저널리즘〉은 새로운 언론이 실천해야 할 직업윤리와 행동 요령을 제시한다. 그는 신문의 직업윤리로 돈으로부터의 독립성과 양심의 규칙에 따른 어조의 진실성을 제시하는 동시에 상대성의 센스에 기초한 아이러니를 자아비판의 수단으로 강조하면서 한 나라는 그 수준만큼의 언론을 가진다고 말한다.

전체 11개의 텍스트로 이루어진 제3장 〈모럴과 정치〉는 새로운 시대의 '혁명'과 관련하여 기독교, 교회, 공산주의, 사회주의, 에리오로 대표되는 전전의 정치 세력, 해방 후의 숙청의 문제, 과학이 조직적 살인에 봉사하는 형국이 된 히로시마 원폭 투하에 대한 입장을 밝힌다. 그는 특히 명예에 대한 긍정과 불의에 대한 부정을 바탕으로 한 중간적이고 단순하고 환상 없는 정직함을 중요시한다. 그리하여 그는 "떳떳하지 못한 역사 속에서 떳떳한 수단을 통해 인간의 존엄에 기여하는" 사회주의를, 집단주의적 전통과 개인의 자유를 조화시키는 좌파적 세계관을 정립하고자 한다.

제4장 〈육체〉는 전쟁의 현실, 친구 레노와의 영원한 헤어짐, 죽음 앞에서 맛보는 고통, 가장 정다운 존재와의 이별, 강제 수용소의 참을 수 없는 환경 등을 통해서 인간 조건의 상징인 "육체"의 존재가 감당해야 하는 모든 악을 독자에게 상기시킨다. 신의 구원을 기대

하지 않는 이 육체의 세계는 장차 소설《페스트》의 의사 리유의 행동과 투쟁을 통해서 보다 더 구체적인 모습으로 육화될 것이다.

제5장 〈비관주의와 압제〉에서 카뮈는 처음으로 기자가 아닌 작가로서의 목소리로 예술가의 책임과 참여의 문제를 제기한다. 그는 자신의 관점을 비관주의라고 비판하는 목소리에 대하여 반론을 제기하면서 불안은 개인적인 것이라기보다는 시대의 징후이며 그 시대적 불안을 출발점으로 하는 부정의 철학은 오히려 윤리의 긍정 위에 바탕을 두고 있음을 역설한다.

제6장 〈2년 후〉는 전후 2년간의 경험에 대한 결산으로, 벌써부터 실망과 용기 상실의 징후가 나타나고 있음을 확인한다. 무엇보다도 그는 정치가 상대성의 세계임을 강조하면서 여기서 한계를 가진 인간에게 요청되는 것은 겸손이라는 것을 지적한다.

제7장 〈피해자도 가해자도 아닌〉은 새로운 인식적 차원의 시작이다. 지금까지 각각의 텍스트는 독립적으로 읽을 수 있는 글이었다. 그러나 여기에 한데 묶어놓은 8편의 사설은 서로 분리할 수 없는 하나의 통일된 전체로, 지난 10년간 카뮈가 축적해온 경험과 관찰의 결산이라고 할 수 있다. 그 결산은 동시에 카뮈와 스탈린식 공산주의 사이의 돌이킬 수 없는 단절을 의미한다. 공포와 살인의 시대, 수단이 목적을 파괴하는 시대, 공산주의와 자본주의라는 양대 진영의 이데올로기가 충돌하는 국제적 차원의 시대에 대한 어두운 진단을 바탕으로 그는 절대적 유토피아보다는 대화와 소통이 더 중요한 자리를 차지하는 '어떤 새로운 사회 계약'에서, 메시아사상을 지향하는 역사 논리에 맞서서 이성과 성찰의 국제 공동체에서 처방

을 구하고자 노력한다. 요컨대 보편적 의사소통을 매개로 하여 '인간적인 것'을 지키기 위하여 역사 속에 뛰어들어 싸우고자 하는 그의 기본적인 태도는 살인의 거부, 아니 살인의 정당화의 거부라는 말로 요약될 수 있을 것이다.

제8장 〈에마뉘엘 다스티에 드 라 비주리에게 보내는 두 개의 답변〉은 대화라기보다는 논쟁이다. 많은 지식인들 사이에서 냉전의 분위기가 짙어가는 이 시점에 그보다 1년 전 《칼리방》지에 전재되었던 글 〈피해자도 가해자도 아닌〉이 이 논쟁의 불씨가 되었다. 이를 계기로 카뮈는 공산주의 및 그 방법론과 자신의 입장 사이에 얼마나 건너뛰기 어려운 거리가 있는지를 뚜렷하게 인식하게 된다.

제9장 〈무신앙자들과 기독교인들〉은 어떤 회합에 모인 기독교인들과의 진정한 대화록이다. 악의 문제는 카뮈와 기독교인 사이의 공통된 관심사이지만 카뮈는 기독교 특유의 초월적 희망을 믿지 않는다. 특히 앞서 숙청의 문제를 놓고 서로 대립했던 프랑수아 모리아크 앞에서 '살인의 거부'라는 명제를 안은 카뮈가 오히려 모리아크의 생각이 옳았음을 공개적으로 인정하고 있다는 점은 주목할 만하다.

제10장 〈세 개의 인터뷰〉는 기독교와 공산주의에 대한 성찰의 연장으로 평화주의적이고 자유주의적인 그의 신념의 피력이다. 즉 "역사에 속하지 않는" 개인적인 기쁨, 가령 "가벼운 뉘앙스, 삶의 멋, 행복의 기회, 사랑, 그리고 이루기 어려운 균형"도 역사 못지않게 귀중하다는 것을 역설한다.

제11장 〈왜 스페인인가?〉는 카뮈가 일생 동안 변함없이 함께했던

스페인 공화파에 대한 지지 선언이다. 자신의 극 〈계엄령〉에 대한 가브리엘 마르셀의 비평에 대한 답을 계기로 프랑코 체제를 비판하는 동시에 전체주의는 철의 장막 동쪽에만 있는 것이 아니라 서구에도 있음을 강조한다. 이것은 지나치게 단순화된 냉전 시대의 변증법적 사고를 넘어서려는 시도이기도 하다.

제12장 〈자유의 증인〉은 앞서 제기한 〈비관주의와 압제〉의 문제에 대한 메아리인 동시에 이른바 '참여' 문제와 관련된 개성적 성찰이다. 그의 사고는 사르트르의 지나치게 조직적이고 계획적인《현대》지 창간사식 '참여'와 매우 대조된다. 카뮈는 예술가란 어떤 정당에 봉사할 수도 없고 어떤 계급이나 이데올로기에 봉사할 수도 없다는 점을 못 박아 말한다. 이 생각은 후에 남아메리카, 이탈리아, 네덜란드의 강연, 노벨상 수상 연설로 연장되는 그의 일관된 생각이다.

카뮈는 그의 인간됨과 글을 통해서 인류의 공통된 모험에 연대하는 증인이 되고자 하는 동시에 작가의 자유라는 신비를 조금도 양보하려 하지 않는다. 카뮈에게 있어서, 그리고 예술가에게 있어서, 그 무엇과도 바꿀 수 없는 최고 최후의 가치는 단연 '자유'다. 한편에 '추상화'라는 말로 요약할 수 있는 이데올로기, 이성, 개념, 역사, 정복, 지배, 증오, 전체주의의 세계가 있다면 다른 한편에는 이를 극복하고 거부하는, 그리고 한계를 인정하는 '육체'의 세계가 있다. 이 인간적이고 중간적인 세계에 속하는 것이 바로 정념, 차이, 대화, 이해, 행복, 창조, 저항, 통일성, 그리고 자유다.

"지금 우리가 살고 있는 세계, 인간을 사형에 처하는 이 세계에서, 예술가들은 인간 속에 죽기를 거부하는 것을 위해 증언한다." 이 책 전체의 결론이라고 해도 좋을 이 한마디 말은 파리 해방 직후의 열광 속에서 부르짖었던 "레지스탕스에서 혁명으로"라는 지향점이 어느 방향으로 선회하여 어디에 이르렀는지를 분명히 말해준다. 전체주의와 냉전의 경험은 '혁명'은 반드시 부패와 살인으로 인도한다는 사실을 깨닫게 해주었다. 그래서 이제 더 중요한 것은 인간의 육체가 가슴 깊은 곳에서 살인을 향해서 쏟아내는 거부의 목소리, 즉 '반항'이다. 그러므로 이 책은 '혁명'에서 '반항', 그리하여 '반항하는 인간'으로 향해 가는 고통스럽고 위태로운 도정의 기록이라고 할 수 있다.

알베르 카뮈 연보*

■1809년

알베르 카뮈의 증조부 클로드 카뮈가 보르도에서 태어나다. 그는 마르세유 태생인 아내 마리 테레즈(처녀 때의 성은 벨레우드)와 함께 알제리로 이민한 것 같다. 알제리가 정복당한(1830) 지 얼마 뒤의 일이다. 이들 부부는 알제 남쪽으로 약 20킬로미터 떨어진 곳에 위치한 마을 울레드파예트에 자리 잡았다.

■1842년

클로드와 마리 테레즈 사이에서 아들 바티스트 카뮈가 마르세유에서 태어나다. 그가 알베르의 조부다.

■1850년

알베르 카뮈의 외조부 에티엔 생테스가 알제에서 태어나다. 그의

---

* 이 연보는 2006년에 갈리마르 출판사에서 발간된 신판(자클린 레비 발렌시 편) '알베르 카뮈 전집' 제1권에 실린 피에르 루이 레 작성의 카뮈 연보를 중심으로 옮긴이가 새로이 정리한 것이다.

부모는 미노르카(스페인 발레아레스 제도) 출신이었다.

■1852년

알베르 카뮈의 조모 마리 오르탕스 코르므리가 울레드파예트에서 태어나다. 마리 오르탕스의 아버지 마티외는 아르데슈 출신이었다. 그녀의 어머니 마르그리트(처녀 때의 성은 레오나르)는 모젤 출신이었다. 알베르 카뮈는 장차 자전적인 소설 《최초의 인간》을 쓰면서 주인공에게 '자크 코르므리'라는 이름을 붙이게 된다.

■1857년

알베르 카뮈의 외조모 카트린 마리 카르도나가 미노르카 섬의 산루이스에서 태어나다.

■1873년

울레드파예트에서 바티스트 카뮈와 마리 오르탕스 코르므리가 결혼.

■1874년

알제 교외 쿠바에서 에티엔 생테스와 카트린 마리 카르도나가 결혼.

■1882년

알제에서 10킬로미터 떨어진 곳에 위치한 비르카뎀 군에서 에티엔과 카트린 마리 사이의 딸이며 알베르 카뮈의 어머니인 카트린 생테스가 태어나다.

■1885년

울레드파예트에서 바티스트와 마리 오르탕스 사이의 아들 뤼시앵 카뮈가 태어나다. 그가 알베르의 아버지다. 뤼시앵 카뮈는 장차 고아원에서 성장하여 포도 농장에서 일자리를 얻는다. 그리고 모로코에서 알제리 원주민 보병으로 입대하기 전에 알제 서부 바벨우에드 거리에 있는 '리콤과 그의 아들'이라는 이름의 포도주 도매 및 수출 상회에서 점원으로 일했다.

■1909년

11월 13일 : 알제에서 뤼시앵 카뮈와 카트린 생테스가 결혼하다. 그들은 알제 동부의 서민 거리 벨쿠르에 거주한다.

■1910년

1월 20일 : 알제에서 장남 뤼시앵 출생.

■1913년

봄 : 리콤 상회가 뤼시앵 카뮈를 콩스탕틴 현에 있는 본(오늘날의 아나바)에서 가까운, 알제에서 동쪽으로 195킬로미터 떨어진 몬도비로 파견하여 샤포 드 장다름이라는 포도원을 관리하게 한다. 9월, 임신 중인 카트린이 장남 뤼시앵을 데리고 남편과 합류한다.

11월 7일 : 몬도비에서 알베르 카뮈 출생.

■1914년

7월 14일 : 가족이 말라리아에 걸릴 것을 염려한 뤼시앵 카뮈는 상회 주인에게 월말경 알제로 복귀하기로 결정했음을 통고한다.

8월 3일 : 독일이 프랑스에 선전포고. 뤼시앵 카뮈는 알제리 원주민 보병으로 징집당해 프랑스 본토로 투입된다.

8월 30일 : 카뮈 부인은 남편이 입대하자 두 아들을 데리고 알제의 동쪽 연병장 거리에 있는 리옹 가(오늘날의 벨루이즈다드 가) 17번지로 이주해 정착한다. 훗날 알베르는 이 동네의 공터에서 축구를 하고 인근의 무스타파 병원에서 치료를 받게 될 것이다. 카뮈 부인은 친정어머니 생테스 부인과 같은 집에서 동생 에티엔, 조제프와 함께 생활한다.

10월 11일 : 9월에 마른 전투에서 부상당한 아버지 뤼시앵 카뮈가 생브리외 군인 병원에서 사망. 미망인은 빈약한 종신 연금을 받으며 가정부로 일하여 집안 살림을 꾸려나간다.

■1920년

알베르의 외삼촌 중 한 사람인 조제프가 집을 떠나다. 남은 또 한 명의 외삼촌 에티엔은 술통 제조공으로 귀머거리에 거의 말을 하지 못하는 사람이었는데 훗날 카뮈는 소설 《최초의 인간》에서 사냥과 수영에 자신을 데리고 가곤 했던 그에 대하여 감동적인 기억을 새겨놓게 된다.

■1921년

카트린 카뮈와 그의 가족은 리옹 가 17번지에서 93번지로 이사한다. 시내 중심에서 더 멀리 떨어져 있어 집세가 더 저렴한, 방 세 칸짜리의 이 새로운 거처로 이사함으로써 그녀는 자신이 처음으로 신혼 생활을 시작했던 벨쿠르 거리로 되돌아오게 된다. 생테스 할머니가 회초리를 들고 집안의 질서를 잡는다. 그녀의 딸 카트린은 말수가 적다. 카뮈는 산문집 《안과 겉》에서 오직 말없는 눈길로 애정을 표시할 뿐인 어머니의 침묵을 감동적으로 증언하게 된다.

■1923년

동네의 공립학교(오므라 거리)에서 카뮈는 2학년 담임인 교사 루이 제르맹의 눈에 들어 무료 개인 교습을 받으며 중고등부 장학생

시험을 준비한다. 그는 일생 동안 이 스승에 대한 감사의 마음을 잊지 않았고 1957년 12월 노벨 문학상 수상 기념 연설인 〈스웨덴 연설〉을 그 스승에게 헌정했다.

■1924년

카뮈의 첫 영성체. 장학생으로 선발된 그는 알제의 그랑 리세(이 학교는 1930년 알제리에서 거행된 식민지화 100주년 기념식과 더불어 뷔조 고등학교로, 1962년 알제리 독립과 함께 아브델카데르 고등학교로 개명되었다)에 입학한다. 학교가 알제 시의 정반대편 끝의 바벨우에드 거리에 위치하고 있어서 카뮈는 아침저녁으로 전차를 타고 통학을 하게 된다.

■1925~1928년

고등학교 친구들과 어울리면서 그는 자기 집의 가난을 더욱 뚜렷하게 의식한다. 훗날 그는 이 점을 수치스럽게 생각했다고 고백한다. 아랍인 학생은 드물었다. 그러나 적어도 축구 덕분에 아랍인 친구들과 어울리면서 같은 팀의 우정을 맛볼 기회를 얻었다. 처음에는 고등학교 축구팀에서, 나중에는 몽팡시에 스포츠회의 알제 팀에서 골키퍼로 맹활약한다. 여름이면 그는 알제 중심가 철물점의 점원, 해변 대로변 선박 회사의 사원으로 일한다(그는 《이방인》에서 뫼르소라는 인물을 통해서 이때의 경험을 기억하게 된다).

■1929년

알제의 번화가인 미슐레(오늘날의 디두슈무라드) 거리 근처에 살고 있는 이모부 귀스타브 아코(앙투아네트 이모의 남편)가 놀라울 정도로 훌륭한 책들을 소장한 서재를 갖고 있었다. 카뮈는 그의 서재에서 앙드레 지드를 발견한다. "그 당시에 나는 뭔지 잘 알지도 못하면서 그 책을 다 읽었다. 나는 《여자의 편지》인지 《파르다양》인지를 끝내고 나서 《지상의 양식》을 펼쳐 보게 된 것이었다. 그 기도하는 것 같은 문체가 내겐 난해했다. 자연이 주는 부에 대한 이 찬가를 읽으면서 나는 어리둥절했다. 알제에 사는 열여섯 살 먹은 소년인 나의 입장에서 보면 그런 종류의 풍요라면 넘쳐나다 못해 물릴 지경이었던 것이다. 나는 아마도 그런 것과는 다른 어떤 부를 바라고 있었던 것 같다"(〈지드와의 만남—앙드레 지드 추도 특집〉, *N.R.F.*, 1951년 11월).

■1930년

바칼로레아 시험 제1부에 합격하여 가을 학기에 철학반으로 진급한다. 철학 교사 장 그르니에가 그에게 결정적인 영향을 끼치게 된다. 한편, 그는 알제의 대학 레이싱 주니어 축구팀의 골키퍼로 맹활약한다. 그러나 12월, 병(폐결핵)으로 쓰러진 그는 자신이 항상 연극 활동의 그것에 비견할 수 있는 것으로 찬양해 마지않았던 그 스포츠의 "단순한 기쁨"을 더 이상 누리지 못하게 된다. 그는 한동안 무스타파 병원에서 치료를 받는다. 어느 날 벨쿠르에 있는 그의 집을 방문한 스승 장 그르니에는 상상도 하지 못했던 그의 가난을 목도하게 된다.

■1931년

카뮈는 더 확실한 치료를 위하여 어머니의 집을 떠나 아코 이모부 집으로 가서 기거한다. 그 후 알제의 여러 거처를 전전한다. 많은 경우 친구들과 함께 지낸다. 10월, 철학반 수업에 복귀하여 장 그르니에를 다시 만난다. 외조모 카트린 마리 생테스 사망.

■1932년

3월 :《쉬드》지에 〈새로운 베를렌〉을 발표.

5월 :《쉬드》지에 〈제앙 릭튀스—가난의 시인〉을 발표.

6월 :《쉬드》지에 〈세기의 철학〉(베르그송론)과 〈음악에 대한 시론〉을 발표. 바칼로레아 제2부 합격.

장 그르니에의 권유로 앙드레 드 리쇼의 소설《고통》을 읽다. "나는 앙드레 드 리쇼라는 작가를 알지 못했다. 그러나 나는 그의 아름다운 책을 결코 잊어버린 적이 없다. 그 책은 처음으로 내가 아는 것을, 어머니, 가난, 하늘에 비치는 아름다운 저녁 같은 것을 내게 말해주고 있었다. 그 책은 내 마음 깊은 곳에서 알 수 없는 끈들로 단단하게 묶여 있던 매듭을 풀어주었고 뭐라고 꼬집어 말할 수는 없어도 답답하게 조이고 있음을 느낄 수 있었던 속박들에서 나를 놓아주었다."《일기》를 읽고 나서 지드를 더 잘 이해하게 된 그는 그 어떤 작가보다도 지드를 더 높이 평가한다. 그 반대로 콕토를 매우 싫어한다. 장 그르니에 덕분에 프루스트를 발견한다. 프루스트는 그에게 '예술가'의 표상이 된다.

10월 : 그랑제콜 입시 준비반 1학년(이포카뉴)에 들어간다. 거기서 특히 오랑 출신의 두 학생 앙드레 블라미슈(후일 로르카를 번역한다)와 클로드 프레맹빌(후일 클로드 테리앵이라는 필명으로 언론계에서 명성을 떨친다)과 친구가 된다. 그들의 문학 교사는 폴 마티외. 나중에 "직관들"이라는 제목으로 합치게 될 다섯 편의 〈몽상들〉을 쓴다. 이 글의 제사(題詞)로 카뮈는 다음과 같은 지드의 말을 인용한다. "나는 달리 아무것도 더 바랄 것이 없다는 듯, 오직 행복하기만을 바랐다."

■1933년

아마도 이해에 카뮈는 베리아라는 이름의 주인공을 등장시킨 단편소설을 썼던 것 같다. 원고가 분실되고 남아 있지 않은 이 단편의 존재는 그가 친구 막스 폴 푸셰에게 보낸 메모를 통해서 알려졌다.

1월 30일 : 독일에서 히틀러가 권력을 장악. 카뮈는 곧 반파시스트 운동 조직인 암스테르담-플레옐에서 활동하게 된다.

4월 : 〈독서 노트〉에서 그는 스탕달, 아이스킬로스, 지드, 체호프, 장 그르니에 등에 대하여 언급하고 자신의 글 〈무어인의 집〉을 탈고했다고 적는다. 《안과 겉》에 수록될 산문 〈아이러니〉의 초고인 〈용기〉를 쓰다. 텍스트 〈합일 속의 예술〉은 아마도 이 무렵에 쓰인 것 같다.

5월 : 장 그르니에가 짧은 에세이집 《섬》을 출판. 카뮈는 1959년 이 책의 신판에 서문을 쓴다. "나는 스무 살 때 알제에서 이 책을 처음으로 읽었다. 내가 그 책에서 받은 충격, 그 책이 내게, 그리고 나의 수많은 친구들에게 끼친 영향으로 말하자면 오직 지드의 《지상의 양식》이 한 세대 전체에 끼친 충격 이외에는 그에 비견할 만한 것이 없을 것이다."

6월 : 카뮈, 국어 작문에서 1등, 철학에서 2등상을 받다. 아코 이모부와 사이가 틀어진 카뮈는 그의 집을 나와 알제 교외 고지대 이드라(장 그르니에의 집과 멀지 않다)로, 그리고 7월에는 미슐레 거리에 있는 형 뤼시앵의 집으로 거처를 옮긴다.

10월 : 〈지중해〉와 〈사랑하는 존재의 상실〉을 쓴다. 〈죽은 여자 앞에서(보라! 그 여자는 죽었다……)〉, 〈신과 그의 영혼의 대화〉, 〈모순들(삶을 받아들이고……)〉, 〈가난한 동네의 병원〉(무스타파 병원에 입원했던 때의 기억) 등의 글도 이 무렵에 쓴 것으로 추정된다.

건강상의 이유로 고등사범학교 입시 준비를 포기하고 나서 그는 알제 문과대학에서 계속 수학하며 다시 장 그르니에와 르네 푸아리에 교수의 강의를 수강한다.

12월 : 말로의《인간 조건》이 공쿠르상 수상. 이 소설과 이 작가의 모든 작품은 장차 카뮈에게 큰 영향을 끼친다.

■1934년

1월~5월 : 여러 미술 전시회 평을《알제 에튀디앙》지에 발표. 젊은 조각가 루이 베니스티와 친교.

봄 : 다시 건강에 대한 불안. 두 번째 폐가 감염된다.

6월 16일 : 20세의 매력적이고 바람기 있는 모르핀 중독자 시몬 이에와 결혼. 그녀는 알제의 유명한 안과 의사의 딸이다. 카뮈는 친구 막스 폴 푸세를 통해서 그녀를 알게 되었는데 그녀가 푸세의 약혼녀였다는 설이 있다. 신혼부부는 이드라 언덕에 살림을 차리지만 이내 두 사람 사이는 악화되어갔다.

알제에서 잡지를 창간하기로 한 친구 클로드 드 프레맹빌에게 말로에 대한 글을 보낸다. 더 이상 장학금을 받지 못하게 되자 가정교사로 수입을 얻고 여름 동안에는 알제 도청의 자동차 면허증 및 등록증 교부 부서에서 일하면서 기자로서의 일자리를 물색한다.

10월 : 알제 문과대학에서 철학 공부를 계속하는 한편 라틴 어문학의 실력자로 연극인이며 앙드레 지드의 친구인 자크 외르공 교수의 강의를 수강한다.

12월 : 시몬은 카뮈가 이해에 쓴 것으로 보이는 글 〈멜뤼진의 책〉을 선물로 받는다. 그리고 1934년 12월 25일자로 표시되어 있고 장차 《안과 겉》의 핵심이 되는 글 〈가난한 동네의 목소리들〉도 그녀에게 헌정되었다.

■1935년

《안과 겉》을 집필하면서 철학 학사 과정을 마친다.

5월 : 《작가수첩》을 쓰기 시작하다.

6월 : 철학 학사 학위 취득.

8월 : 화물선을 타고 튀니지까지 가려고 했으나 건강상의 문제로 여행을 중단하고 돌아온 뒤 마음이 놓이자 그는 알제 서쪽으로 68킬로미터 떨어져 있는 로마 유적지 티파사에서 3, 4일을 보낸다. 이 장소를 기리는 글이 《결혼》의 첫 번째 산문 〈티파사에서의 결혼〉이다.

8월 혹은 9월 : 프레맹빌과 장 그르니에의 설득에 따라 공산당에 입당하여 회교도 계층을 파고드는 선전 업무를 담당한다.

9월 초 : 아내와 함께 스페인 발레아레스 제도로 여행.

가을 : 친구들과 더불어 '노동극단' 창단. 알제의 젊은 교사 이브 부르주아와 알프레드 푸아냥, 그리고 여자 친구 잔 폴 시카르와 더불어 집단극 〈아스투리아스의 반란〉을 집필.

■1936년

1월 : 노동극단이 알제의 파도바니 해수욕장에서 1935년에 발표된 말로의 소설을 각색한 〈모멸의 시대〉를 무대에 올린다.

봄 : 잔 폴 시카르와 마리 도브렌이 알제 언덕배기에 있는 피쉬의 집 '세계를 앞에 둔 집'을 임대. 카뮈는 이곳으로 와서 그녀들과 함께 거처한다.

4월 : 부활절 직전으로 예정돼 있었던 〈아스투리아스의 반란〉의 상연이 불가능해진다. 알제 시장 오귀스탱 로지가 선거 운동을 구실로 노동극단에 장소 대여를 거부했기 때문이다. 그러나 희곡은 샤를로 출판사(당시 23세의 알제 출판인 샤를로가 창업)에서 한정판으로 나왔다.

5월 3일 : 의회 선거에서 인민전선이 다수 의석을 차지한다.

5월 : 카뮈는 논문 〈기독교적 형이상학과 신 플라톤 철학 : 플로티노스와 성 아우구스티누스〉로 철학 고등 디플롬(DES)을 받는다.

7월 17일 : 스페인 내란 전쟁 시작.

아내와 친구 이브 부르주아와 더불어 중부 유럽으로 여행을 떠나 인스브루크, 잘츠부르크에 이른다. 그곳에 우체국 유치 우편으로 도착한 편지를 열어보게 되면서 아내 시몬에게 마약을 공급해주는 의사가 그녀의 정부라는 사실을 알게 된 카뮈는 그녀와 헤어지기로 결심한다.

7월~8월 말 : 프라하에서 외롭고 우울한 나흘을(《안과 겉》의 산문 〈영혼 속의 죽음〉 참조) 보내고 나서 시몬과 이브 부르주아를 다시 만난다. 드레스덴, 슐레지엔, 올뮈츠, 빈 등을 구경하고 이탈리아 땅(베네치아, 비첸차, 베로나)으로 들어서자 카뮈는 마침내 소생의 희열을 맛본다. 여름 동안은 교직이나 언론계에서 새 일자리를 얻을 계획을 세운다.

9월 9일 : 알제로 돌아오다. 시몬과 헤어지는 것은 기정사실화 되었으나 실제 이혼은 1940년 2월에야 법적으로 확정된다.

10월 : 젊은 속기사이자 타자수인 크리스티안 갈랭도(그녀는 카뮈가 쓴 여러 원고를 타자해준다)가 '세계를 앞에 둔 집'의 그룹에 합류한다.

11월 : 카뮈는 라디오 알제 극단의 배우로 발탁된다. 이 극단에서 그는 특히 테오도르 드 방빌의 작품 〈그랭구아르〉의 올리비에 르댕 역을 맡는다. 그의 무대 위의 예명은 알베르 파르네즈. 26일, 노동극단이 고리키의 〈밤 주막〉을 무대에 올린다.

12월 : 노동극단이 라몬 센더의 〈비밀〉을 무대에 올린다.

■1937년

1월 : 카뮈는 《작가수첩》에 "칼리굴라 혹은 죽음의 의미, 4막극"이라고 적는다.

2월 8일 : 알제 문화원에서 〈원주민 문화. 새로운 지중해 문화〉 강연(4월 《젊은 지중해》지 제1호에 발표).

노동극단이 3월에 아이스킬로스의 〈사슬에 묶인 프로메테우스〉와 벤 존슨의 〈에피코이네〉, 푸슈킨의 〈동 주앙〉을, 4월에 쿠르틀린의 〈아치 330〉을 무대에 올린다. 카뮈는 미슐레 가에 거처하다가 점점 더 많은 시간을 '세계를 앞에 둔 집'에서 보낸다.

4월 : 군중 집회에서 카뮈는 일정한 수의 알제리 회교도들에게 프랑스 시민권을 부여하는 것을 골자로 하는 블룸-비올레트 법안을 지지한다. 그는 다른 사람들과 함께 〈비올레트 법안을 지지하는 알제리 지성인 선언〉을 기초한다(《젊은 지중해》지 제2호에 발표).

5월 : "《안과 겉》 서문을 위한 초안"(《작가수첩》). 장 그르니에에게 헌정된 이 산문집은 서문 없이 샤를로 출판사에서 발간되었다. 카뮈는 1958년판을 새로 출판하면서 비로소 서문을 써서 붙였다.

8월 :《행복한 죽음》을 위한 구상 계획.

8월~9월 : 파리, 그리고 마르세유로 가다(아마도 이때 장 그르니에가 흔히 바캉스를 보내곤 하는 루르마랭까지 간 듯하다). 사부아 지방 여행의 연장으로 오트잘프 지방의 앙브룅까지 가다. 그다음에 이탈리아의 피사, 피렌체, 제노바, 피에솔레 등지를 여행하면서 《작가수첩》을 위하여 이탈리아 회화에 대해 노트를 한다. 여행에서 돌아와 《행복한 죽음》 집필을 계속하고 시디벨아베스(오랑 현)에서의 교사직을 제안받았으나 이를 거절하는 한편 국제적 전략을 위하여 반식민주의 운동을 우선 순위에서 제외하기 시작한 공산당에서 탈퇴한다. 가을에 오랑 출신의 여성 프랑신 포르와 처음 만나다. 그녀는 장차 카뮈와 결혼하여 두 번째 아내가 된다.

10월 : 노동극단을 해체하고 에키프 극단을 조직한다.

11월 : 1938년 9월까지 알제 기상연구소의 임시 조수로 취업.

12월 : 에키프 극단이 페르난도 데 로하스의 〈셀레스티나〉를 무대에 올린다. 카뮈는 프레맹빌과 더불어 카프르 출판사를 열고 알제 대학 교수 장 이티에의 〈고비노의 이란〉을 포함한 여러 권의 서적들을 출판할 계획을 세운다.

■1938년

산문집《결혼》을 완성하고 희곡 〈칼리굴라〉를 위한 메모를 하는 한편《행복한 죽음》을 포기하지 않은 채 장차《이방인》에 활용될 단편적인 텍스트들을 작성한다.

2월 : 다시 미슐레 가의 집으로 돌아가서 거처한다. 에키프 극단이 샤를 빌드라크의 〈상선 테나시티〉와 지드의 〈탕아 돌아오다〉(여기서 카뮈는 탕아 역을 맡는다)를 무대에 올린다. 철학적 에세이를 집필할 계획으로 카뮈는 니체, 키르케고르, 그리고 미국 소설가 멜빌의 작품들을 읽는다.

4월 10일 : 카뮈가 가브리엘 오디지오, 르네 장 클로, 프레맹빌, 자크 외르공, 장 이티에 등과 더불어 창간하기로 한《기슭》지를 소개하는 글을《오랑 레퓌블리캥》지에 발표. 이 잡지는 다만 1938년 12월에 제1호, 1939년 2~3월에 제2호를 내고 막을 내린다.

5월 : 에키프 극단이 도스토옙스키의《카라마조프 형제들》을 각색 상연하고 카뮈는 이반 카라마조프 역을 맡는다.《작가수첩》에 기록된 한 대목("양로원에서 노파가 죽다")이 다시《이방인》을 예고한다.

6월 :《작가수첩》에 "연극에 대한 에세이", "소설을 다시 쓸 것"(《행복한 죽음》) 등의 계획들이 등장한다. 장 그르니에의《정통성에 대한 에세이》출간.

9월 30일 : 뮌헨 조약 체결.

10월 : 폐결핵 후유증으로 인한 공직 부적격이라는 신체검사 결과로 철학 교수 자격 시험에 응시하려던 계획이 좌절되다. 새로운 일간지《알제 레퓌블리캥》지를 창간한 편집국장 파스칼 피아와 만나다. 1936년 인민전선이 내놓은 정책에 충실한 이 신문은 10월 6일자로 제1호가 나왔다. 카뮈는 이 신문의 편집기자로 활동하는 동시에 '독서 살롱' 난에 문학 작품에 대한 일련의 서평들을 싣는다.

10월 20일 : 독서 살롱 난에 '장 폴 사르트르의 《구토》 서평("한 편의 소설은 이미지로 표현한 어떤 철학에 불과하다")을 싣는다.

10월 23일 : 독서 살롱 난에 '장 이티에의 《앙드레 지드》 서평.

11월 11일 : 독서 살롱 난에 '폴 니장의 《음모》 서평.

12월 : "페스트"라는 제목의 소설을 위한 첫 메모들.

■1939년

새해 초 : 《미트라》지 1~2월 제2호에 〈제밀라의 바람〉의 한 부분과 《기슭》지 2~3월 제2호에 〈알제의 여름〉(《결혼》에 수록)을 발췌하여 싣다.

2월 5일 : 독서 살롱 난에 '앙리 드 몽테를랑의 《추분》 서평. 〈부조리에 대한 에세이〉를 써나가는 한편 카프카에 대한 연구 논문 완성.

3월 : 앙드레 말로와 첫 만남.

3월 12일 : 독서 살롱 난에 '사르트르의 《벽》 서평.

3월 31일과 4월 2일 : 에키프 극단이 존 밀링턴 싱의 〈서양 세계의 떠돌이 광대〉를 무대에 올린다.

봄 : "희곡 주제. 가면 쓴 인간"(《작가수첩》, 날짜 미상)―장차 희곡 〈오해〉가 될 작품의 첫 밑그림.

4월 : 오랑 여행.

5월 : 알제의 샤를로 출판사에서 《결혼》 간행.

5월 23일 : 독서 살롱 난에 '실로네의 〈빵과 포도주〉' 서평.

6월 5~15일 :《알제 레퓌블리캥》지에 카빌리에 대한 열한 개의 기사(부분적으로《시사 평론 III》의 〈카빌리의 비참〉에 수록됨).

7월 25일 : 크리스티안 갈랭도에게 자신은 이제 막 〈칼리굴라〉를 탈고했고《이방인》집필을 시작할 것이라는 내용의 편지를 보내다.

8월 : 국제 관계의 긴장으로 인하여 카뮈는 그리스로 떠나는 여행 계획을 포기하지 않으면 안 되었다. 셰익스피어의 〈오셀로〉를 번역하여 에키프 극단과 함께 연습 시작(카뮈는 이아고 역을 맡기로 되어 있었음). 전쟁 발발로 연극 연습 중단.

9월 3일 :《알제 레퓌블리캥》이 발행을 중지하고 15일자로《수아르 레퓌블리캥》으로 제명을 바꾼다. 카뮈는 이 신문에 알제리에 있어서의 정의와 스페인 공화파를 옹호하는 글들을 싣는다. 알제 교외의 부자레아 고등학교 라틴어 교사 자리를 거부. 〈칼리굴라〉의 초고 완성.

10월 : 또다시 오랑 여행. 산문 〈미노타우로스 또는 오랑에서 잠시〉(후일《여름》에 수록)를 쓰기 시작.

■1940년

1월 :《수아르 레퓌블리캥》지 발행 금지 처분.

2월 : 월말경 카뮈는 다시 오랑으로 가서 철학 가정교사를 하며 〈미노타우로스〉를 위한 새로운 단장들을 쓴다.

3월 14일 : 알제리를 떠나 파리로 가다. 파스칼 피아의 추천으로 《파리 수아르》지의 편집부에서 일한다. 몽마르트르의 푸아리에 호텔에 묵지만 곧 그곳을 떠나 생제르맹데프레 교회 맞은편에 위치한

마디손 호텔로 옮긴다. 희곡 〈동 주앙〉을 위한 메모를 한다(《작가수첩》). 그는 죽기 전까지 그 작품을 쓰고자 하지만 결국 완성하지 못하고 만다. 자닌 토마세를 알게 된다. 처음에 피에르 갈리마르와 결혼했던 그녀는 나중에 미셸 갈리마르의 아내가 된다.

4월 5일 : 〈모리스 바레스와 '후계자들'의 다툼〉을 《라 뤼미에르》지에 발표.

5월 1일 : "이제 막 내 소설을 끝냈소……아마도 내 일은 다 끝난 것 같지 않소"(프랑신 포르에게 보낸 편지). 아마도 《이방인》을 두고 한 말인 듯하다.

5월 10일 : 〈장 지로두 혹은 연극의 비잔틴〉 발표(《라 뤼미에르》).

6월 초 : 독일군의 파리 점령이 임박하자 카뮈는 《파리 수아르》 편집부 사람들과 함께 클레르몽페랑으로, 그리고 보르도로, 그리고 다시 클레르몽페랑으로 피난.

9월 : 신문사 팀을 따라 리옹으로 가서 에덴 호텔에 묵는다.

11월 12일 : "친애하는 에키프 극단"에 보내는 편지에서 피에르 드 라리베의 《유령들》을 각색할 준비 작업에 대하여 말한다. 이 작품은 1946년에 아마추어 극단에 의해 처음으로 무대에 올려졌다가 1953년에 가서야 비로소 초연된다.

11월 말 : 프랑신 포르가 리옹으로 와서 카뮈와 합류한다.

12월 3일 : 리옹에서 프랑신과 결혼. 파스칼 피아가 결혼식에서 증인이 된다.

12월 : 《파리 수아르》의 감원에 따라 카뮈는 해고당한다. 젊은 부부는 오랑으로 되돌아가는 것밖에 다른 해결책이 없다.

■1941년

카뮈 부부는 오랑의 아르제브 가에 있는, 포르 집안에서 빌려준 아파트에서 생활하며 물질적 어려움에 직면한다(알베르는 고정된 직업이 없고 프랑신은 대리교사). 그들의 유대인 친구들(앙드레 베니슈 등)이 비시 정권의 피해자가 된다. 이해 초에 카뮈는 몇 번 알제로 간다.

1월 : 파스칼 피아와 《프로메테》라는 잡지를 창간할 계획을 세우지만 성사되지 못함.

1월 21일 : 《튀니지 프랑세즈》지에 〈결실을 준비하기 위하여〉라는 글을 발표하는데 이 글은 장차 "편도나무들"이라는 제목으로 《여름》에 수록된다.

2월 : 오랑의 사립학원에서 강의를 하는 한편 희곡 〈칼리굴라〉의 원고를 타자시킨다(1941년 버전).

2월 21일 : "〈시지프〉 탈고. 세 가지 '부조리'를 끝내다"(《작가수첩》).

4월 : 그가 계획하는 일들—장차 희곡 〈오해〉로 변할 작품의 잠정적인 제목인 "비데요비체(3막극)"와 "페스트 혹은 모험(소설)". 그는 이 소설을 위하여 《해방의 페스트》에 대한 텍스트를 쓴다(《작가수첩》). 《이방인》의 원고를 받아 본 장 그르니에가 그에게 미온적인 칭찬의 말을 전한다. 건강상의 이유 때문에 기차 여행이 어려워 주저하지만 결국 알제로 간다.

5월 24일 : 《튀니지 프랑세즈》에 또 다른 글 〈짚 부스러기 불처럼〉 발표.

피아와 말로는 《이방인》의 원고를 받아 읽고 장 그르니에보다 훨씬 더 열광적인 반응을 보인다. 그들과 나중에는 장 폴랑 덕분에, 이 소설, 그리고 뒤이어 《시지프 신화》가 갈리마르 출판사의 편집위원회의 손으로 넘어간다.

7월 : 전염병 티푸스가 알제리, 특히 오랑 지역에 창궐하여 소설 《페스트》의 창작에 부분적인 영향을 끼친다. 카뮈는 장 그르니에에게 당시 오랑에서 지내는 여름의 권태와 외로움을 털어놓는다. "바닷가 모래밭과 햇빛이 있어서 천만다행이지요."

10월 : 장차 완성할 소설을 위하여 역사상 페스트로 인한 대대적 재난들에 대한 자료를 수집한다.

11월 15일 : 말로에게 《이방인》을 읽어준 것에 대한 감사의 편지를 보내다.

11월 : 에키프 극단을 재창단하려고 노력. 갈리마르 출판사 편집위원회가 《이방인》의 출판을 결정.

■1942년

카뮈는 여전히 이해의 전반부를 오랑에서 보낸다. 그곳에서 에마뉘엘 로블레스와의 우정이 더욱 깊어진다. 《페스트》를 염두에 두고 멜빌의 《모비 딕》을 다시 읽다. 그 밖의 독서—스탕달, 발자크, 호메로스, 플로베르의 《서한집》.

1월~2월 : 《작가수첩》에 "반항에 대한 에세이"를 쓰려는 계획이 등장.

2월 : 폐결핵 재발.

4월 : 알제리 해안 지역보다 건강에 더 유리한 체류 장소를 프랑스 본토에 알아보기 위하여 친구들에게 문의.

5월 : 《이방인》이 갈리마르 출판사에서 나오다(인쇄는 4월 21일).

7월 : 쥘 루아가 카뮈에게 편지, 그들 사이의 우정의 시작.

7월 말~8월 초 : 아내와 몇몇 친구들과 함께 오랑 교외의 해수욕장 아인엘튀르크로 가서 휴식한다.

8월 중순 : 아내와 함께 프랑스 비바레 지방(생테티엔으로부터 그리 멀지 않다)의 샹봉쉬르리뇽에서 4킬로미터 지점의 파늘리에로 가서 배우이며 연출가인 폴 외틀리의 어머니 농장에서 휴양한다.

당시까지도 아직은 "비데요비체"라는 제목인 희곡 〈오해〉를 손질하는 동시에 당시에는 "수인들" 혹은 "추방당한 사람들"이라는 제목을 가진 소설 《페스트》를 위하여 메모를 한다. 프루스트와 스피노자를 읽는다.

9월~10월 : 《작가수첩》에 "가난한 어린 시절"에 대한 메모가 등장하는데 이는 《최초의 인간》의 몇몇 주제들을 예고한다.

10월 : 프랑신이 개학에 즈음하여 알제리로 돌아간다. 《시지프 신화》가 갈리마르 출판사에서 출간된다(9월 22일 인쇄 완료). 검열을 염려하여 카뮈는 카프카와 관련된 장(1939년에 작성한 연구 논문에 의거한)을 삭제하는데 이 부분은 1943년 여름 리옹에서 비밀로 출간된 잡지 《아르발레트》지에 별도로 발표되었다가 1945년판 《시지프 신화》에 "보유"편으로 편입되었다.

11월 8일 : 연합군이 모로코와 알제리에 상륙.

11월 11일 : 독일군은 프랑스 본토의 남부 지역("자유 지역")을 점령함으로써 이에 응수한다. 이후 이 지역과 알제리 사이의 연락이 두절된다. 카뮈는 《작가수첩》에서 "독 안에 든 쥐처럼"이라고 기록한다. 그는 프랑스가 해방될 때까지 아내와 헤어진 채 여러 달 동안 그녀의 소식을 듣지 못한다. 이때 그는 페스트에 대한 자신의 소설에 "헤어진 사람들"이라는 제목을 붙일 것을 고려한다.

12월 : 그는 생테티엔과 리옹 사이를 자주 왕래하고 《클레브 공작부인》에 대한 메모를 하는 한편 "반항에 대한 에세이"를 계획한다(《작가수첩》). 시인이며 《프로그레 드 리옹》지 기자로 레지스탕스에 가담했다가 1944년에 체포되어 처형되는 르네 레노와 알게 된다. 시인 프랑시스 퐁주와 친교.

■1943년

1월 : 파리 6구의 보지라르 가 105번지 아비아티크 호텔에서 보름 동안 체류. 6월에도 같은 호텔에 머물게 된다.

이해 초에 그는 파늘리에에서 소설 《페스트》(《작가수첩》에 따르면 두 번째 버전)를 손질하고 〈페스트 속으로 추방당한 사람들〉의 공동 집필에 참가한다. 이 텍스트는 브뤼셀에서 발행되는 《메사주》지에 발표되었는데 소설의 제2부에서 그중 몇 가지 요소들이 활용된다. 그는 치료를 위하여 자주 생테티엔에 간다. 그는 또한 "반항에 관한 에세이"와 희곡 〈오해〉에 대한 작업을 계속한다.

리옹에서 아라공과 엘자 트리올레를 만난다.

6월 : 〈파리 떼〉의 리허설 때 장 폴 사르트르와 시몬 드 보부아르를 만난다.

7월 : 〈칼리굴라〉를 개작. 첫 번째 〈독일 친구에게 보내는 편지〉를 비밀리에 발행되는 《르뷔 리브르》지 제2호에 발표. 프랑스 고전 소설에 대한 성찰인 〈지성과 단두대〉가 《콩플뤼앙스》지 제21~24호에 발표되다.

9월 : 브뢰베르제 신부의 초청을 받아 생막시맹(바르 지방)에 있는 도미니카 수도원에서 2주간 체류. 그곳에서 〈오해〉를 탈고하여 파늘리에로 돌아오다. 플레이아드상 심사위원회에 참가(1947년 6월에 사임).

10월 : 갈리마르 출판사에 〈오해〉와 〈칼리굴라〉의 원고를 보냄. 파리의 제7구 라셰즈 가 22번지 메르퀴르 호텔에 체류. 비밀 지하 조직 '콩바Combat'와 접촉.

11월 : 갈리마르 출판사의 출판편집위원에 임명되다.

12월 : 두 번째 〈독일 친구에게 보내는 편지〉(1944년 《카이에 드 라 리베라시옹》지 제3호에 발표). 가수이며 작가인 물루지가 소설 《앙리코》로 제1회 플레이아드상 수상. 카뮈와 사르트르는 그에게 표를 던졌다. 사르트르가 카뮈에게 자신의 작품 〈폐문〉의 연출과 가르생 배역을 맡아달라고 요청. 카뮈는 레지스탕스 전국 위원회 책임자 클로드 부르데를 만나 비밀 지하 신문 《콩바》의 활동에 가담하게 되고 이듬해 초 자클린 베르나르와 더불어, 다른 임무를 맡게 된 파스칼 피아를 대신하여 신문 편집국의 주된 책임을 담당한다.

■1944년

이 해의 거의 대부분을 《페스트》와 "반항에 관한 에세이" 집필에 바친다.

2월 : 사르트르가 더 널리 알려진 연출자를 구해야 할 입장이 되었으므로 카뮈는 그와의 약속을 해제한다. 희곡 〈폐문〉은 레몽 룰로 연출, 가르생 역에 미셸 비톨드 출연으로 비외 콜롱비에 극장에서 5월 27일에 초연될 것이다. 카뮈는 《포에지 44》에 〈표현의 철학에 대하여〉를 발표.

3월 : 지하 신문 《콩바》에 'C'(《콩바》의 약자인 듯)라는 필명으로 〈전면전에는 전면적 레지스탕스로〉 발표. 《페스트》의 몇몇 주제와 어조는 필자가 카뮈라는 것을 짐작하게 함. 그 후 여러 달에 걸쳐 어느 정도 필자가 누구인지를 추정할 수 있는 다른 기사들이 발표된다.

3월 19일 : 미셸 레리스와 그의 아내가 자신들의 집에서 피카소의 희곡 〈꼬리가 잡힌 욕망〉의 낭독회를 조직. 카뮈가 그 배역을 정하고 간단한 연출.

4월 : 세 번째 〈독일 친구에게 보내는 편지〉(장차 《리베르테》지 1945년 1월 5일자 제58호에 게재).

5월 : 〈오해〉와 〈칼리굴라〉가 갈리마르 출판사에서 한 권의 책으로 출판된다. "모든 것이 다 해결되는 것은 아니다"라는 제목의 글이 《레 레트르 프랑세즈》 제16호에 발표된다.

6월 : 파리 제7구 바노 가 1번지, 앙드레 지드의 아파트에 잇닿아 있는, 평소에 마르크 알레그레가 사용하던 원룸에 입주.

6월 6일 : 연합군이 노르망디에 상륙.

6월 23일 : 〈오해〉가 마튀랭 극장에서 마르셀 에랑 연출로 초연. 연극 연습 동안 카뮈는 여배우 마리아 카자레스(마르타 역)의 매력에 무릎을 꿇는다.

7월 : 23일, 〈오해〉가 상연 금지당한다. 독일 점령군이 감시를 배가. 자클린 베르나르가 체포된다. 카뮈, 며칠 동안 파리를 떠나 피신. 네 번째 〈독일 친구에게 보내는 편지〉(해방 후에 발표된다).

8월 : 샹포르의 《잠언집》 서문(DAC, 모나코).

8월 21일 : 백일하에 발간된 《콩바》지 제1호에 카뮈가 "전투는 계속되고……"라는 제목의 첫 사설을 발표. 1945년 1월 초까지 그는 거의 매일 이 신문에 많은 기사(흔히 사설)를 쓴다.

8월 25일 : 파리 해방. 카뮈의 《콩바》지 사설—〈진실의 밤〉.

8월 30일 : 《콩바》지에 언론 자유에 대한 시리즈 기사 중 첫 회분 발표.

9월~10월 : 장 폴랑의 뒤를 이어 카뮈도 "윤리적 독립성"을 유지하기 위하여 전국 작가위원회 탈퇴. 그러나 카뮈는 《콩바》지의 10월 18일자 사설에서 숙청의 필요성 역설. 이 점에 있어서 그는 특히 프랑수아 모리아크와 대립적 입장에 선다. 아내 프랑신이 파리로 와서 바노 가의 원룸에 합류. 10월 17~31일, 《오해》의 새로운 공연 계속.

■1945년

1월 : "정의와 자비"라는 제목의 기사(《콩바》, 1월 11일)를 통해서 계속하여 프랑수아 모리아크와 대립. 그러나 원칙적으로 사형 제도를 거부하는 입장이므로 부역자 작가 브라지야크의 사면을 드골 장군에게 청원하는 탄원서에 서명한다. 1월 19일 사형 선고를 받은 이 작가는 결국 2월 6일에 총살형을 당한다.

이해 초에 카뮈는 《작가수첩》에 〈무의미에 대하여〉라는 텍스트의 초안을 잡고 이 글은 다소 수정되어 《카이에 데 세종》 제15호(1959)에 발표된다.

2월 9일 : 사설을 통하여 《콩바》지의 입장을 재확인.

3월 : 카뮈는 임시정부 공보부 장관 피에르 앙리 테트장, 그리고 그 개인을 넘어서 M.R.P.(민중공화운동)의 입장과 대립.

4월~5월 : 앙드레 살베의 《침묵의 투쟁》(프랑스-앙피르 출판사) 서문, 〈국제 정치에 대한 소고〉(《르네상스》, 제10호).

4월 18일~5월 7일 : 알제리에 체류하면서 설문 조사.

5월 8일 : 제3제국 항복.

5월 8~13일 : 알제리의 콩스탕틴 지방, 특히 겔마와 셰티프에서 발생한 민중 봉기에 대한 무자비한 진압으로 대규모 사상자 발생.

5월 13~23일 : 알제리 위기에 대하여 《콩바》지에 8회에 걸쳐 일련의 기사를 게재한다. 그 마지막회는 "알제리를 증오로부터 구해주는 것은 정의뿐"이라는 제하의 기사. 카뮈는 이 글들을 《시사평론, 알제리 연대기》에 수록하지 않는다.

6월 5일 : 대외 정책 연구소에서 강연―〈알제리 위기와 북아프리카에서의 프랑스의 미래〉.

6월 : 독일과 오스트리아 여행.

7월 23일~8월 15일 : 페탱 원수의 재판 참관.

8월 6일 : 히로시마에 첫 원폭 투하.

8월 8일 : 이 폭발 직후, 그리고 나가사키 원폭 투하 직전 카뮈는 《콩바》지에 "인류에게 쏟아지는 공포의 전망"에 대한 사설을 쓴다.

8월 : 〈반항에 대한 소고〉(갈리마르 출판사의 '형이상학' 총서 중 공동 집필서《실존》).

9월 5일 : 알베르와 프랑신 카뮈 사이에서 쌍둥이 남매인 카트린 과 장 출생.

9월 26일 : 에베르토 극장에서 폴 외틀리 연출, 제라르 필리프 주 연으로 〈칼리굴라〉 초연.

10월 : 카뮈, 갈리마르 출판사에서 펴내는 '희망' 총서 담당 책임 자가 된다. 갈리마르에서《독일 친구에게 보내는 편지》출판. 이 책 은 르네 레노에게 헌정되었다.

11월 15일 :《누벨 리테레르》지 인터뷰──〈아닙니다, 나는 실존주 의자가 아닙니다〉. 이 글에서 카뮈는 사르트르라는 인물이 아니라 그의 철학과 거리를 둔다.

12월 20일 :《세르비르》와 인터뷰. 이해 말, 카뮈는 파리 교외 부 지발에 거주한다.

■1946년

1월 : 미셸, 자닌 갈리마르와 칸에 체류. 파리로 돌아와서는 제7구 뤼니베르시테 가 17번지에 거주. 드골 장군 사임. 제4공화국 헌법 첫 번째 법안(5월 5일 국민투표로 폐기)을 두고《콩바》지의 내분. 카뮈는 신문에서 손을 뗀다. 여러 차례에 걸쳐 루이 기유와 만나면 서 그와 교유.

2월 : 〈미노타우로스〉를《라르슈》지(제13호)에 발표.

3월 10일 : 미국으로 떠나는 배에 오르다. 항해 중《페스트》집필 작업에 몰두하려고 노력하지만 미국 체류 동안 이 작업은 사실상 중단된다.

뉴욕에서 프랑스 대사관 문화참사관 클로드 레비스트로스의 영접을 받고 미국 대학생들 앞에서 일련의 강연(3월 28일 맥밀런 극장에서의 〈인간의 위기〉 강연 포함). 4월 16일 젊은 여성 퍼트리샤 블레이크와 알게 되어 그 후 몇 차례 더 만나고 사망 직전까지 서신 교환. 몬트리올과 퀘백까지 짧은 여행. 생로랑 곶에서 "이 대륙에 도착한 이후 처음으로 아름다움과 진정한 거대함의 참다운 인상"을 받는다. 이 여행의 메아리는 〈뉴욕에 내리는 비〉(《형상과 색채》, 1947)에 표현되어 있다.

6월 : 프랑스로 귀국. 길고 우울한 귀로에 "바다 위로 내리는 저녁"이 위안이 된다. 시몬 베유의 작품을 발견.

7월 : 브리스 파랭의 집에 체류. 칼망 레비 출판사에서 나온《자유스페인》에 서문을 쓰다.

8월 : 방데 지방에 가서 미셸 갈리마르의 어머니 집에 머물면서《페스트》탈고.

9월 : 장 암루슈, 쥘 루아와 더불어 보클뤼즈 지방 여행. 3일간 루르마랭에 머물고 앙리 보스코와 만나다.

10월 13일 : 제4공화국 두 번째 헌법 초안이 국민투표로 가결.

11월 : 르네 샤르와 우정을 맺다(피에르 베르제에게 보낸 편지에서 "내가 형제처럼 생각하는 샤르"라고 술회한다).

11월 19~30일 : "피해자도 가해자도 아닌"이라는 제목의 글들을 통해서 다시《콩바》지에 협력. 아르튀르 쾨스틀레르, 말로, 스페르버, 사르트르 등과 토론. 사르트르와의 관계는 전보다 덜 우호적이

된 듯하다.

12월 1일 : 부조리와 반항의 관계에 대한 성찰을 글로 쓴다. 이것은《반항하는 인간》의 제1장 초안이 된다. 카뮈 부부와 자녀들은 마침내 파리 제6구 세기에 가 18번지 독립 건물에 위치하는 아파트의 세입자가 된다. 그러나 카뮈의 건강 때문에 크리스마스에서 1947년 초까지 가족들은 브리앙송에 체류한다.

■1947년

1월 17일 : 미국 문학에 대한 장 데테른의 설문에 답하다(《콩바》).

2월 : 출판계 노동자 파업.《콩바》지가 심각한 재정난에 봉착.《라 르슈》지에 쥘 루아의《행복한 골짜기》와 블랑슈 발랭의《머나먼 시간》에 대한 서평.

3월~5월 : 3월 17일, 파스칼 피아가《콩바》지에서 사임함에 따라 카뮈가 신문의 운영을 맡는다. 여러 차례에 걸쳐 사설을 쓴다. 프랑스 언론계에서 드물게 카뮈는 3월 29일부터 폭발한 마다가스카르 폭동의 무력 진압에 항의하는 기사(5월 10일자)를 쓴다. 4월 22일자에서 그는 설령 드골 장군의 당이라 하더라도《콩바》는 결코 "어떤 당의 신문"이 될 수는 없다고 못 박고 바로 그달로 파스칼 피아의 사임을 기정사실화함으로써 그와 결정적으로 절교. 르네 레노의《유고 시집》서문을 쓰다.

《작가수첩》에 처음으로 "네메시스—절도의 신"에 대하여 언급한다. 이 문제는 생애 마지막 시기 동안 줄곧 그의 마음을 사로잡는다.

6월 3일 : "독자들에게"라는 제목의 글을 통해서 그 역시《콩바》지에서 결정적으로 물러난다고 알린다. 신문은 클로드 부르데의 책임하에 계속 발간된다.

6월 10일 : 갈리마르 출판사에서 《페스트》 출간(5월 24일 인쇄 완료). 이 책은 카뮈의 저서들 중 상업적으로 성공한 최초의 작품(7월에서 9월 사이에 9만 6,000부 판매)으로 비평가상을 수상했다.

6월 15일~7월 : 가족들과 함께 파늘리에에서 바캉스를 보내다. "체계Le Système"라는 제목의 대작을 구상. 《페스트》의 성공에 카뮈는 오히려 우울해진다.

여름 : 파리로 돌아와서 장 루이 바로로부터 페스트에 관한 희곡을 합작하자는 제안을 받는다. 그리하여 창작된 작품이 〈계엄령〉이다. 그는 또 한 편의 단편(후일 《적지와 왕국》에 편입된 〈요나〉)과 《반항하는 인간》 집필에 몰두.

9월 : 파리 근교 슈브뢰즈 골짜기의 슈아젤에 있는 쥘 루아 집에 잠시 머물다.

11월 : 미국과 소련에 대해 프랑스가 독립적인 입장을 견지할 것을 촉구하기 위하여 에마뉘엘 무니에가 이끄는 《에스프리》지 주도로 기획한 서명 운동에 부르데, 사르트르, 메를로 퐁티 등과 함께 동참. 메를로 퐁티와 절교. 장 다니엘이 이끄는 《칼리방》지에 협력하면서 〈피해자도 가해자도 아닌〉을 잡지에 전재하도록 허락.

■1948년

1월 : "《민중의 집》과 관련하여 알베르 카뮈가 루이 기유에 대하여 말하다"(《칼리방》). 1927년에 나온 이 소설은 1953년 알베르 카뮈의 글을 실은 재판을 낸다. 〈계엄령〉을 완성한 카뮈는 7월에도 여전히 릴쉬르라소르그에서 이 작품을 손질한다. 아내와 자녀들이 오랑에 가서 체류하는 동안 그는 자신과 마찬가지로 폐결핵에 걸린 미셸 갈리마르를 스위스의 레쟁 요양원으로 찾아가 만난다.《라 타블 롱드》지에 〈섬세한 살인자들〉을 발표. 이 글은 장차《반항하는 인간》의 한 장이 되고 희곡 〈정의의 사람들〉의 바탕이 된다.

2월 28일 : 다비드 루세와 알트만이 주도하여 R.D.R.(민주혁명연합)을 창설. 사르트르 등이 여기에 참가하고《프랑 티뢰르》와《콩바》가 지원. 카뮈는 이 연합에 가담하지 않지만 근 일 년 동안 이 운동과 가까운 입장을 지지한다.

2월 말~3월 초 : 오랑에 머무는 가족과 합류. 그 뒤 시디마다니 (알제 현)에서 2주일간 체류. 이곳 문화원에서 젊은 작가, 예술가들을 만나고 루이 기유와 재회하여 그에게 티파사의 푸른 하늘을 소개한다. 그러나 기유는 자신의 고향 브르타뉴의 하늘이 더 마음에 든다고 한다.

3월 :《칼리방》지를 통해서《리베라시옹》(공산당과 가까운 '진보적' 경향)의 발행인 에마뉘엘 다스티에 드 라 비주리(지식인들이 추구하는 '제3의 노선'과 카뮈의 '윤리'를 조롱하는)와 논쟁 시작.

5월 : 런던과 에든버러에서 강연.

6월~7월 :《칼리방》지에 〈에마뉘엘 다스티에 드 라 비주리에게 답함〉 발표.

7월~8월 : 르네 샤르가 살고 있는 보클뤼즈의 릴쉬르라소르그에서 가족과 합류. 그곳에서 집을 한 채 빌리고 그 지역에 집을 구입하는 계획을 세운다.

8월 30일 : 르네 샤르에게 헌정되고《카이에 드 쉬드》(마르세유)

에 발표되었으며 나중에《여름》에 편입되는 글〈헬레네의 추방〉.

　10월 : 27일, 장 루이 바로와 합작하여 쓴〈계엄령〉(루이 바로 연출, 피에르 베르탱, 마들렌 르노, 마리아 카자레스, 피에르 브라쇠르 출연)을 무대에 올리다. 비평계와 관객에게서 호응을 얻는 데 다 같이 실패. 다스티에 드 라 비주리와 논쟁 계속—《라 고슈》지에 두 번째〈에마뉘엘 다스티에 드 라 비주리에게 답함〉발표.

　11월 : '세계 시민'이 되고자 하는 평화주의자 미국인 게리 데이비스에 대한 지지.《프랑 티뢰르》지에〈우리는 게리 데이비스와 함께한다!〉발표.

　11월 25일 :〈계엄령〉에서 프랑코 체제에 자신의 모습을 갖다 붙였다고 카뮈를 비난한 철학자 가브리엘 마르셀에게《콩바》지에서 답하다.

　12월 3일 : 게리 데이비스를 지지하는 차원에서 플레옐 회관에서 모임을 가지다. 카뮈의 발언 내용이 12월 9일자《콩바》지에 "유엔은 무엇에 쓰는 것인가?",《라 파트리 몽디알》지에 "나는 대답한다……"라는 제목으로 실리다.

　12월 7일 : 카뮈가 "정복자의 이데올로기들"에 대항하려면 "국제 민주주의의 가장 느린 길로 접어드는 것이 낫다"고 판단한 글〈선택 난(選擇 難)〉(《프랑 티뢰르》) 발표.

　12월 13일 : R.D.R.가 플레옐 회관에서 조직한 미팅에서 카뮈는〈예술가는 자유의 증인이다〉발표. 이 글은 장차《앙페도클》지 1940년 4월호에 전재되고 다시《시사평론》에 "자유의 증인"이라는 제목으로 수록된다.

12월 25~26일 : 《콩바》지에 발표한 글 〈불신에 찬 사람에게 답함〉(프랑수아 모리아크에게)에서 카뮈는 계속하여 게리 데이비스를 지지.

12월 말 : 아코 이모가 수술을 받게 되어 알제리로 가다.

■1949년

1월 : 사르트르와 마찬가지로 카뮈 역시 R.D.R.와 거리를 둔다.

2월 : 《콩바》지 26~27일자에 카뮈와 브르통이 서명한 〈열 사람의 그리스 지식인들을 구하기 위하여. 프랑스 지식인들의 호소〉가 실리다. 〈마들렌 르노〉(《칼리방》, 제24호) 발표.

4월 : 《앙페도클》지에 〈살인과 부조리〉 발표. 같은 호에 〈예술가는 자유의 증인이다〉 전재.

6월 : N.R.F.의 책 소개 잡지에 시몬 베유의 《뿌리내리기》('희망' 총서) 소개 글.

6월 30일 : 마르세유에서 남아메리카로 떠나는 배에 승선. 그곳에서 여러 날 동안 순회 강연을 하게 된다.

7월 : 21일, 다카르에 잠시 기항한 다음 리우데자네이루 도착. 대륙을 횡단하는 동안 카뮈는 비니의 《일기》를 읽는다. 또한 뉴욕 여행 동안 겨우 시작만 했던 〈가장 가까운 바다〉(후에 《여름》에 수록)의 여러 페이지를 쓴다. 22~23일, 레시페와 바이아 여행. 26일, 리우에서 〈칼리굴라〉의 한 막을 관람("흑인이 된 내 작품의 로마인을 보고 있자니 기분이 묘하다").《인간 옹호》지에 〈대화를 위한 대화〉(후에 《시사평론》에 수록) 발표.

8월 : 2일, 상파울루로 출발. 그 도시의 《디아리오》지와 인터뷰

("르네 샤르는 랭보 이후 프랑스 시에서 가장 큰 사건이다"). 5~7일, 이과페 여행. 이곳에서 단편 〈자라나는 돌〉(《적지와 왕국》)에서 묘사한 사건이 일어난다. 9일, 몬테비데오, 그리고 부에노스아이레스로 출발. 빅토리아 오캄포의 집에 머물다. 14~19일, 칠레 체류. 19~21일, 다시 부에노스아이레스, 몬테비데오를 거쳐 리우로 돌아오다. 31일, 프랑스로 귀국하기 위하여 리우에서 비행기에 오르다. 남아메리카에 체류하는 동안 거의 내내 카뮈는 신체적으로 고통스러운 나날을 보냈다. 그는 그것이 감기라고 여겼으나 프랑스에 돌아오자 자신의 폐가 심각하게 손상된 것을 확인하고 두 달 동안의 휴식과 치료를 강요받는다. 이 여행 동안 〈정의의 사람들〉을 마지막으로 수정하다.

9월 : 파늘리에 체류.

10월 : 파리에서 〈정의의 사람들〉 연습.

11월 12일 :《피가로》지에서 다비드 루세가 옛 집단 수용소 경험자들에게 굴라그에 대한 조사위원회를 구성할 것을 호소.

12월 15일 : 폴 외틀리 연출, 세르주 레지아니, 마리아 카자레스 주연으로 에베르토 극장에서 〈정의의 사람들〉 초연. 매우 허약한 건강에도 불구하고 카뮈는 이 연극을 관람한다. 이 연극은 그의 표현에 따르건대 "절반의 성공"을 거둔다.

■1950년

1월 : 고산 치료를 위하여 알프마리팀 지방의 그라스 근처 카브리에 체류. 6월까지 여러 차례에 걸쳐 그곳에 체류한다. 서서히 건강이 호전됨.

2월 : 특히 들라크루아의《일기》와 뱅자맹 콩스탕의《아돌프》를 읽다. 갈리마르 출판사에서 〈정의의 사람들〉 출간.

3월 : 보주 지방 체류.

4월 : 시골집을 구입하기 위하여 다시 릴쉬르라소르그에 나흘간 머물다. 르네 샤르에게 헌정한 〈수수께끼〉(나중에《여름》에 수록) 탈고.

6월 : 르네 샤르에게 헌정한《시사평론—1944~1948년 연대기》를 갈리마르 출판사에서 펴내다. 프랑신과 자녀들이 카브리로 와서 합류, 7월에는 그라스에 체류. 한국전쟁 발발.

7월 중순~8월 : 보주 지방 체류.

9월 : 사부아 체류.

12월 : 가족과 함께 파리 제6구 마담 가 29번지에 구입한 아파트에 입주.

■1951년

《카이에 드 쉬드》지에 〈로트레아몽과 진부함〉 발표.

1월 중순~3월 중순 : 다시 카브리에 체류하면서《반항하는 인간》 집필에 열중. 그 "초고"가 3월 7일에 완성되었다(《작가수첩》).

2월 : "에세이들을 '축제'라는 제목의 책으로 묶는 계획"(《작가수첩》). 이 책이 장차 나올《여름》이다.

2월 19일 : 앙드레 지드 사망.

5월 10일 :《누벨 리테레르》지와의 인터뷰—〈알베르 카뮈와의 만남〉.

7월 : 도르도뉴 여행. 12일, 르네 샤르에게 수정한《반항하는 인간》의 타자본 한 부를 보내다.

8월 : 파늘리에 체류.《레 탕 모데른》지에《반항하는 인간》의 한 부분인 〈니체와 허무주의〉를 발표. 〈내가 경험한 가장 아름다운 직업들 중의 하나〉(《칼리방》, 제54호).

10월 : 12일, 《아르》지에 카뮈의 글 〈로트레아몽〉에 대한 앙드레 브르통의 분격한 반론. 19일, 같은 잡지에 카뮈의 응답(《시사평론 II》에 "반항과 순응주의"라는 제목으로 수록). 18일, 갈리마르 출판사에서《반항하는 인간》출간. 순조롭던 책의 판매가 이듬해로 접어들자 부진.

11월 : 《누벨 르뷔 프랑세즈》지의 "앙드레 지드 추모 특집"에 〈앙드레 지드와의 만남〉 발표.

11월 18일 : 《아르》지에 서한 발표(《시사평론 II》에 "반항과 순응주의(계속)"라는 제목으로 수록).

11월 24일 : 장 게노가《피가로 리테레르》지에《반항하는 인간》에 대한 칭찬의 글 〈위대한 길로 접어든 카뮈〉 게재. 다리 골절상을 입은 어머니를 문병하기 위하여 잠시 알제 여행.

12월 13일, 20일 : 《프랑스 옵세르바퇴르》의 발행인 클로드 부르데가 자신의 주간지에《반항하는 인간》에 대한 호의적인 서평을 발표. 그러나 공산당원 피에르 에르베가 서명하여《라 누벨 크리티크》지에 발표한 불쾌한 글에 대하여 같은《프랑스 옵세르바퇴르》가 칭찬하는 기사를 게재한 것에 대하여 카뮈는 불쾌감을 느낀다.

12월 말 : "나는 서서히 다가오고 있는 어떤 엄청난 재난을 참을성 있게 기다리고 있다", "나는 나 자신에 대하여, 여러 날을 두고두

고, 가장 끔찍한 생각을 갖는다"(《작가수첩》).《프로그레 드 리옹》
지와의 인터뷰 〈증오의 억압〉.

■1952년

1월 : 남아메리카에서 착상한 단편 〈자라나는 돌〉(《적지와 왕국》
수록) 작업. 알제리 여행—그 메아리가 〈티파사에 돌아오다〉(《여
름》)로 표현된다.

2월 15일 :《가제트 데 레트르》에 피에르 베르제와의 〈반항에 대
한 대담〉 발표(《시사평론 II》).

2월 22일 : 프랑코 정권에 의하여 사형 선고를 받은 스페인 노동
운동가들의 지원을 호소하는 모임이 바그람 홀에서 개최됨. 그 내
용이《에스프리》지 4월호에 발표되고 카뮈는 사르트르와 함께 그
모임에 참가.

5월 28일 :《디외 비방》지의 발행인에게 보내는 편지. "강경파의
숙청"이라는 제목으로《시사평론 II》에 수록.

5월 : 가스통 라발이 《반항하는 인간》에 대하여 쓴 글들에 대한
회답을《리베르테》지에 발표("반항과 낭만주의"라는 제목으로《시
사평론 II》에 수록). 사르트르로부터 카뮈의《반항하는 인간》에 대
한 서평을 의뢰받은 프랑시스 장송이《레 탕 모데른》에 격렬하고
모욕적인 글을 발표.

6월 : 카뮈는《프랑스 옵세르바퇴르》지에 보낸 편지에서, 이 주간
지가 1951년 12월 피에르 에르베의 비평에 대하여 실은 호의적인
기사에 대하여 격한 반응을 나타낸다(이 글은《시사평론 II》에 "반
항과 경찰"이라는 제목으로 수록된다). 프랑코 정권의 유네스코 가

입에 반대하는 서명 운동에 동참.

　8월 : 《레 탕 모데른》지에, 프랑시스 장송이 아니라 이 잡지의 '발행인' 장 폴 사르트르 앞으로 보내는 6월 30일자 카뮈의 반론 편지 발표("반항과 예속"이라는 제목으로 《시사평론 II》에 수록). 사르트르가 그 편지에 대하여 회답—"친애하는 카뮈, 우리의 우정이 쉬운 것은 못 되었지만 나는 그 우정을 아쉬워하게 될 것입니다." 사르트르의 편지는 노골적으로 상처를 주는 내용이었고 그들의 논쟁에 숨김없는 정치성을 부여한다. 그는 소련의 강제 수용소 스캔들과 "부르주아 언론"이 거기서 얻어내는 이익을 동등한 차원에서 비판한다.

　가을 : 《레 탕 모데른》의 공격에 《아르》, 《카르푸르》(우파 주간지), 《리바롤》(극우 주간지) 등이 가세한다. "파리는 밀림이지만 그곳의 야수들은 한심하다", "*T. M.*지의 논쟁—파렴치함. 그들이 내세우는 단 하나의 변명은 이 끔찍한 시대라는 것이다"(《작가수첩 III》).

　11월 : 결국 스페인의 가입을 허용한 유네스코에서 알베르 카뮈 탈퇴. 팔레즈 출판사에서 출간된 오스카 와일드의 《감옥에 갇힌 예술가》 서문(《아르》, 12월 19~25일). 30일, 바그람 홀에서 "스페인과 문화"(《시사평론 II》)에 대한 강연.

　12월 : 《반항하는 인간》을 쓰게 된 동기를 설명하는 글 〈포스트 스크립툼〉. 《프랑 티뢰르》지에 〈자유의 옹호〉(《시사평론 II》) 발표. 알제리 여행—오랑, 알제, 그리고 라구아트, 가르다이아 등 알제리 남부 지역을 혼자서 자동차로 여행. 〈말없는 사람들〉을 위한 메모.

"유적의 단편소설들"(《적지와 왕국》)을 위한 구상─"라구아트. 간부", "이과페"("자라나는 돌"), "손님", "요나", "혼미해진 정신"("배교자"). 화가 요나의 이야기는 그에게 2막의 무언악극 〈예술가의 삶〉의 힌트가 되었고 이 작품은 1953년 《시문》지(제8호)에 발표된다.

■1953년

1월 : "재건되어 평화를 되찾은" 알제리로 돌아와 〈티파사에 돌아오다〉(《여름》)를 쓰다.

봄 : 알프레드 로메르의 《레닌 시대의 모스크바》 서문(〈희망의 시대〉, 《시사평론 II》 수록).

5월 : 아르헨티나에서 빅토리아 오캄포가 체포된 것에 대한 항의 서한.

5월 10일 : 생테티엔 노동조합 사무소에서 강연("빵과 자유"라는 제목으로 《시사평론 II》에 수록).

5월 16일 : 주간지 《렉스프레스》지 창간호 출간.

6월 14일 : 앙제 연극제에서 칼데론 원작을 각색하여 마르셀 에랑이 연출하고 마리아 카자레스, 세르주 레지아니가 출연한 〈십자가 숭배〉를 무대에 올리다. 연극제 개막 직전 사망한 연출자의 요청으로 카뮈가 마지막 리허설 지휘.

6월 16일 : 같은 연극제에서 피에르 드 라리베의 텍스트를 카뮈가 각색한 〈유령들〉을 마르셀 에랑 연출, 마리아 카자레스, 장 마르샤, 피에르 외틀리 출연으로 상연. 연출은 카뮈가 완성.

6월 17일 : 동베를린에서 노동자 봉기. 공산당 정권이 이를 무력으로 진압하자 카뮈는 그 이튿날 뮈튀알리테 회관에서 가진 연설에서 이에 항의.

갈리마르 출판사에서 《시사평론 II, 1948~1953》 출간.

7월 14일 : 북아프리카인들의 시위대가 파리 경찰에게 폭행을 당하자 카뮈는 《르 몽드》지를 통하여 항의.

8월 8일 : 모리스 림에게 보내는 편지, 〈프롤레타리아 문학〉(《프롤레타리아 혁명》지 1960년 2월자 제146호에 실린다).

10월 : 프랑신 카뮈가 심각한 우울증에 시달린다.

11월 : 장차 "최초의 인간"이라는 제목을 붙이게 될 소설의 초안 구상(《작가수첩》).

12월 : 이집트 여행 계획을 취소하고 아들 장과 함께, 휴식을 위해 오랑으로 떠난 아내에게로 가다.

이해에 그는 도스토옙스키에 대한 메모를 계속하며 《악령》의 각색을 계획.

■1954년

1월 : 프랑신의 우울증이 심각해진다. 카뮈와 함께 파리로 돌아온 프랑신은 생망데에 있는 요양원에서 치료를 받는다. *N.R.F.*지에 〈가장 가까운 바다〉(《여름》 수록) 발표.

2월 : 알제의 랑피르 출판사에서 〈간부〉(《적지와 왕국》 수록) 출간.

3월 15일 : 《라 가제트 드 로잔》에서 프랑크 조트랑과 가진 인터뷰에서 《최초의 인간》에 대한 계획을 말하다.

봄 : '에세' 총서(갈리마르)로서 《여름》 출간. 프랑신의 건강 상태

악화로 어찌할 바를 모르는 카뮈는 글을 쓸 수 없다고 가까운 사람들에게 토로한다. 딸 카트린을 오랑에 있는 외조모에게 맡기고 장은 생레미드프로방스로 보내다. 카뮈는 잠정적으로 파리 제7구 샤날레유 가 4번지의 작은 아파트에 기거. 《테무앵》지(1954년 봄, 제5호)에 동베를린 봉기 직후(1953년 6월)에 한 강연의 내용을 발표.

4월 12일 : 사형 선고를 받은 일곱 사람의 튀니지인들을 위하여 르네 코티 대통령에게 호소.

5월 : '해외 영토 정치범들을 위한 사면위원회'에 메시지를 보내다.

5월 7일 : 〈디엔비엔푸 함락. 40년의 경우처럼, 수치와 분노가 뒤섞인 감정〉(《작가수첩》).

6월~7월 : 프랑신이 디본에서 치료를 받다.

7월 중순 : 두 자녀와 함께 외르에루아르 현 소렐무셀에 있는 미셸과 자닌 갈리마르의 집에 한 달간 머물다.

7월 : 알제리의 두 민족 간 미래의 화해를 위한 새로운 메시지(〈테러리즘과 사면〉)를 《해외 영토의 수형자들을 석방하자》에 발표. 월트 디즈니의 《사막은 살아 있다》(서적협회) 앨범을 위하여 청탁받은 〈사막의 소개〉를 쓰다.

8월 : 콘라드 F. 비에버의 《프랑스 레지스탕스 작가들이 본 독일》에 서문을 쓰다.

9월 : 프랑신의 건강 상태 호전. 그녀와 함께 다시 마담 가 아파트로 돌아오다.

10월 : 네덜란드 여행. 《작가수첩》에 소설 《전락》을 예고하는 몇 대목을 노트하다.

11월 1일 : 알제리 민족주의 폭동 시작.

11월 24일 : 이탈리아 순회 강연 출발(토리노, 제노바, 로마).

12월 6일 : 시몬 드 보부아르의 소설《레 망다랭》이 공쿠르상 수상. 카뮈는 시몬 드 보부아르가 이 소설로 사르트르와 카뮈 사이의 불화에 대하여 비열하게 복수한다고 믿는다.

12월 중순 : 프랑스로 돌아오다. "실존주의. 그들이 자아 비판을 할 때는 언제나 다른 사람들을 비난하기 위해서라는 것을 확신할 수 있다"(《작가수첩》). 이 생각은 장차 소설《전락》의 핵심적 주제가 된다.《최초의 인간》과 그 밖의 다른 책(파우스트 신화를 주제로 한 이 책은 끝내 집필되지 않았다)을 위한 메모.

■1955년

1월 : 11일,《페스트》를 분석한 글에 대하여 롤랑 바르트에게 답하는 편지(바르트의 분석과 카뮈의 응답은《클럽》지 2월호에 발표된다).

2월 5일 : 야당이 된 피에르 망데스 프랑스 내각 사퇴.

2월 17일 : 알제로 출발. 어린 시절의 벨쿠르 거리를 찾아가다. 장차《최초의 인간》에 풍부하게 묘사될 옛 추억들의 자취. 티파사와 1954년 9월 지진으로 황폐화된 오를레앙빌 방문.

3월 12일 : 디노 부자티의 단편 〈흥미로운 케이스〉를 각색하여 라 브뤼예르 극장에서 상연. 조르주 비탈리 연출, 다니엘 이베르넬, 피에르 데타유 출연.

3월 31일 : 국무회의 의장 에드가 포르가 알제리에 위수령을 내리다.

봄 : 로제 마르탱 뒤 가르의 전집을 위한 서문. 카뮈는 1948년 이후 그와 돈독한 우정 관계를 맺고 있었다.

콘라드 F. 비에버의 책에 붙인 서문을 "증오의 거부"라는 제목으로 《테무앵》지에 수록.

4월 5일 : 《에스프리》지의 발행인 장 마리 도메나크가 《테무앵》지에, 〈증오의 거부〉에 대하여 자신의 잡지가 침묵을 지킨 것을 정당화하는 편지를 게재.

4월 26일 : 그리스 여행을 떠나다. 아테네(비극의 미래에 대한 강연), 델프, 펠로폰네소스, 델로스 섬.

5월 16일 : 파리로 돌아오다. 최근에 일어난 볼로스 지진에 대한 첫 글을 《렉스프레스》(5월 14일)에 보내다.

5월 : 《프랑스 옵세르바퇴르》지와 논쟁. 〈손님〉(《적지와 왕국》 수록)과 〈그르니에에 대한 연구〉(1959년 《섬》의 재판에 붙인 서문)를 위한 메모.

6월 : 《테무앵》지에 장 마리 도메나크에게 답하는 편지.

7월 9일, 23일 : 《렉스프레스》지에 장문의 글 〈테러리즘과 탄압〉과 〈알제리의 미래〉를 발표하여 알제리의 갈등하는 여러 진영들이 한데 모이는 '토론회' 개최와 알제리의 차이와 동시에 '프랑스 연방' 소속을 확인하는 정치적 해결책을 호소.

7월 말~8월 : 이탈리아 여행. 특히 피에로 델라 프란체스카의 그림에 관심. 이 여행으로 의욕을 되찾는다―"열심히 일하여 단편집 《적지와 왕국》의 첫 버전을 끝냈습니다"(장 그르니에에게 보낸 8월

24일자 편지).

8월 20~21일 : 알제리 콩스탕틴 현 필리프빌(오늘날의 스키다)에서 심각한 민족주의 봉기와 공권력의 가혹한 진압.

10월 : 《코뮈노테 알제리엔》 제1호에 〈알제리인 운동가에게 보내는 편지〉(《시사평론 III》 수록). 10월 18일부터 1956년 2월 2일까지 《렉스프레스》(당분간 일간지로 발행)에 자주 글을 발표한다. 특히 알제리에 백만의 프랑스인들이 살고 있음을 상기시키면서도 "알제리는 프랑스가 아니다"라고 확인하다.

카뮈의 서문을 붙인 로제 마르탱 뒤 가르의 전집이 갈리마르 출판사의 플레이아드판으로 출간되다.

12월 12일 : 〈스페인과 동키호테주의〉(《르 몽드 리테레르》).

이해에 토리노의 《콰데르니 아시》(제16호)에 〈예술가와 그의 시대〉 발표(이 글은 1957년 노벨 문학상 수상 시에 스웨덴에서 한 연설의 내용과 매우 유사하다).

■1956년

1월 2일 : 공화파 전선(급진사회당, 사회당, R.G.R., 사회공화당)이 의회 선거에서 승리.

1월 22일 : 알제에서, 논란 많은 회의 중에 카뮈가 "민간인 휴전"을 위한 호소문을 낭독하다.

1월 말 : 약 2주간 파리 16구 몽모랑시 가 61번지, 쥘 루아(여행을 떠난)의 아파트에 머물다.

2월 2일 : 《렉스프레스》지에 마지막 기고―〈모차르트에 대한 감사〉.

2월 6일 : 알제에서 자유주의적 성향의 주재 장관(카트루 장군)을 임명하기 위하여 방문한 국무회의 의장 기 몰레에게 항의하는 대규모 시위. 기 몰레는 그 후 시위대의 요구를 받아들인다.

2월 8일 : 발행인 장 자크 세르방 슈레베르가 쓴 알제리에 관한 기고문들을 수용할 수 없다는 이유로 카뮈는《렉스프레스》지에서 사임한다.

3월 12일 : 공산당을 포함한 매우 폭넓은 지지로 의회가 알제리에서의 "특별한 권한"을 행정부에 인정해주다. 전쟁이 점차 치열해진다.

5월 : 갈리마르 출판사에서《전락》출간.

5월 28일 : 카뮈는 알제리에서 이른바 반정부 활동을 이유로 체포된 자신의 친구 장 드 메종쐴을 구명하기 위한 글을《르 몽드》지에 기고한다.

6월 :《적지와 왕국》에 수록될 단편소설 〈혼미해진 정신〉을 N.R.F.지에 발표.

6월 25일 : 폴란드 작가 구스타브 헤어링에게 소련 강제 수용소에 대한 그의 증언인《별난 세계》(1951)를 출판하지 못한 것에 대한 유감의 뜻을 표하다. 이 책은 1985년에야 불어판으로 출간된다.

7월 2일 : 폴란드 포즈난에서 일어난 민중 봉기의 무력 진압에 대한 항의문에 서명(《쿨투라》).

7월~8월 초 : 프로방스의 릴쉬르라소르그에서 가족들과 함께 바캉스를 보내다.

8월 : 파리로 돌아온 카뮈는 윌리엄 포크너의 소설을 자신이 각색한 연극 〈어떤 수녀를 위한 진혼곡〉의 연습을 시작한다. 여기서 그는 여자 주인공 역을 맡은 카트린 셀레르를 만난다.

8월 24일 : 《테무앵》지 창간 기념 봄·여름 특별호에 카뮈가 기고한 서문을 《렉스프레스》지가 전재. 이 글에서 카뮈는 자유 스페인의 미래에 대한 믿음을 확인한다.

8월 31일 : 자신의 종교적 입장에 대하여 《르 몽드》지와 인터뷰 ("나는 신을 믿지 않는 것이 사실이다. 그렇다고 해서 내가 무신론자인 것은 아니다").

9월 : 1943년 1월 27일자 편지로 기록돼 있는 〈프랑시스 퐁주의 "사물의 편에서"에 대한 편지〉를 *N.R.F.*지에 발표.

9월 20일 : 마튀랭 마르셀 에랑 극장에서 카뮈 연출, 카트린 셀레르, 미셸 오클레르 주연으로 〈어떤 수녀를 위한 진혼곡〉을 상연하여 확실한 성공을 거둔다.

10월 30일 : 스페인 공화국 망명정부가 조직한 시위에 즈음하여 살바도르 마다리아가를 기념하는 연설(《몽드 누보》지 1957년 4월자 제110~111호에 전재).

11월 4일 : 지난 몇 주일 동안 헝가리를 뒤흔들었던 소요 사태를 진압하기 위하여 소련군이 부다페스트에 진주.

11월 10~11일 : 헝가리에서 봉기한 사람들을 지지하기 위한 〈유엔에 대한 유럽 지식인 공동 행동을 위하여〉 발표(《프랑 티뢰르》).

11월 23일 : 헝가리에 대한 프랑스 대학생 집회에 보내는 메시지.

12월 : 뉴욕의 피에르 마티스 화랑에서 개최된 발튀스 전시회 카탈로그에 서문 〈발튀스〉를 쓰다.

■1957년

2월 21~27일 : 〈교수대의 사회주의〉(사회당 주간지《드맹》, 제63호).

3월 : 15일, 바그람 홀에서 강연(〈카다르가 겪은 공포의 날〉). 그 발췌문이《프랑 티뢰르》제18호에 전재. 갈리마르 출판사에서《적지와 왕국》출간.

4월 : 개인의 권리와 자유 수호위원회에 참여하기를 거부하는 이유를 설명하기 위하여 국무회의 의장에게 편지.

6월 : 알제리의 상황에 대하여《인카운터》지 제45호에 편지. 앙제 연극제에 참가하여 새로운 버전의 〈칼리굴라〉를 무대에 올리다. 앙제 연극제에서 로페 데 베가의 연극 〈올메도의 기사〉를 새로이 각색 연출하여 상연하다. 미셸 에르보, 장 피에르 조리스, 도미니크 블랑샤르를 출연.

6월~7월 : 〈단두대에 대한 성찰〉(*N.R.F.*, 제54~55호).

7월 17일~8월 13일 : 코르드(타른 지방)에 체류.

가을 : 칼망 레비 출판사에서《사형에 대한 성찰》간행. 이 책은 카뮈의 〈단두대에 대한 성찰〉과 아르튀르 쾨스틀레르의 〈교수대에 대한 성찰〉 및 장 블로크 미셸의 서문과 연구 논문을 한데 묶은 것이다. 카뮈는 갈리마르 출판사에서 낸 포크너의 소설《어떤 수녀를 위한 진혼곡》의 번역판에 서문을 써서 붙인다.

10월 1일 : 인류학자 제르멘 틸리옹과 알제리에 관한 대담(이 내용의 몇 가지 요소들이《작가수첩》에 기록되어 있다).

10월 16일 : "오늘날 인간의 의식에 제기되고 있는 제반 문제들에

빛을 던지는 작품들 전체"에 주어지는 노벨 문학상을 받다.

10월 19일 : "내게 일어난, 그리고 내가 요구한 것도 아닌 일로 인하여 질려 있다. 모든 것을 결말짓자는 것인지 내 가슴을 저미는 것만 같은 너무나도 비열한 공격들"(《작가수첩》).

10월 24~30일 : 〈우리 세대의 내기〉(《드맹》, 제98호와의 인터뷰).

11월 : 〈추방당한 한 기자를 기리는 글〉(《프롤레타리아 혁명》, 제442호).

12월 9일 : 노벨 문학상 수상을 위하여 아내와 함께 스톡홀름 도착.

12월 10일 : 스톡홀름 시청 홀에서 만찬이 끝난 다음 수상 연설.

12월 12일 : 스톡홀름 대학교 대강당에서 강연. 한 알제리 청년의 공격적인 질문에 카뮈는 특히 "나는 정의를 믿는다. 그러나 정의보다 먼저 나의 어머니를 옹호하겠다"라고 대답하는데 이 말은 알제리의 수많은 프랑스인들에게 호감을 얻지만 그의 좌파 친구들을 놀라게 한다.

12월 14일 : 웁살라 대학교 강당에서 "예술가와 그의 시대"라는 제목의 강연.

1958년 크노프 출판사에서 나오게 될 그의 희곡집 미국판을 위하여 서문을 쓰다.

12월 : 연말과 그 이듬해 초에 걸쳐 심각한 불안 증세를 보인다.

■1958년

1월 : 1957년 12월 10일의 연설과 14일의 강연을 한데 모은《스웨덴 연설》(갈리마르) 출간.

3월 5일 : 〈알베르 카뮈가 그의 《악령》 각색에 대하여 말한다〉 (《스펙타클》지 제1호와의 인터뷰). 이미 1949년 《작가수첩》에 언급했던 새로운 '서문'을 추가하여 《안과 겉》 재출간. 몇 달 전에 만난 덴마크 출신의 젊은 여대생 '미Mi'와 함께 있는 카뮈가 자주 목격된다.

3월~4월 : 알제리 여행. 그곳에서 교사이며 작가인 물루드 페라운과 친밀하게 지낸다. 티파사에 가다. 파리로 돌아온 그는 미슐린 로장과 더불어 전용 극장을 물색하려고 노력한다.

5월 13일 : 알제에서 발생한 대규모 시위로 인하여 결국은 드골 장군이 권좌에 복귀하게 된다.

6월 : 3월~5월에 쓴 서문을 추가하여 신문 기사와 그 밖의 텍스트들을 한데 모은 《시사평론 III. 알제리 연대기(1939~1958)》를 갈리마르 출판사에서 출간. 책에 대한 반응은 적대이거나 무관심.

6월 9일 : 마리아 카자레스, 미셸 및 자닌 갈리마르 등과 함께 거의 한 달간에 걸친 그리스 여행을 떠나다. 크루즈 여행을 위하여 '레시클라드' 호에 승선. "그리하여 바다는 모든 것을 씻어줍니다"(장 그르니에에게 보낸 편지).

7월~8월 : 《악령》 각색과 쥘리 드 라피나스에 관한 희곡 집필 계획에 전념.

'프랑스령 알제리'를 고수하는 사람들과 알제리 독립을 주장하는 사람들을 다 같이 멀리하면서 카뮈는 이제부터 일체의 공식적 입장 표명을 자제하고 알제리를 구성하는 두 공동체의 권리를 다 함께 보호하는 연방국가적 해결책의 희망에 매달린다. 그는 또한 피해를 최소화하는 방법으로(들리는 말에 따르면) 영토 분할의 방책도 고려해본다.

9월 : 보클뤼즈 지방에 체류하면서 릴쉬르라소르그에서 르네 샤르를 자주 만나고 루르마랭에 시골집을 매입한다.

9월 28일 : 프랑스 국민이 제5공화국 헌법안을 가결.

10월 18~27일 : 다시 보클뤼즈 지방에 체류.

12월 21일 : 드골 장군이 공화국 대통령으로 선출된다.

이해에는 또한 《나지 사건》(플롱 출판사)에 붙인 카뮈의 서문과 〈감옥에 갇힌 예술가〉도 출판되었다. 노벨상 수상자 알베르 카뮈는 장 블로크 미셸의 질문에 답한다(《옥시당트》, 제237호).

■1959년

1월 30일 : 도스토옙스키 원작, 카뮈 각색의 〈악령〉이 앙투안 극장에서 상연된다. 피에르 블랑샤르, 피에르 바네크, 알랭 모테, 카트린 셀레르 출연. 카뮈 자신의 연출. 객석에서는 카뮈에게 파리의 한 극장의 운영을 맡기고자 했던 문화부 장관 앙드레 말로가 관람.

3월 : 〈우리들의 친구 로블레스〉(《시문》, 제30호), 《섬》의 재판에 부치는 〈장 그르니에의 《섬》에 대하여〉(《프뢰브》, 제95호).

3월 23~29일 : 어머니가 수술을 받게 되어 알제에, 그리고 아버지의 출생지인 울레드파예트에 가다. 《최초의 인간》을 위한 작업이 이해 동안 상당한 진척을 보이다.

4월 28일~5월 말 : 루르마랭과 아를, 마르세유 등 남불 지방에 머물다.

5월 : 12일, 피에르 카르디날의 텔레비전 프로 〈그로 플랑〉에 출연하여 "나는 왜 연극을 하는가"를 설명. 이 내용의 일부가 16일자 《피가로 리테레르》에 발표된다. 같은 《피가로 리테레르》지에 〈그는 살아가는 데 도움을 준다〉(1958년 8월에 사망한 로제 마르탱 뒤 가르에 대하여)를 발표.

7월 6~13일 : 카뮈가 베네치아에 머무는 동안 라 페니세 극장에서 〈악령〉 공연.

8월 말~9월 초 : 다시 루르마랭에 체류.

9월 16일 : 알제리 주민의 자결권을 선언하는 드골 장군의 텔레비전 담화.

10월 : 〈악령〉의 프랑스 국내 및 국외 순회 공연.

11월 15일 : 카뮈, 다시 루르마랭에.

12월 : 《작가수첩》에 〈네메시스를 위하여〉와 〈동 파우스트를 위하여〉를 위한 노트.

12월 14일 : 엑상프로방스에서 외국인 학생들과의 인터뷰("당신은 좌파 지식인인가?—나는 내가 과연 지식인인지 확신할 수 없다. 그 외에, 나는 본의 아니게, 좌파의 뜻과 관계없이 좌파를 지지한다").

12월 20일 : 작가의 직업에 관한 인터뷰(《방튀르》, 봄·여름호).

■1960년

1월 3일 : 미셸 갈리마르가 운전하는 자동차를 타고 루르마랭에서 파리로 출발. 같은 차에는 미셸의 아내 자닌과 그녀의 딸 안이 동승하고 있었다. 프랑신 카뮈는 그 전날 기차를 타고 파리로 돌아갔다.

1월 4일 : 욘 지방 몽트로 근처의 빌블르뱅에서 자동차 사고로 카뮈 즉사. 미셸 갈리마르는 5일 뒤에 사망.

어머니 카트린 카뮈, 그해 9월 알제의 벨쿠르에 있는 자택에서 사망.

알베르 카뮈는 남불 루르마랭 마을의 공동묘지에 묻혔다.

옮긴이/김화영
1974년 프랑스 프로방스 대학교에서 알베르 카뮈 연구로
문학박사 학위를 받았고, 현재 고려대학교 불어불문학과 명예 교수로 있다.
《文學 상상력의 研究--알베르 카뮈論》,《행복의 충격》,
《공간에 관한 노트》,《소설의 꽃과 뿌리》,《바람을 담은 집》등
다수의 저서와 80여 권의 역서를 발표했으며,
문학평론가로도 활동하고 있다.

시사평론

초판 1쇄 발행   2009년 12월 10일
초판 2쇄 발행   2024년 11월 15일

지은이   알베르 카뮈
옮긴이   김화영

펴낸이   김준성
펴낸곳   책세상
등록   1975년 5월 21일 제2017-000226호
주소   서울시 마포구 동교로 23길 27, 3층 (03992)
전화   02-704-1251
팩스   02-719-1258
이메일   editor@chaeksesang.com
광고·제휴 문의   creator@chaeksesang.com
홈페이지   chaeksesang.com
페이스북   /chaeksesang   트위터   @chaeksesang
인스타그램   @chaeksesang   네이버포스트   bkworldpub

ISBN   978-89-7013-745-2 04300
        978-89-7013-108-5 (세트)